가장 친절한
브랜드 개발
가이드

네이밍부터 로고 디자인, 상표등록까지

가장 친절한 브랜드 개발 가이드

초판 1쇄 인쇄일 2024년 11월 5일
초판 1쇄 발행일 2024년 11월 12일

지은이 심우태
펴낸이 양옥매
디자인 표지혜 송다희
교   정 조준경
마케팅 송용호

펴낸곳 도서출판 책과나무
출판등록 제2012-000376
주소 서울특별시 마포구 방울내로 79 이노빌딩 302호
대표전화 02.372.1537 팩스 02.372.1538
이메일 booknamu2007@naver.com
홈페이지 www.booknamu.com
ISBN 979-11-6752-540-6 (03320)

가장 친절한 브랜드 개발 가이드

네이밍부터
로고 디자인, 상표등록까지

심우태 지음

◆ 특별한 브랜드를 넘어 '각별'한 브랜드로

◆ 프랜차이즈보다 더 끌리는 브랜드 만들기 ◆

책을 쓰기 시작하면서 지난 2019년 봄, 모바일 분야 스타트업의 사업총괄 이사를 마지막으로 직장 생활을 정리하던 때가 떠오릅니다. 직장 생활을 끝내고, 더 늦기 전에 적성에 맞고 능력을 발휘할 수 있는 나만의 가치 있는 사업을 시작해야겠다고 늘 생각해왔지만, 이를 행동으로 옮기는 것은 쉽지 않았습니다. 아직 경험해보지 못한 미지의 세계에 대한 불확실성과 불안감이 장밋빛 미래에 대한 기대보다 훨씬 컸기 때문입니다.

보통 연구원이나 영업 직종에 있던 분들은 회사에서 담당했던 일과 관련된 사업을 시작하는 경우가 많습니다. 경력을 통해 쌓은 전문성을 활용할 수 있고, 기존에 구축한 비즈니스 네트워크를 통해 사업을 연속적으로 이어갈 수 있어 유리하기 때문입니다. 하지만 직장 생활에서 경험한 분야나 업무와는 전혀 다른 새로운 분야를 찾아야 하는 경우도 있습니다. 저 역시 그런 경우였습니다.

의료기기 등 제조업 분야에서 마케팅, 홍보, 전략기획, 해외사업 등의 업무를 담당했지만, 항상 마음 한 켠에 품고 있던 막연한 꿈은 사람들에게 사랑을 받는 브랜드를 직접 만드는 것이었습니다. 그러나 이 일은 그때까지 쌓아온 경력과는 전혀 다른 새로운 도전이었기에 많은 시간과 새로운 경험이 필요했습니다.
고민 끝에 어렵게 내린 결정은 1년간 공모전을 통해 나의 능력을 스스로 검증하고 사람들로부터 인정받은 후에 본격적으로 사업을 시작하는 것이었습니다. 다행히

출품한 브랜드 네이밍, 슬로건, 디자인, 동영상 등 다수의 공모전에서 상을 수상하고 상금은 생활비에 보탬이 되기도 했습니다.

이 책은 2019년 당시의 저처럼 새로운 사업을 준비하는 분들을 위해 쓰였습니다. 특히 새로운 브랜드를 개발하거나, 특별한 브랜드를 만들고자 하는 분들을 위한 책입니다. 이 책의 가치는 창업과 브랜드 구축을 함께 다룬다는 점에 있습니다. 무엇보다 이론에만 그치지 않고, 브랜드를 실제로 따라 만들 수 있도록 전 과정을 소개하며 구체적인 조언을 제공한다는 점에서 특별한 의미가 있다고 생각합니다.

스타트업 같은 기술 창업 기업들은 정부, 공공 기관, 협회 등을 통해 자금 지원을 받아 브랜드를 개발할 기회를 얻을 수 있습니다. 그러나 개인사업자나 소자본 창업자들은 이러한 혜택을 받기 어려워, 창업 초기부터 어려움을 겪는 경우가 많습니다.

그래서 개인사업자, 소상공인, 자영업자분들께 도움이 될 수 있는 브랜드 개발 가이드북이 필요하다는 생각에 이 책을 쓰기 시작했습니다. 실제 브랜드 개발 프로젝트를 통해 얻은 생생한 경험을 바탕으로, 소규모 창업 브랜드 구축에 도움이 될 만한 내용을 엄선해 담았습니다.

작은 사업일수록 브랜드의 중요성은 더욱 큽니다. 사업에서 브랜드가 차지하는 비중이 그만큼 크기 때문입니다. 이 책이 작지만 강력한 브랜드를 구축하려는 여러분께 작은 도움이 되기를 바라며, 유용한 나침반이 될 수 있기를 기대합니다.

◆ 좋은 브랜드와 그렇지 못한 브랜드의 차이 ◆

좋은 브랜드와 그렇지 못한 브랜드의 차이는 무엇일까요? 많은 사람들은 좋은 브랜드가 이름이 좋고, 로고가 예쁘며, 쉽게 접할 수 있는 브랜드라고 생각할 수 있습니다. 하지만 브랜드 개발의 관점에서 볼 때, 좋은 브랜드는 다른 브랜드와 차별화된 독특한 스타일을 가지고 있으며, 소비자에게 관심과 호감을 불러일으키는 브랜드입니다.

이러한 특성은 '이유 있는 특별함'으로 요약할 수 있습니다. '특별함'이란 단순히 남들과 다르다는 것을 넘어, 좋은 의미에서 차별화되고 뛰어나다는 것을 의미합니다. 여기서 중요한 점은 그 특별함이 '이유가 있다'는 것입니다. 소비자들이 느끼는 브랜드의 이미지는 전략적이고 치밀하게 설계된 결과여야 합니다. 브랜드의 언어적, 시각적 요소들은 우연히 만들어진 것이 아니라, 정해진 콘셉트와 설정된 개성, 정체성에 기반해 표현된 것입니다.

물론 전략적인 과정 없이도 좋은 브랜드가 만들어질 수 있습니다. 생각나는 대로 만들었는데 운이 좋았거나, 앞서 말한 전략적인 과정이 누군가의 머릿속에서 자연스럽게 이루어져 그대로 구현된 경우일 수 있습니다. 또는 굉장히 창의적이고 파격적이어서 다른 모든 것을 압도할 만큼 긍정적인 요소를 지닌 브랜드는 예외일 수 있겠죠.

소규모 창업에서 브랜드 개발이라고 하면, 브랜드 네임을 정하고 예쁜 로고를 만들어 홈페이지, SNS, 명함, 제품 패키지, 간판 등에 노출하는 것으로 끝이라고 생각하는 경우가 많습니다. 하지만 "이 브랜드는 어떤 브랜드인가요?", "이 브랜드는 다른 브랜드와 무엇이 다른가요?", "브랜드 이름에는 어떤 의미가 있나요?", "왜 로고를 이렇게 만들었나요?", "이 컬러를 선택한 이유는 무엇인가요?", "슬로건을 왜 이렇게 정했나요?", "마케팅 문구의 어투가 왜 일관되지 않나요?"와 같은 질문을 받았을 때, 명확한 답을 하지 못하는 경우가 많습니다. 이는 브랜드에 대한 이유나 기준이 부족해 일관성이 없기 때문이며, 결국 전략이 없다는 것을 의미합니다. 더 큰 문제는, 이런 브랜드를 접한 소비자들이 혼란스러워할 수 있다는 점입니다.

브랜드 개발에서 전략이란, 간단히 말해 브랜드를 론칭할 때 발생할 수 있는 불확실성을 줄이고 성공 가능성을 높이기 위해 소비자와 경쟁자를 분석하고 여러 요인을 검토하는 의사결정 과정입니다. 브랜드의 콘셉트, 포지셔닝, 개성, 아이덴티티 구축 모두가 이 전략의 일부입니다. 처음에는 복잡해 보일 수 있지만, 전략이 있는 것과 없는 것의 차이는 매우 큽니다.

'전략'이라고 하면 복잡한 프레젠테이션 자료를 떠올릴 수 있지만, 여러분은 보고를 위한 자료를 만들 필요가 없습니다. 복잡한 서류 작업이 아닌, 펜으로 메모를 하든 머릿속으로 고민하든 전략을 세우는 과정이 반드시 필요합니다. 이 책에서는 브랜드 전략을 쉽게 활용할 수 있도록 핵심 내용을 명확하게 설명하고 있습니다. 여러분이 준비하는 브랜드가 특별함을 넘어 소비자에게 각별한 브랜드로 다가가도록, 이 책이 도움이 되기를 바랍니다.

◆ 프랜차이즈보다 더 좋은 브랜드 만들기 ◆

창업을 고민하는 많은 분들은 업종이 정해지면 프랜차이즈를 진지하게 고려하게 됩니다. 특히 해당 분야에 대한 경험이 부족한 경우, 프랜차이즈는 좋은 선택이 될 수 있습니다. 프랜차이즈는 일정한 자금만 있으면 초보자도 쉽게 사업을 시작할 수 있도록 브랜드, 인테리어, 운영 노하우 등을 전반적으로 제공하기 때문입니다. 물론, 이러한 지원은 무료가 아니며, 가맹점사업자는 이에 대한 대가를 지불해야 합니다.

프랜차이즈(franchise)는 우리나라에서 가맹사업거래와 같은 의미로, 가맹본부 (franchisor)가 자신의 상품 또는 서비스를 효과적으로 판매하기 위해 가맹점사업자(franchisee)에게 지원과 교육을 제공하고, 그 대가로 가맹비와 로열티를 받는 거래 관계를 말합니다. 이를 통해 가맹본부는 부족한 자금과 인력을 확보하고, 가맹점사업자는 브랜드 이미지와 경영 노하우를 전수받아 양쪽이 함께 성장할 수 있는 사업 방식입니다.

◆ 프랜차이즈 브랜드는 왜 좋아 보일까? ◆

프랜차이즈 사업의 핵심은 브랜드와 표준화된 상품 및 서비스이므로, 브랜드에 대한 투자가 필수적입니다. 누구나 동일한 품질과 서비스를 제공할 수 있도록 균일한 자재를 공급하고, 운영 및 서비스 매뉴얼을 제공함으로써, 소비자는 어느 가맹점을 방문하더라도 일관된 경험을 할 수 있습니다. 이는 브랜드 관리의 중요한 부분입니다.

특히 많은 가맹점을 확보하기 위해서는 브랜드에 대한 투자가 반드시 필요합니다. 따라서 프랜차이즈 브랜드는 체계적인 프로세스를 통해 개발됩니다. 시장 분석, 경쟁 환경 분석, 타깃 설정, 콘셉트 도출 등의 마케팅 전략을 기반으로 한 브랜드는 소비자에게 더 큰 호감을 얻을 수 있습니다. 또한, 확보된 자금을 통해 홍보와 마케팅을 진행하여 브랜드 인지도를 높이고, 긍정적인 이미지를 심어줍니다. 이러한 이유로 프랜차이즈 브랜드는 소비자에게 더 매력적으로 보일 수 있습니다.

그러나 모든 프랜차이즈가 성공하는 것은 아닙니다. 2024년 10월 기준으로 우리나라에는 총 12,225개의 프랜차이즈가 공정거래위원회에 등록되어 있습니다. 그중 외식업은 9,755개로 전체의 약 80%를 차지하고 있으며, 도소매업은 566개로 5%, 서비스업은 1,904개로 15%를 차지하고 있습니다. 등록된 프랜차이즈 수에서 알 수 있듯이, 대부분 프랜차이즈는 규모가 작고 브랜드에 대한 투자가 쉽지 않은 상황입니다. 특히 외식업의 경우 약 35%의 브랜드가 상표 등록조차 되어 있지 않은 점을 보면, 브랜드 관리가 제대로 이루어지지 않고 있음을 시사합니다.

프랜차이즈의 핵심이라고 할 수 있는 브랜드에 대한 지표로 확인할 수 있는 것이 상표 등록인데, 35%의 브랜드가 상표 등록이 되어 있지 않다는 것은 큰 문제입니다. 더 심각한 것은 약 14%(자체 전수조사)의 브랜드는 상표 출원조차 하지 않았다는 점입니다.

프랜차이즈 시장의 틈바구니에서 살아남기 위해서는 경쟁력을 갖춘 브랜드가 그 출발점이 되어야 합니다. 이 책에서는 브랜드 개발뿐만 아니라, 브랜드가 법적으로 보호받을 수 있도록 상표 등록 방법과 절차에 대해서도 상세히 다루고 있습니다.

이 책이 새로 사업을 시작하시는 개인사업자, 소상공인, 자영업자분들께 도움이 되기를 간절히 바랍니다.

심우태

◆ 이 책은 창업 및 신규 브랜드 론칭을 위한 브랜드 개발 종합 안내서입니다. 사업 아이템 선정, 콘셉트 도출부터 브랜드 기획, 네이밍, 로고 디자인, 상표 등록까지 단계별로 누구나 쉽게 따라 할 수 있도록 알기 쉽게 설명하고 있습니다.

◆ 이론적인 접근이나 브랜드 네이밍, 로고 디자인, 상표 등록 등 일부만을 다루는 책은 있었지만, 브랜드 개발을 처음부터 끝까지 알기 쉽게 다룬 책은 찾아보기 어렵습니다. 특히 어려운 이론을 그대로 설명하는 것이 아니라, 저자가 새롭게 해석하여 쉽게 이해할 수 있도록 설명하고 있습니다.

◆ 브랜드 네이밍에 사용할 수 있는 다양한 언어의 단어들을 소개하여 활용할 수 있도록 했습니다. 라틴어, 이탈리아어, 프랑스어, 스페인어, 독일어, 북유럽어, 일본어, 중국어, 오세아니아어, 아프리카어에 대한 소개와 어휘를 소개합니다.

◆ 별책 부록으로 그리스 로마 신화, 북유럽 신화는 물론 문학작품 등장인물, 외국 인명, 세계 지명, 음악 밴드, 컬러 이름, 순우리말, 외국어 접두사/접미사, 외국어 의성어/의태어 등 풍부한 네이밍 소스를 제공합니다. 뿐만 아니라 영어, 라틴어, 프랑스어, 이탈리아어, 스페인어 등 네이밍에 활용할 수 있는 다양한 외국어 어휘도 함께 제공하고 있습니다.

◆ 디자인이나 컬러, 서체에 대한 전문적인 지식이 없이도 로고 디자인을 직접 해볼 수 있도록 쉽게 설명하고 있습니다.

◆ 상표 등록에서는 프랜차이즈 브랜드의 상표등록 전수조사를 바탕으로 한 실제 데이터에 기반해 상표등록이 거절되는 이유에 대해서 유형별로 나눠 설명합니다. 상표등록 가능성을 높이는 노하우를 소개하고, 직접 상표출원을 진행하는 방법에 대해서도 알기 쉽게 설명합니다.

차례

6부 상표등록 더 잘하기

별책 부록

별책 부록은 별도의 파일로 제공됩니다.
QR코드를 통해 온라인에서 다운로드 하실 수 있습니다.

1부

창업과
브랜드

brand

1. 창업(創業) vs 창업(創業)

창업이라는 용어에는 두 가지 주요 의미가 있습니다. 표준국어대사전에서는 '창업(創業)'을 '나라나 왕조를 처음으로 세움'과 '사업 등을 처음으로 시작함'으로 정의하고 있습니다. 원래는 나라를 세운다는 의미였으나, 오늘날에는 주로 사업을 새롭게 시작하는 의미로 사용됩니다.

많은 사람들은 창업이 나라를 세우는 것만큼 어렵다고 비유하기도 합니다. 그러나 더 중요한 것은 사업을 시작한 후 이를 유지하고 발전시키는 일입니다. 역사적으로도 '창업수성(創業守成)' 또는 '이창업 난수성(易創業難守成)'이라는 말이 있듯이, 나라를 세우는 것보다 그것을 유지하고 발전시키는 것이 더 어렵다고 했습니다.

사업에서도 마찬가지입니다. 자금과 공간만 확보하면 누구나 창업할 수 있지만, 철저한 준비 없이 무턱대고 시작한 사업은 성공 가능성이 낮습니다.

통계청 자료에 따르면, 개인사업자 10곳 중 7곳은 5년 이내에 폐업한다고 합니다. 평균 생존 기간은 2.6년이며, 1년 생존율은 약 79%, 3년 생존율은 46%, 5년 생존율은 31%로 점차 낮아집니다. 준비 없이 서둘러 사업을 시작하면 경쟁력을 갖추지 못해 대다수가 몇 년 안에 문을 닫는 것이 현실입니다.

특히 외식업의 경우 1년 생존율이 약 62%이며 5년 이상 생존율은 20%에 불과한 것으로 알려져 있습니다. 물론 생존한다고 해서 사업이 모두 성공적인 것은 아니며, 실제로 만족스럽게 운영하는 사람들의 비율은 더 낮을 수 있습니다.

음식점의 폐업률이 높다는 것은 널리 알려진 사실이지만, 여전히 많은 사람들이 새롭게 개업을 준비하고 있습니다. 아무도 실패를 목표로 하지는 않지만, 준비가 부족한 상태에서 개업한다면 사업을 운에 맡기는 것과 다를 바 없습니다.

그렇다면 문제는 무엇일까요? 어떻게 하면 성공 가능성을 높일 수 있을까요? 답은 결국 고객에게 있습니다. 고객의 마음을 얻지 못하면 사업을 지속할 수 없습니다. 종합적으로 보면, 브랜드 구축과 브랜딩에서 실패했기 때문입니다.

역사를 살펴보면 나라를 세우는 과정에서 흥미로운 점을 발견할 수 있습니다. 나라를 세울 때 국호를 정하고, 건국신화를 만들며, 나라를 상징하는 대상을 통해 정체성을 확립하는데, 이 과정은 브랜드를 구축하는 것과 유사합니다. 국호를 정하는 것은 브랜드 네이밍과 같고, 건국신화는 브랜드 스토리와 비슷하며, 국가의 상징을 만드는 것은 브랜드의 로고와 시각적 정체성을 확립하는 것과 유사합니다.

예를 들어, 고려는 고구려에서 유래된 국호를 사용하여 고구려를 계승했음을 나타냈고, 조선은 단군조선의 전통을 이어받았다는 의미를 담았습니다. 이는 국가의 정통성과 정체성을 확립하려는 의도였습니다.

고려의 건국신화와 이성계 설화는 신화적 요소와 역사를 조화시켜 창업의 정당성을 주장하고, 백성들에게 나라와 왕에 대한 경외감과 충성심을 불러일으키고자 했습니다. 이는 지도자들이 백성의 마음을 얻지 못하면 결국 망한다는 것을 인식했기 때문입니다. 그렇다면 '왕과 같은' 소비자들을 대상으로 사업을 시작하는 창업주들은 어떻게 해야 할까요?

창업은 곧 브랜드를 구축하는 일이라고 해도 과언이 아닙니다. 아이템을 정하고

가게를 열어 개업하는 것은 자금만 마련되면 누구나 할 수 있지만, 소비자에게 사랑받는 브랜드는 깊은 고민과 철저한 준비 없이 단순히 운에 의해 만들어지지 않습니다.

2. 사람들은 어떤 사업을 할까?

창업은 사업 분야를 결정하는 것에서 시작됩니다. 어떤 사람은 최신 트렌드를 조사해 자신에게 맞는 업종을 선택하고, 또 어떤 사람은 조사 없이 자신이 잘하거나 좋아하는 분야를 선택합니다. 때로는 자주 찾던 프랜차이즈 음식점을 선택해 다른 사업 분야는 고려하지 않고, 가맹본부에 직접 연락해 가게를 열기도 합니다.

업종 선택에서 가장 안타까운 점은, 더 나은 사업 기회가 있음에도 불구하고 기회를 놓치고 나중에 후회하는 경우입니다. 따라서 기술 창업이 아니라면 다양한 사업 분야를 조사하고 검토하여 신중하게 결정하는 것이 바람직합니다.

우리나라에서 가능한 사업의 종류는 매우 다양합니다. 통계청이 작성하는 한국표준산업분류(KSIC)에는 업종을 대분류 21개, 중분류 77개, 소분류 234개, 세분류 501개, 세세분류 1,205개로 분류하고 있습니다. 또한, 국세청의 업종분류코드는 1,610개입니다.

[표] 통계청 한국표준산업분류 체계

대분류	중분류	소분류	세분류	세세분류
A 농업, 임업 및 어업	3	8	21	33
B 광업	4	7	10	11
C 제조업	25	85	182	480
D 전기, 가스, 증기 및 공기조절 공급업	1	3	5	10
E 수도, 하수 및 폐기물 처리, 원료 재생업	4	6	14	19
F 건설업	2	8	16	46
G 도매 및 소매업	3	20	62	186
H 운수 및 창고업	4	11	19	47
I 숙박 및 음식점업	2	4	11	30
J 정보통신업	6	12	26	45
K 금융 및 보험업	3	8	14	29
L 부동산업	1	2	4	12
M 전문, 과학 및 기술서비스업	4	14	20	50
N 사업시설 관리, 사업 지원 및 임대 서비스업	3	11	22	32
O 공공행정, 국방 및 사회보장 행정	1	6	10	28
P 교육서비스	1	7	17	33
Q 보건업 및 사회복지 서비스업	2	6	9	25
R 예술, 스포츠 및 여가 관련 서비스업	2	4	17	43
S 협회 및 단체, 수리 및 기타 개인 서비스업	3	8	18	41
T 가구 내 고용 활동, 자가소비 생산활동	2	3	3	3
U 국제 및 외국기관	1	1	1	2
21	77	234	501	1,205

출처: 통계청(2024년 개정)

예를 들어, 'I 숙박 및 음식점업'을 살펴보면, 중분류로는 '숙박업'과 '음식점 및 주점업'으로 나뉩니다. 이 중에서 '숙박업'은 8개의 세세분류로, '음식점 및 주점업'은 22개의 세세분류로 세분화됩니다. 이러한 방식으로 다른 대분류도 구분되며, 총 1,205개의 세세분류가 존재하여 거의 모든 업종을 포괄하고 있습니다.

아래는 I 숙박 및 음식점업의 중분류인 '음식점 및 주점업'의 소분류, 세분류, 세세분류 사례입니다. 세세분류 아래에는 구체적인 사업 아이템이나 콘셉트에 따라 더 나눠질 수 있습니다.

[표] 음식점 및 주점업의 세세분류

소분류	세분류	세세분류
음식점업	한식 음식점업	한식 일반 음식점업
		한식 면 요리 전문점
		한식 육류요리 전문점
		한식 해산물 요리 전문점
	외국식 음식점업	중식 음식점업
		일식 음식점업
		서양식 음식점업
		기타 외국식 음식점업
	기관 구내식당업	기관 구내식당업
	출장 및 이동 음식점업	출장 음식 서비스업
		이동 음식점업
	제과점업	제과점업
	피자, 햄버거 및 치킨 전문점	피자, 햄버거, 샌드위치 및 유사 음식점업
		치킨 전문점

		김밥 및 기타 간이 음식점업
	김밥 및 기타 간이 음식점업	간이음식 포장 판매 전문점
주점 및 비 알코올 음료 점업	주점업	일반 유흥주점업
		무도 유흥주점업
		생맥주 전문점
		기타 주점업
	비알코올 음료점업	커피 전문점
		기타 비알코올 음료점업
2	9	22

프랜차이즈 업종도 중요한 참고 자료가 될 수 있습니다. 공정거래위원회는 가맹사업을 외식, 도소매, 서비스의 3대 분류로 나누고, 이를 44개의 중분류로 구분합니다. 공정위의 가맹사업거래 사이트(franchise.ftc.go.kr)에서 프랜차이즈 관련 세부 정보를 확인할 수 있습니다.

현재 우리나라에는 12,225건의 프랜차이즈가 등록되어 있습니다(2024년 10월 기준). 이 중에서 외식업이 9,755건으로 전체의 약 80%를 차지하고, 도소매 업종이 566건으로 약 5%, 서비스 업종이 1,904건으로 약 15%를 차지하고 있습니다.

어떤 업종이 인기를 끌고 있고, 어떤 업종이 쇠퇴하고 있는지는 최근 창업 증가율과 감소율을 통해 파악할 수 있습니다. 다만, 프랜차이즈 형태에 적합한 업종으로 한정된다는 점을 염두에 두어야 합니다.

[그림] 프랜차이즈의 분야별 구성비

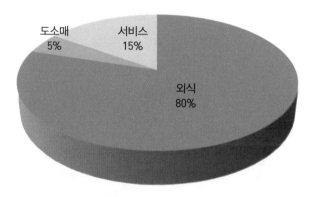

도소매 5%

서비스 15%

외식 80%

출처: 공정거래위원회 가맹사업거래 참고

국세청에서는 국민의 실생활과 밀접한 100개 업종에 대한 사업자 데이터를 분석하여 예비 창업자, 취업 희망자, 정책 연구 기관 등에 도움이 될 수 있는 통계 자료를 공개하고 있습니다. 2023년 5월에 발표된 '국세 데이터 분석'을 통해 업종별 규모와 최근 5년간의 성장 추이를 확인할 수 있습니다.

생활 밀접 업종 100개 중에서 가장 많은 수를 차지하는 업종은 통신판매업, 한식 전문점, 부동산 중개업, 미용실, 커피 음료점, 옷가게입니다. 이는 우리가 온라인에서 자주 접하는 인터넷 쇼핑몰과 오프라인에서 흔히 볼 수 있는 음식점, 부동산, 미용실, 카페 등이 상위에 위치하고 있음을 보여줍니다.

증가율이 가장 높은 업종은 통신판매업이며, 기타 펜션·게스트하우스, 커피 음료점, 기술 및 직업 훈련 학원, 피부 관리업, 실내 스크린골프, 교습소·공부방, 헬스클럽 등도 높은 증가율을 보입니다. 반면, 감소율이 가장 높은 업종은 간이주점으로, 기타 호프 전문점, 구내식당, 예식장, PC방, 독서실, 목욕탕, 기타 음식점, 노래방 등이 감소율이 높은 업종으로 나타났습니다. 다만, 분석이 생활 밀접 100개 업종에 한정되어 있다는 점을 유의해야 합니다.

[표] 생활 밀접 100개 업종의 매장 수 및 증감률

순위	업종명	2018년말	2022년말	증감률
1	통신판매업	218,616	543,088	148.4%
2	한식전문점	377,805	408,019	8.0%
3	부동산중개업	121,334	147,360	21.4%
4	미용실	98,430	111,107	12.9%
5	커피음료점	51,696	93,069	80.0%
6	옷가게	86,878	87,890	1.2%
7	실내장식가게	51,813	77,848	50.2%
8	교습학원	55,453	61,809	11.5%
9	피부관리업	32,736	55,878	70.7%
10	분식점	53,949	54,065	0.2%
11	편의점	39,191	51,564	31.6%
12	교습소 · 공부방	30,047	50,416	67.8%
13	식료품가게	50,241	48,441	−3.6%
14	패스트푸드점	36,211	47,624	31.5%
15	자동차수리점	42,991	47,552	10.6%
16	화장품가게	34,943	39,322	12.5%
17	예술학원	30,376	33,037	8.8%
18	스포츠교육기관	23,203	32,147	38.5%
19	기타외국식전문점	22,632	30,350	34.1%
20	중식전문점	23,215	28,174	21.4%
21	슈퍼마켓	29,914	28,061	−6.2%
22	노래방	31,225	27,200	−12.9%
23	꽃가게	21,146	27,117	28.2%
24	호프전문점	34,883	25,930	−25.7%

25	세탁소	22,685	25,373	11.8%
26	약국	22,215	24,274	9.3%
27	펜션 · 게스트하우스	11,135	23,957	115.2%
28	제과점	16,101	21,933	36.2%
29	기술및직업훈련학원	12,187	21,702	78.1%
30	정육점	19,536	21,649	10.8%
31	일식전문점	17,657	21,553	22.1%
32	기타음식점	24,251	21,072	−13.1%
33	가전제품수리점	13,057	19,587	50.0%
34	휴대폰가게	17,955	19,394	8.0%
35	치과병원 · 의원	17,937	19,182	6.9%
36	여관 · 모텔	21,341	18,818	−11.8%
37	사진촬영업	13,404	18,742	39.8%
38	구내식당	23,342	17,989	−22.9%
39	당구장	18,523	17,435	−5.9%
40	스포츠용품점	14,986	17,354	15.8%
41	건강보조식품가게	12,997	15,663	20.5%
42	한방병원 · 한의원	14,662	15,159	3.4%
43	여행사	13,860	14,295	3.1%
44	채소가게	10,890	14,214	30.5%
45	세무사	12,062	14,070	16.6%
46	생선가게	10,963	13,707	25.0%
47	간판광고물업	12,873	13,087	1.7%
48	과일가게	11,593	13,028	12.4%
49	이발소	11,810	12,594	6.6%
50	담배가게	13,495	12,170	−9.8%
51	건축사	9,391	12,121	29.1%

52	내과 · 소아과의원	11,261	11,772	4.5%
53	헬스클럽	7,070	11,759	66.3%
54	애완용품점	7,688	11,247	46.3%
55	가전제품판매점	9,776	10,724	9.7%
56	주유소	10,814	10,654	−1.5%
57	스포츠시설운영업	6,782	10,630	56.7%
58	간이주점	15,766	10,441	−33.8%
59	침구 · 커튼가게	10,009	10,023	0.1%
60	문구점	9,296	10,014	7.7%
61	주차장운영업	7,349	9,505	29.3%
62	안경점	9,113	9,451	3.7%
63	서점	8,186	9,185	12.2%
64	철물점	8,899	9,034	1.5%
65	pc방	10,462	8,485	−18.9%
66	변호사	6,999	8,451	20.7%
67	시계 · 귀금속점	8,096	8,447	4.3%
68	독서실	9,849	8,121	−17.5%
69	가구점	7,462	7,967	6.8%
70	건어물가게	7,131	7,765	8.9%
71	실내스크린골프점	4,538	7,720	70.1%
72	의료용품가게	6,822	7,320	7.3%
73	법무사	6,360	6,962	9.5%
74	신발가게	6,810	6,140	−9.8%
75	컴퓨터판매점	4,928	5,957	20.9%
76	일반외과의원	4,699	5,413	15.2%
77	곡물가게	5,050	5,139	1.8%
78	중고차판매점	4,732	4,928	4.1%

79	목욕탕	5,606	4,867	−13.2%
80	동물병원	4,005	4,495	12.2%
81	피부 · 비뇨기과의원	3,766	4,440	17.9%
82	기타 일반의원	3,152	3,585	13.7%
83	종합병원	3,342	3,472	3.9%
84	장난감가게	2,143	3,099	44.6%
85	이륜자동차판매점	2,591	2,860	10.4%
86	이비인후과의원	2,527	2,676	5.9%
87	자전거판매점	2,586	2,560	−1.0%
88	실외골프연습장	2,333	2,129	−8.7%
89	신경정신과의원	1,630	2,102	29.0%
90	공인회계사	1,816	1,924	5.9%
91	결혼상담소	1,568	1,823	16.3%
92	안과의원	1,632	1,750	7.2%
93	산부인과의원	1,660	1,742	4.9%
94	성형외과의원	1,437	1,625	13.1%
95	LPG 충전소	1,601	1,609	0.5%
96	기술사	992	1,379	39.0%
97	감정평가사	1,113	1,334	19.9%
98	공인노무사	827	1,286	55.5%
99	변리사	981	1,130	15.2%
100	예식장	951	750	−21.1%

출처: 국세청(2023년 5월 국세 데이터 분석)

우리는 온라인에서 접할 수 있는 데이터로 업종과 창업 시장의 트렌드를 파악할 수 있습니다. 그렇다고 해서 반드시 감소율이 높은 업종을 피하고 증가율이 높은 업종을 선택해야 하는 것은 아닙니다. 증가율이 높다는 것은 소비자의 수요가 많다는 것을 의미하지만, 그만큼 경쟁도 치열하다는 뜻입니다. 반면, 감소율이 높은 업종은 하향 산업임을 의미하지만, 상권을 잘 선택하거나 다른 업종과 결합함으로써 사업 기회를 찾을 수도 있습니다. 다만, 시대의 변화에 따라 완전히 사라지게 될 업종은 고려하지 않는 것이 좋습니다.

상권정보 및 상권 분석은 소상공인마당 상권정보가 가장 대표적이며, 그 밖에도 많은 사이트에서 서비스를 제공하고 있습니다.

- 소상공인마당 상권정보 : sg.sbiz.or.kr

- 핀다 오픈업 : www.openub.com

- 나이스비즈맵 : m.nicebizmap.co.kr

- 서울시 상권분석 서비스 : golmok.seoul.go.kr

- 마이프차 : myfranchise.kr/map

- 캐시노트 상권노트 map.cashnote.kr

- 네모 상권분석 : www.nemoapp.kr/store

- 통계지리정보서비스 : sgis.kostat.go.kr

[그림] 소상공인마당 상권정보 사이트

3. 나는 어떤 사업을 해야 할까?

창업 업종 및 아이템을 선정하는 방법은 창업자 본인으로부터 시작하는 방법과 시장으로부터 시작하는 방법이 있습니다.

창업자 본인으로부터 시작하는 방법

이 방법은 창업자가 자신의 경력, 경험, 강점, 약점, 좋아하는 일, 잘하는 일 등을 고려하여 사업 아이템을 결정하는 것입니다. 직장에서의 경력이나 취미를 사업으로 연결하는 방식입니다. 기술 중심의 창업에서는 주로 이 접근 방식을 사용하여 업종과 아이템을 결정하게 됩니다.

'배운 게 도둑질'이라는 표현처럼, 본인이 잘하는 분야를 창업에 활용하는 것은 이상적인 선택입니다. 다만, 전문성을 바탕으로 사업을 시작하더라도, 업종과 아이템의 시장성, 성장성, 수익성을 철저히 검토하는 것이 필요합니다.

시장으로부터 시작하는 방법

이 방법에서는 여러 업종을 조사하고 정보를 수집한 뒤, 후보군을 선별하고 자신에게 적합한 업종을 최종적으로 선택합니다. 현재 어떤 업종이 인기 있는지, 어떤 사업이 수익성이 높은지, 장기적으로 유망한지를 전반적으로 검토합니다. 또한, 창업 자금을 고려하여 자신의 재정 범위를 벗어나지 않는 사업을 선택하는 것이 일반적입니다.

창업 아이템에 대한 정보를 얻는 방법은 다양합니다. 표준산업분류(KSIC), 프랜차이즈 업종, 국세청의 생활밀접 업종 등을 종합적으로 검토하거나, 창업 전문가와 지인 등 인적 네트워크를 통해 조언을 얻을 수 있습니다. 또한, 창업 박람회나 관련 기관, 단체를 방문하거나, 온라인의 창업 관련 전문 사이트, 미디어, 카페 등을 활용하는 방법도 있습니다.

아이템을 선정할 때 가장 기본적으로 고려해야 할 요소는 '시장의 성장성'과 '수익성'입니다. 창업은 단기적인 이익보다는 미래를 염두에 두고 결정해야 하므로, 시장의 성장성이 중요합니다. 수익성은 경쟁 상황과 마진율을 고려하여 실제로 돈을 벌 수 있는지를 평가하는 것입니다.

사업 경험이 없는 경우, 하락세에 접어든 업종은 피하는 것이 좋습니다. 이러한 업종은 성장성과 수익성이 모두 낮을 수 있으며, 사업 기회가 없지는 않지만 경험과 전략이 필요해 접근하기 어려울 수 있습니다.

시장의 성장성이 높으면 매력적일 수 있지만, 경쟁이 치열하고 마진율이 낮다면 수익을 내기 어려울 수 있습니다. 특히 해당 분야에 대한 경험이 부족하다면, 빠르게 변화하는 시장에 적절히 대응하기 어려울 수 있습니다. 경쟁 상황은 상권과 타깃 시장을 종합적으로 분석하여 판단해야 하며, 진입 장벽도 고려해야 합니다. 경쟁이 치열하다는 것은 진입 장벽이 낮다는 의미일 수 있으며, 이는 성공 가능성이 낮다는 것을 시사할 수 있습니다.

또한, 최근 급속히 성장하는 업종이 일시적인 유행인지, 아니면 새로운 트렌드로 자리 잡을지 신중히 검토해야 합니다. 전문가나 주변의 의견을 참고하여 시간이 지나도 지속 가능한 사업인지 판단하는 것이 중요합니다. 일시적인 유행에 따라 사업을 시작하면 투자 회수는커녕 빠르게 문을 닫을 위험이 있습니다.

따라서 시장성, 성장성, 경쟁 정도, 수익성을 기준으로 5~10개 정도의 최종 후보군을 추려 최종적으로 본인과의 적합성을 고려하여 결정하는 것이 좋습니다.

나에게 맞는 업종을 선택해 봅시다

앞서 소개한 다양한 정보를 바탕으로 10개의 후보 업종을 발굴했다고 가정해 보겠습니다. 각 후보 업종에 대해 시장성, 성장성, 경쟁 정도, 수익성을 기준으로 평가하여 5개의 최종 후보 업종을 선별합니다. 경쟁 정도는 치열할수록 낮은 점수를 부여하고, 시장성, 성장성, 수익성은 좋을수록 높은 점수를 부여합니다. 만약 특정 항목이 더 중요하다고 생각되면, 해당 항목에 가중치를 부여하여 점수를 조정할 수 있습니다. 예를 들어, 수익성이 가장 중요하다고 판단된다면, 수익성 점수에 가중치(예: 1.2)를 곱해 배점을 조정합니다. 주의할 점은 절대적인 기준이 없으므로, 전문가나 주변의 의견을 많이 참고한 후 최종 결정을 내리는 것이 좋습니다.

[표] 후보 업종 평가표(예시)

업종	시장성	성장성	경쟁 정도	수익성	계
A 업종	9	3	5	3	20
B 업종	8	2	4	4	18
C 업종	7	4	4	6	21
D 업종	5	7	5	5	22
E 업종	3	8	7	6	24
F 업종…	…	…	…	…	…

상위 5개 업종을 본인과의 적합성 기준으로 평가하여 최종 업종을 결정할 수 있습니다.

보통 좋아하는 일(관심과 선호)과 잘하는 일(재능)을 하라고 합니다. 그러나 이외에도 해당 분야에 대한 지식이나 경험도 중요하고, 자신의 성격과 맞는지도 중요합니다. 따라서 지식과 경험, 재능, 관심과 선호도, 성격 적합성의 4가지 항목으로 10점 만점으로 배점하여 가장 높은 점수를 얻은 업종을 선택합니다. 여기서도 가중치 부여가 필요할 수 있습니다. 일반적으로 '지식과 경험', '재능 여부'가 사업의 성패를 가르는 가장 중요한 요인이 될 수 있습니다. 그러나 창업자에 따라서 나는 돈을 많이 벌지 못해도 좋아하는 일(관심, 선호도)을 하고 싶다거나 성격에 맞는 일(성격 적합성)을 하고 싶다거나 하는 가치관의 차이가 있을 수 있으므로 상황에 맞게 가중치를 조정할 수 있습니다.

[표] 최종 후보 업종 평가표(예시)

업종	지식, 경험	재능 여부	관심, 선호도	성격 적합성	계
A 업종	9	6	3	3	21
B 업종	7	7	5	5	24
C 업종	5	4	7	7	23
D 업종	4	6	7	5	22
E 업종	3	6	9	8	26

업종을 결정하기 전에 후보 업종을 벤치마킹하는 것은 올바른 결정을 내리는 데 큰 도움이 됩니다. 해당 업종에서 성공적으로 운영되고 있는 사업체들을 조사해 필요한 기술 수준과 기술 습득에 걸리는 시간, 그리고 기타 요소들을 파악해야 합니다. 이를 통해 자신의 적합도를 보다 정확하게 판단할 수 있습니다.

법적인 문제나 자격 조건도 반드시 확인해야 합니다. 새로운 사업 아이템일수록 규제와 자격 요건에 대한 사전 검토가 중요합니다. 예를 들어, '코인 샤워방' 창업을 고려한다면 목욕탕과 같은 기준으로 목욕장업 허가를 받아야 하는지, 아니면 간이 시설로 허가가 가능한지를 검토해야 합니다. 인허가에서 문제가 발생하면 사업을 시작하기 전에 준비가 무용지물이 될 수 있습니다.

업종이 최종 확정되면, 필요한 기술을 사전에 확보하고 가능하다면 현장에서 간접 경험을 쌓는 것도 중요합니다. 동시에 구체적인 사업 구상과 브랜드 개발을 시작해야 합니다.

4. 구체적인 사업 구상하기

구체적인 사업 구상 단계에서는 일반적으로 사업계획서를 작성합니다. 사업계획서의 목적은 크게 두 가지로 나눌 수 있습니다. 하나는 자신을 위한 것이고, 다른 하나는 외부에 보여주기 위한 것입니다.

자신을 위한 사업계획서는 머릿속에 있는 사업 아이디어를 구체적으로 정리하여 성공 가능성을 높이는 데 도움을 줍니다. 이 계획서는 사실에 근거하여 솔직하게 작성해야 하며, 일반적인 양식에 구애받지 않고 종이에 필기하거나 메모 형태로 정리해도 좋습니다.

반면, 외부에 보여주기 위한 사업계획서는 투자금이나 지원금을 확보하기 위해 필요합니다. 이를 위해 정해진 양식에 따라 완성된 형태의 사업계획서를 작성하며, 데이터와 근거를 바탕으로 설득력 있는 문서를 만드는 것이 중요합니다. 파워포인트 프레젠테이션, 한글, 또는 워드 문서 형태로 작성할 수 있습니다.

사업계획서의 흐름은 '우리(나)는 누구이며, 무슨 사업을 하고자 하는데, 현재 환경을 분석해 보니 이런 제품(서비스)을 이런 전략으로 하면 성공할 수 있다. 구체적으로 이런 마케팅 전략으로 접근하는 것이 효과적인데, 자금은 이 정도가 필요

하며, 이렇게 해서 언제 정도면 얼마의 수익을 올릴 것이다'와 같은 흐름으로 작성합니다

요약해보면 사업계획서는 기업의 현황, 사업의 내용, 시장 분석, 사업 전략, 마케팅 전략, 재무 계획, 일정 계획 등으로 구성됩니다.

기술 중심의 스타트업의 경우 'PSST' 구조를 사용하여 사업계획서를 작성하기도 합니다. 여기서 P는 문제 인식(Problem), S는 실현 가능성(Solution), S는 성장전략(Scale-up), T는 팀 구성(Team)을 의미합니다. 즉, 어떤 문제가 있는지 발견하고, 우리의 기술로 어떻게 해결할 수 있는지, 자금을 어떻게 확보하고 시장에 진출하여 성장할 것인지, 그리고 어떤 역량을 가진 팀이 이를 실현할 수 있는지를 설명합니다.

특히 사업계획서에서 중요한 것은 환경 분석을 통해 전략을 도출하는 것입니다. 이를 위해 PEST, 3C, 5 Forces, 제조업의 가치 사슬(Value Chain) 분석 등의 도구를 활용할 수 있습니다. 이러한 분석 도구를 직접 사용하지 않더라도, 그 개념을 이해하는 것만으로도 큰 도움이 됩니다.

거시환경 분석을 위한 도구로 'PEST 분석'이 있습니다. PEST는 정치적(Political), 경제적(Economic), 사회 문화적(Social-Cultural), 기술적(Technological) 환경을 분석하는 방법입니다. 이러한 요소들은 사업에 직접적인 영향을 미치지 않을 수도 있지만, 무시할 수 없는 외부 요인입니다. 추가로 법적(Legal)과 환경적(Environmental) 요인도 고려해야 합니다. 조사와 분석을 통해 이러한 요인별로 중요하게 다루어야 할 사항이나 전망을 정리하고, 이를 전략 수립의 근거 자료로 활용합니다. 특히 규모가 큰 사업일수록 거시환경 분석이 중요합니다. 외부의 거시적 요인에 의해 영향을 받을 가능성이 크기 때문입니다.

산업환경 분석에는 '3C 분석'과 '5 Forces 모델'이 있습니다. 3C 분석은 자사(Company), 경쟁사(Competitor), 고객(Customer)을 중심으로 사업 환경을 평가하는 방법입니다. 영어 C로 시작하는 세 가지 주요 대상을 분석하는 것입니다.

'5 Forces 모델'은 마이클 포터가 제안한 산업 분석 도구로, 산업의 경쟁 환경을 분석하는 데 사용됩니다. 이 모델은 다음 다섯 가지 요인을 평가합니다.

1. 기존 경쟁자와의 경쟁
2. 잠재적 진입자의 위협
3. 구매자의 교섭력
4. 공급자의 교섭력
5. 대체제의 위협

이 모델을 통해 산업 내 이해 관계자들 간의 역학관계를 종합적으로 분석하고, 경쟁 우위를 확보하며 수익성을 향상시키기 위한 전략을 도출할 수 있습니다.

이러한 환경 분석은 기업의 사업 전략 수립에 유용할 뿐만 아니라, 창업 관점에서도 중요한 역할을 합니다. 업종을 구체화하고, 사업 아이템을 선정하며, 브랜드 콘셉트를 확립하는 데 도움을 줍니다. 예를 들어, 환경 분석을 통해 '통신판매업' 내에서 '농산물 온라인 쇼핑몰'에 사업 기회가 있음을 파악한 후, SWOT 분석을 통해 구체적인 전략을 수립할 수 있습니다.

SWOT 분석은 환경 분석을 바탕으로 전략을 도출하는 데 유용한 도구입니다. SWOT은 내부 요인으로는 강점(Strength)과 약점(Weakness), 외부 요인으로는 기회(Opportunity)와 위협(Threat)을 파악하고 분석합니다. 이를 통해 SO(강점-기

회), ST(강점-위협), WO(약점-기회), WT(약점-위협)의 교차되는 영역에서
전략을 도출할 수 있습니다.

[표] SWOT 분석 프레임

내부 환경 외부 환경		강점(S) 내부의 강점을 기술	약점(W) 내부의 약점을 기술
기회 (O)	외부의 기회를 기술	SO전략 내부의 강점을 활용하여 외부의 기회를 극대화 ex) 강력한 브랜드 인지도로 새로운 시장 진출	WO전략 내부의 약점을 보완하여 외부 기회를 살림 ex) 자원 문제를 해결하여 새로운 기술 도입
위협 (T)	외부의 위협을 기술	ST전략 내부의 강점을 활용하여 외부의 위협을 극복 ex) 기술력을 활용해 경쟁업체와 차별화	WT전략 내부의 약점을 보완하여 외부의 위협을 최소화 ex) 자원 부족을 해결하여 경제 불황에 대응

SWOT 분석에서 주의할 점은 강점과 약점이 내부 요인이라는 점과 기회와 위협
이 외부 요인이라는 점입니다. 예를 들어, 농산물 온라인 쇼핑몰을 고려할 때,
외부 기회 요인으로는 MZ 세대의 온라인 농산물 구매 증가가 있다는 점을 들 수
있습니다. 내부 강점으로는 브랜드 개발과 디자인 능력을 보유하고 있다면, SO
전략을 통해 MZ 세대에 맞는 농산물 브랜드와 디자인을 개발하여 젊은 소비자층
을 타깃으로 삼는 전략을 도출할 수 있습니다. SWOT 분석의 목적은 단순히 정보
를 나열하는 것이 아니라, 이러한 정보를 바탕으로 효과적인 전략을 수립하는 데
있습니다.

마케팅 전략 수립은 환경 분석에서 출발하여 STP 전략, 그리고 마케팅 믹스(4P

또는 7P)의 순서로 진행됩니다. STP는 시장을 세분화(Segmentation)하고, 세분화된 시장에서 가장 유력한 표적 시장을 선정(Targeting)하며, 그 표적 시장에서 고객의 마음에 어떤 위상으로 자리잡을 것인가(Positioning)를 결정하는 과정입니다. 특히 포지셔닝은 가장 중요한 단계로, 사업과 브랜드의 콘셉트는 포지셔닝에서 시작됩니다.

사례를 들어 보겠습니다. 40세의 김덕배 씨는 회사에서 마케터로 일하다가 창업을 결심했습니다. 그의 부모님은 충청도 시골에서 30년째 방앗간과 떡집을 운영하고 있습니다. 덕배와 함께 창업을 하기로 한 아내 심미안 씨는 대학에서 미술을 전공하고, 최근에는 부업으로 수공예 물건을 만들어 판매하고 있습니다. 그녀는 미적인 감각과 손기술이 뛰어납니다.

덕배는 어릴 때부터 부모님의 일을 도우며 떡 제조 기술을 익혔고, 떡을 좋아하기 때문에 떡집을 창업하기로 결정했습니다. 한 달 동안 떡집에 대한 시장조사를 마친 덕배는 업종의 특성, 소비자 특성, 최신 트렌드, 기존 떡집 현황 등을 파악했습니다. 결국 그는 집에서 5km 떨어진 천안 불당동의 주택가 인근 상가에 떡집을 열기로 결심했습니다.

환경 분석과 SWOT 분석을 통해 '모양도 예쁘면서 맛있는 떡을 정성스럽게 만드는 이웃 떡집'이라는 콘셉트를 잡았습니다. 조사 결과, 떡 구매 결정에서 가장 중요한 요소는 맛이며, 맛을 결정짓는 주요 요인은 신선한 재료와 쫄깃한 식감이라는 결론을 내렸습니다. 덕배는 '보기에 좋은 떡이 먹기도 좋다'는 속담에서 영감을 얻어, 예쁘게 만든 떡이 실제로 맛도 좋다는 점을 소구하고 싶었습니다. 이를 통해 40대~50대 여성 고객층에게 어필할 수 있을 것이라고 판단했습니다. 덕배는 자신의 떡 제조 노하우와 아내 심미안 씨의 미적인 감각이 결합되면 충분히 성공할 수 있을 것이라고 확신했습니다.

[표] 떡집 창업 구상 사례

사업 아이템	떡집(떡류 즉석판매 제조가공업)
콘셉트	모양이 예쁘고 맛도 좋은 떡을 정성껏 만드는 이웃 떡집 (보기 좋은 떡이 먹기도 좋다)
차별화 포인트	– 예쁜 모양의 맛있는 떡 – 프랜차이즈 브랜드처럼 세련된 인테리어와 서비스 제공
타깃	– 메인 타깃: 반경 500미터 이내의 40대~50대 여성 – 서브 타깃: 반경 1.5km 이내의 20대~30대 여성, 답례떡 구매 고객
창업(브랜드 개발) 목표	– 천안시에서 가장 먼저 떠오르는 지역 대표 떡집 브랜드를 개발 – 향후 전국 프랜차이즈 사업으로 확장 가능한 브랜드 개발

본 예시는 브랜드 개발 프로세스 예시를 위한 것으로, 오프라인 상점은 상권에 크게 영향을 받으므로 상권정보(sg.sbiz.or.kr) 등을 통해서 상권의 특성을 반영하시는 것이 좋습니다.

대략적인 콘셉트가 정해지면, 가장 중요한 것은 소비자와 잠재 고객을 이해하는 것입니다. STP 분석을 통해 마케팅 계획을 수립해야 하는 이유는, 모든 소비자를 대상으로 사업을 시작하는 것보다 유력한 소비자에게 맞춘 매력적인 브랜드를 개발하는 것이 초기 시장 진입과 장기적인 경쟁력 확보에 더 유리하기 때문입니다.

예를 들어, 타깃으로 설정한 40~50대 여성들은 성별, 나이, 거주 지역이 유사할지라도 각자의 반응은 다를 수 있습니다. 따라서 소비자를 세분화하고, 특정 세분집단을 선택하여 그에 맞는 브랜드를 개발한 후, 점차 다른 집단으로 확장해 나가는 것이 효과적입니다.

소비자를 보다 구체적으로 분석하려면 데이터가 필요합니다. 유사한 업종에서 근무하거나 사업 경험이 있다면, 실 고객 데이터를 활용할 수 있지만, 그렇지 않은 경우 비용을 들여 시장조사를 해야 할 수도 있습니다. 이때 업종별 관련 협회나 단체, 정부 기관의 보고서에서 소비자 조사 데이터를 참고하는 것이 좋습니다. 예를 들어, 떡집 브랜드를 고려할 때 한국농수산식품유통공사나 농림축산식품부의 보고서를 활용할 수 있습니다.

STP는 고객 세분화(Segmentation), 타겟팅(Targeting), 포지셔닝(Positioning)의 순서로 진행됩니다. 고객 세분화는 개발하고자 하는 브랜드의 특성에 맞춰 기준을 정하고 유력한 집단을 선택하는 과정입니다. 세분화 기준에는 나이, 성별, 직업 등 인구통계학적 기준, 구매 행태 등 행동적 기준, 태도나 심리, 성격 등 다양한 방법이 있으며, 여러 기준을 조합할 수도 있습니다. 중요한 것은 세분화 기준이 명확하고, 세분화된 집단 간에 차이가 있어야 한다는 점입니다.

예를 들어, 덕배는 소비자 보고서를 기반으로 구입 채널과 구매결정요인에 따라 소비자를 세 집단으로 나누었습니다. A 집단은 맛과 인간적인 관계를 중시하고, B 집단은 품위와 품질 보증을 중시하며, C 집단은 가격과 보관성을 중시합니다. 덕배는 이 중 A 집단을 표적 시장으로 선택했습니다.
타겟팅은 전략적 결정으로, 시장 상황과 경쟁 정도에 따라 다를 수 있습니다. 모든 세그먼트를 공략하거나 맞춤형으로 접근할 수도 있고, 여러 세그먼트를 동시에 선택할 수도 있습니다.

덕배는 A 집단을 더 잘 이해하기 위해 '구매자 페르소나(Persona)'를 만들었습니다. 구매자 페르소나는 브랜드와 관계를 맺고 고객이 될 가상의 인물들로, 이름, 성별, 나이, 거주지, 직업, 학력, 소득, 가치관, 성격, 외모 등을 프로필 형태로 작성하여 소비자를 깊이 이해하고 브랜드 개발에 참고할 수 있습니다. 실제 인물들을 모델로 삼아도 좋으며, 특히 가치관, 성격, 라이프스타일 등의 설정이 중요합니다. 구매자 페르소나는 브랜드의 성격을 결정하는 데 중요한 역할을 하기 때문입니다.

포지셔닝을 위해서는 소비자뿐만 아니라 경쟁자에 대한 이해도 필요합니다. 포지셔닝은 소비자의 마음속에서 경쟁자 대비 우리 브랜드의 상대적 위치와 성격을 정의하는 과정이기 때문입니다.

덕배는 인근 떡집과 베이커리의 리스트를 종이에 세로로 적고, 가로에는 브랜드와 마케팅 활동, 소비자 인식 등을 항목으로 나누어 간단히 메모로 정리했습니다. 이를 통해 덕배는 맛이 가장 중요한 구매 결정 요인이라는 점과, 직접 제조와 신선함에서 동네 떡집에 대한 선호가 높다는 것을 파악했습니다. 그러나 브랜드, 서비스, 디자인 등에 대해선 만족스러운 매장이 없다는 결론을 내렸습니다. 고민

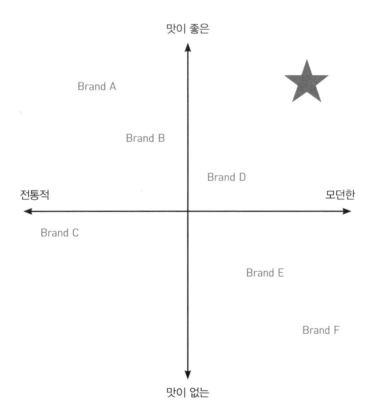

[그림] 떡집 포지셔닝맵(Positioning Map) 예시

끝에 덕배는 그림과 같은 포지셔닝 맵을 완성했습니다.

포지셔닝의 주요 내용은 브랜드 개발 과정에서 '포지셔닝 선언문'으로 구체화될 수 있습니다.
덕배는 '보기 좋은 떡이 먹기도 좋다'는 브랜드 콘셉트와 좋은 날에 답례 떡으로 '복(福)을 기원한다'는 의미를 결합하여 '복이 좋은 떡'이라는 아이디어를 떠올렸습니다. 그래서 상호를 '복이좋은떡'으로 결정했습니다.

다음으로 STP 내용을 바탕으로 실행을 위한 마케팅 믹스 전략을 수립합니다. 서비스 마케팅에서는 상품(Product), 가격(Price), 유통경로(Place), 판매촉진(Promotion)의 4P에 과정(Process), 물리적 근거(Physical Evidence), 사람(People)을 추가해 7P로 부르고 있습니다.

과정(Process)은 서비스가 전달되는 과정이나 흐름, 메커니즘을 의미합니다. 물리적 근거(Physical Evidence)는 고객이 서비스를 경험하면서 함께 접하게 되는 간판, 공간, 인테리어, 메뉴 등 모든 물리적인 대상과 환경을 의미합니다. 특히 서비스업은 사람(People)이 서비스를 제공한다는 면에서, 그리고 마음대로 통제가 어렵다는 점에서 매우 중요한 부분입니다.

5. 사업자 형태 결정하기

사업을 시작할 때 창업자는 개인사업자와 법인사업자 중에서 선택해야 합니다. 선택 기준은 사업의 규모나 세금 부담 등을 고려하여 결정됩니다. 소규모 사업의 경우 개인사업자로 시작하는 경우가 많습니다.

■ **개인사업자**: 대표자가 사업의 모든 책임을 지며, 자본금 없이 간단한 사업자 등록으로 쉽게 사업을 시작할 수 있습니다. 사업 수익은 개인의 수입이 되어 자금을 자유롭게 운용할 수 있지만, 문제가 발생했을 때 개인이 모든 책임을 져야 합니다. 일정 금액 이하의 수익에는 세금 부담이 적지만, 수익이 높아지면 세금 부담이 커질 수 있습니다.

■ **법인사업자**: 법적으로 인격을 부여받아 사람처럼 권리를 행사하고 의무를 지는 법인체로, 창업자와는 별개로 존재합니다. 법인의 소득은 대표이사나 주주의 개인 수입이 아니며, 개인 용도로 사용할 수 없습니다. 법인 설립 등기와 같은 복잡한 절차와 비용이 필요하지만, 소득이 일정 수준을 넘을 경우 법인세가 유리할 수 있습니다. 일반적으로 과세표준이 약 2천200만 원 이상일 때 법인세가 더 유리하다고 봅니다.

법인사업자는 외부 투자 유치나 대외 신용도 측면에서 유리한 장점이 있습니다. 그러나 소규모 창업의 경우, 초기 자본과 절차의 부담을 줄이기 위해 개인사업자로 시작하는 것이 일반적입니다.

[표] 개인사업자와 법인사업자의 특징

구분	개인사업자		법인사업자
	일반 과세자	간이 과세자	
특징	– 개인사업자 중 보통의 세율과 신고를 따르는 사업자(기준: 연 매출 8,000만원 이상)	– 개인사업자 중 규모가 작은 사업자로, 세율 혜택과 세금 신고 간편(기준: 연 매출 8,000만원 미만)	– 법인 설립 후 법인의 명의로 사업을 운영 – 세금 신고 및 결산은 법인의 책임

설립 절차 및 기간	– 홈택스 온라인 신청 가능 – 사업자 등록증 3영업일 이내에 발급		– 복잡함(법인 설립과 등기 후 사업자 등록) – 약 10~12일 소요
설립 비용 및 자본금	– 설립 비용 없음 – 자본금 필요 없음		– 설립 등기, 등록면허세 등 비용 발생 – 자본금 필요(일반적으로 100만 원 이상)
사업자의 책임	– 무한 책임		– 주식회사의 경우 유한 책임
의사결정	– 자유로움		– 이사회 결정
존속성	– 대표자 변경 시 기존 사업자 폐업 후 새로 등록		– 대표자 변경 상관없이 법인은 그대로 존속
소득의 귀속 및 자금 인출	– 사업소득은 대표자 개인의 소득 – 자유로운 인출 및 사용 가능		– 소득 법인 귀속, 대표이사는 급여, 주주는 배당으로 소득 – 임의로 인출하여 사용할 수 없음 – 대표자 개인 인출 시 가지급금 처리
대표자 급여	– 비용 처리 안됨		– 비용 인정
과세 구분	– 종합소득세가 적용됨 (세율 6~45%)		– 법인세가 적용됨 (세율 10~25%) – 과세표준 2억 이하는 10% 적용
부가가치세	– 매출과 매입에서 각각 10%를 부가세로 계산 – 반기별로 연 2회 신고	– 업종별 1.5~4%의 낮은 세율 적용 – 매출 4,800만 원 미만은 부가가치세 납부 면제 대상, 세금계산서 발행 불가 – 매입 비용에 대한 경비 처리 불가 – 연 1회 신고	– 매출과 매입에서 각각 10%를 부가세로 계산 – 분기별로 연 4회 신고
회계 처리	– 간편장부 또는 복식부기	– 간편한 회계 처리	– 복식부기가 원칙, 회계 처리 엄격
외부 투자금 유치	– 주식 발행을 통한 투자금 유치 불가능 – 사업 이익, 개인 자금, 대출금을 활용		– 외부 자금 투자 유치 용이

개인사업자? 소상공인? 자영업자?

대기업, 중견기업, 중소기업, 공기업은 비교적 명확한 기준으로 구분되지만, 개인사업자, 소상공인, 자영업자는 구분하기가 어려운 경우가 많습니다. 이는 각 용어가 다른 목적과 기준에 따라 정의되기 때문입니다.

■ **소상공인** : 정책적인 개념으로, 정부나 기관에서 지원 정책의 대상이 되는 사업자를 의미합니다. 소상공인은 상시 근로자 수가 5인 미만인 사업장을 말하며, 제조업, 광업, 건설업, 운송업의 경우에는 10인 미만을 기준으로 합니다. 3년 평균 매출액을 기준으로 판단하며, 업종별로 가장 낮은 10억 원 이하(숙박 및 음식점업)부터 가장 높은 120억 원 이하(제조업)까지 기준이 상이합니다. 개인사업자와 법인사업자 모두 소상공인에 해당할 수 있지만, 대부분은 개인사업자입니다. 유흥업, 전문 업종, 부동산 임대업 등은 지원 대상에서 제외될 수 있습니다.

■ **개인사업자**: 세금 및 상법과 관련된 개념으로, 법인 형태가 아닌 사업자를 의미합니다. 사업자등록을 통해 설립된 사업으로, 법인사업자와의 상대 개념입니다. 국세청에서 자영업으로 분류되는 것은 개인사업자를 의미합니다.

■ **자영업자**: 통계와 고용 현황 측면에서 정의되는 개념으로, 혼자 일하거나 다른 사람을 고용하여 사업을 운영하는 사람을 말합니다. 자영업자는 사업자등록 여부와 상관없이 농어민, 노점상 등을 포함하며, 사업장, 매출액, 근로자 수와는 관계없이 정의됩니다. 자영업자 중 일부는 수입이 많을 수 있어 소상공인에 해당되지 않을 수도 있습니다.

이렇게 각각의 개념은 다른 기준과 목적에 따라 구분되며, 각기 다른 측면에서 이해하고 활용해야 합니다.

[표] 소상공인, 개인사업자, 자영업자의 구분

구분	소상공인	개인사업자	자영업자
정의	소기업 중에서 상시근로자 5인 미만의 사업장(제조업, 광업, 건설업, 운송업은 10인 미만)	사업등록자 중 법인을 제외한 개인사업자	혼자서 사업을 영위하거나 근로자를 고용한 사람(법인사업자는 제외)
기준 (법적 근거)	소상공인 보호 및 지원에 관한 법률(소상공인법)	부가가치세법	고용형태 기준이며, 명확한 법적 근거 없음
사업자등록	필수(개인사업자, 법인사업자)	필수(개인사업자)	무관(농어민, 노점상도 해당)
규모	3년 평균 매출이 10억원 이하(숙박 및 음식점업)부터 120억 이하(제조업)까지 업종별로 상이	관계없음	관계없음
비고	유흥 향락 업종, 전문업종, 부동산임대업 등은 정책자금 지원에서 제외될 수 있음	국세청의 '자영업'은 개인사업자를 의미함	통계청의 자영업자 문항에 해당하는 개념

종합적으로 보면, 창업 시 개인사업자와 법인사업자 중에서 선택할 수 있습니다. 개인사업자로 시작하면 자동으로 자영업자가 되며, 소자본 창업의 경우 대개 소상공인에도 해당됩니다. 반면, 법인사업자로 시작할 경우, 규모가 작다면 소상공인으로 분류될 수 있지만, 자영업자에는 포함되지 않습니다.

이러한 구분은 정책자금과 밀접한 관계가 있으므로, 자금을 지원받기 위해서는 자신의 사업 형태와 분류를 정확히 파악하는 것이 중요합니다.

6. 상호 결정하기

사업을 시작할 때 개인사업자와 법인사업자 모두 상호(商號)를 결정해야 합니다. 상호는 상인이 자기를 표시하는 이름으로, 발음할 수 있고 문자로 기록할 수 있는 형태여야 합니다. 따라서 기호나 도형 등은 상호로 사용할 수 없습니다.

법인사업자는 상호를 법인 설립 등기 시 등록하며, 동일 관할 구역 내에 이미 등록된 상호와 동일할 경우 등록이 불가능합니다. 따라서 상호를 결정하기 전에 인터넷 등기소(www.iros.go.kr)에서 미리 확인하는 것이 좋습니다.

[그림] 인터넷 등기소 홈페이지

반면, 개인사업자는 상호 사용 기준이 법인에 비해 까다롭지 않고 상호 등기 의무가 없습니다. 개인사업자도 상호 등기를 할 수 있지만, 등기된 상호의 보호 범위는 제한적이므로 대부분의 개인사업자는 등기를 하지 않습니다.

상호 등기보다 더 중요한 것은 상표 등록입니다. 상호를 상표로 사용하지 않더라도 상표 등록을 권장합니다. 상표로 등록하면 상호처럼 지역에 한정되지 않고 전국적으로 권리를 행사할 수 있습니다. 상표 등록은 상호와 관련된 분쟁에서 확실한 법적 보호를 받을 수 있게 해줍니다.

법인의 동일 상호 검색

대법원 인터넷 등기소(www.iros.go.kr)에서는 등록된 법인의 상호를 검색할 수 있습니다. 이 사이트에서는 법인의 상호 검색뿐만 아니라 등기부등본도 조회할 수 있습니다. 등기부등본에는 상호/명칭, 본점/영업소/주사무소, 임원, 회사 설립일, 목적/영업의 종류 등이 포함되어 있습니다. 주민등록등본은 개인 정보 보호로 인해 제한된 접근이지만, 법인의 등기부등본은 누구나 열람하고 발급받을 수 있습니다.

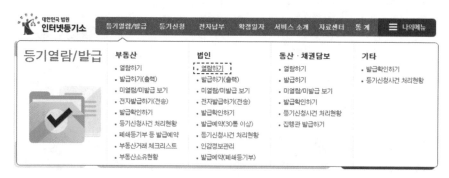

[그림] 법인등기 열람 방법

인터넷 등기소 홈페이지에서 중앙의 바로가기 메뉴에서 '법인등기'를 선택하고 열람/발급(출력)을 클릭합니다. 또는 상단 메뉴에서 등기열람/발급을 선택하고 법인의 열람하기를 클릭해도 됩니다.

그럼 아래와 같은 화면으로 이동하여 법인상호를 검색하실 수 있습니다. 상호, 등기번호, 등록번호, 알파벳 등으로 탭을 선택하여 검색하실 수 있습니다.

열람수수료는 700원 , 발급수수료는 1,000원 입니다.

상호로 찾기	등기번호로 찾기	등록번호로 찾기	로마자로 찾기

검색 감추기 ⊙

· 등기소	관할 등기소를 선택하세요.	⌄
· 법인구분	법인 종류를 선택하세요.	⌄
· 등기부상태	전체 등기부상태 ⌄ · 본지점구분	전체 본지점 ⌄
· 상호		🔍검색

[그림] 법인등기 검색 화면

대표 상호에는 영문을 포함할 수 없지만(숫자는 가능), 영문 상호명이 있는 법인을 검색할 때는 '로마자로 찾기'를 선택할 수 있습니다. 다만, 영문 상호는 등록 시 필수가 아니며, 국문 상호를 영문으로 번역한 것일 수도 있어 로마자 검색에서 원하는 결과가 나오지 않을 수 있습니다. 따라서 특별한 경우를 제외하고는 '상호로 찾기'를 사용하는 것이 좋습니다.

등기소 항목에서는 전체 등기소나 특정 지역의 등기소를 선택할 수 있습니다. 검색 건수가 많지 않다면 전체 등기소로 검색하는 것이 좋습니다. 검색 결과에서 등록된 등기소를 확인할 수 있습니다.

법인 구분 항목에서는 전체 법인 또는 주식회사 등 원하는 법인 종류를 선택할 수 있습니다. 일반적으로 '전체 법인'으로 검색하는 것이 좋습니다. 등기부 상태 항목에서는 '전체 등기부 상태', '살아있는 등기', '해산' 등 다양한 상태를 선택할 수 있으며, 검색 결과에서 상태를 확인할 수 있으므로 '전체 등기부 상태'로 검색하는 것이 권장됩니다. 본지점 구분 항목에서는 '전체 본지점', '본점', '지점' 등을 선택할 수 있으며, '전체 본지점'으로 검색하는 것이 일반적입니다.

마지막으로, 상호 입력란에 검색하고자 하는 상호를 입력하고 검색 버튼을 클릭하면 됩니다. 상호를 입력할 때 '주식회사' 등의 법인 구분 문구를 상호 앞이나 뒤에 추가해 정확한 상호를 검색할 수도 있지만, 법인 구분 항목이 따로 있으므로 보통 상호만 입력하여 검색합니다.

또한, 한글 3음절 이하의 문구를 입력하면 동일한 상호의 등기 기록만 검색되고, 4음절 이상의 문구를 입력하면 해당 문구가 포함된 상호까지 검색됩니다. 이는 검색의 효율성을 높이기 위한 것입니다. 예를 들어, '가', '가나', '가나다'를 입력하면 해당 문구와 정확히 일치하는 상호만 검색되지만, '가나다라'를 입력하면 '가나다라'뿐만 아니라 '가나다라마', '가나다라마바' 등 해당 문구가 포함된 상호도 함께 검색됩니다.

'우리나라'를 검색해 보겠습니다. 전체 등기소를 선택했기 때문에 전국에서 50건의 상호가 검색됩니다. 4음절이므로 검색어가 포함된 확장된 검색 결과를 보여줍니다.

살아있는 등기 중에서 일치하는 결과와 확장된 결과가 순서대로 표시됩니다. 또한, 본점전출, 청산종결 등과 같은 등기도 함께 나타납니다. 이를 통해 관할 등기소, 법인의 종류, 등기번호, 정확한 상호를 알 수 있습니다. 주말 여부에서 '주

말(朱抹)'은 빨간 줄로 기존 내용을 지운 말소사항을 의미하며, Y는 해당 사항이
존재함을, N은 존재하지 않음을 나타냅니다.

관할등기소	법인구분	본/지점	등기번호	상호	주말여부	폐쇄여부	선택
서울중앙지방법원 등기국	주식회사	본점	415502	우리나라	N	살아있는 등기	선택
수원지방법원 화성등기소	주식회사	본점	039677	우리나라	N	살아있는 등기	선택
대전지방법원 천안지원 등기과	주식회사	본점	028967	우리나라 (kooil Co.,Ltd.)	N	살아있는 등기	선택
광주지방법원 등기국	유한회사	본점	003447	우리나라	Y	살아있는 등기	선택
울산지방법원 등기과	주식회사	본점	035945	우리나라 (Woorinara Corp.)	N	살아있는 등기	선택
창원지방법원 하동등기소	주식회사	본점	001006	우리나라건설	N	살아있는 등기	선택
수원지방법원 동수원등기소	주식회사	본점	028942	우리나라경매정보	Y	살아있는 등기	선택
인천지방법원 부천지원 김포등기소	주식회사	본점	026453	우리나라네트웍스	N	살아있는 등기	선택
대구지방법원 등기국	주식회사	본점	081045	우리나라부동산중개법인	N	살아있는 등기	선택
서울남부지방법원 등기국	사단법인	본점	004472	우리나라사랑	N	살아있는 등기	선택
서울중앙지방법원 등기국	주식회사	본점	547595	우리나라엔터테인먼트	N	살아있는 등기	선택
수원지방법원 동수원등기소	주식회사	본점	027379	우리나라토지정보	Y	살아있는 등기	선택
서울중앙지방법원 등기국	주식회사	본점	626766	우리나라한국에프앤비	N	살아있는 등기	선택
창원지방법원 등기과	주식회사	본점	029963	우리나라환경	N	살아있는 등기	선택
서울중앙지방법원 등기국	주식회사	본점	085353	우리나라	N	본점전출	선택
서울중앙지방법원 등기국	주식회사	본점	176453	우리나라	Y	본점전출	선택
서울중앙지방법원 등기국	주식회사	본점	176453	우리나라	Y	본점전출	선택
인천지방법원 등기국	주식회사	본점	039631	우리나라	N	본점전출	선택
인천지방법원 부천지원 등기과	주식회사	본점	015995	우리나라	Y	본점전출	선택
수원지방법원 성남지원 광주등기소	주식회사	본점	020763	우리나라	N	본점전출	선택
청주지방법원 괴산등기소	주식회사	본점	003397	우리나라	Y	본점전출	선택
창원지방법원 사천등기소	주식회사	본점	001280	우리나라건설	N	본점전출	선택

[그림] 법인상호 검색 결과 예시

본점전출, 청산종결, 기타 폐쇄 등의 경우에는 동일한 상호라도 살아 있는 등기가 아니므로 등록이 가능합니다. 그러나 해산간주나 청산종결간주로 표시되는 경우에는 추가 확인이 필요합니다.

회사가 마지막으로 등기를 한 날로부터 5년 동안 아무런 등기를 하지 않으면, 국가에서 직권으로 해산등기를 하여 '해산간주' 상태가 됩니다. 해산간주 상태 후 3년이 지나면 국가에서 직권으로 청산 절차를 진행하여 '청산종결간주' 상태로 전환됩니다. 청산종결이 되면 법인은 소멸합니다.

주의할 점은 해산간주 상태 후 3년 내에 주주총회 특별결의를 통해 '계속 등기'를 하면 법인은 해산 전의 상태로 복귀하여 존속할 수 있습니다. 즉, 해산간주는 실제로 해산된 상태가 아니며 회복이 가능하기 때문에 주의가 필요합니다.

검색 결과에서 세부 정보를 확인하려면 해당 상호나 선택 버튼을 클릭하여 법인등록번호를 확인할 수 있습니다. '등기기록구분'에서 '전부'와 '등기기록종류'에서 '유효부분'을 선택하여 열람할 수 있으며, 열람 수수료는 건당 700원, 발급 수수료는 건당 1,000원입니다.

개인사업자의 동일 상호 검색

앞서 살펴본 상호 검색 방법은 법인에 해당하는 경우입니다. 개인사업자의 경우에는 상호 등록에 엄격한 기준이 적용되지 않기 때문에, 동일한 상호도 등록할 수 있습니다. 그러나 상표 분쟁을 피하기 위해서는 동일한 상호, 특히 등록된 상표를 사전에 검색하여 확인하고 사용하는 것이 좋습니다. 또한, 상표 등록이 되어 있지 않더라도 국내에서 '널리 알려진' 타인의 상호나 상표를 부정한 목적으로 사용할 경우, 부정경쟁방지법에 따라 처벌을 받을 수 있습니다.

개인사업자 상호는 일반적으로 등기되지 않기 때문에 인터넷 등기소에서는 검색이 어렵습니다. 다음은 개인사업자 상호를 검색할 수 있는 몇 가지 방법입니다.

공정거래위원회(ftc.go.kr)의 '정보공개 〉 사업자정보공개'에서 다단계판매사업자, 후원방문판매사업자, 방문판매사업자, 전화권유판매사업자, 선불식할부거래사업자, 통신판매사업자의 6개 업종에 대한 상호를 검색할 수 있습니다. 이 시스템에서는 개인사업자뿐만 아니라 주식회사 등 법인 사업자도 함께 확인할 수 있어, 특히 개인사업자가 다수인 통신판매업 분야에서 유용하게 활용할 수 있습니다. 또한, 데이터 개방 항목에서 지역별 데이터를 엑셀 파일(CSV)로 다운로드하여 활용할 수 있습니다. 단, 통신판매업 신고를 하지 않은 개인사업자 상호는 검색되지 않습니다.

[그림] 공정거래위원회의 사업자 정보공개

나이스 기업정보(www.nicebizinfo.com), 케이리포트(www.kreport.co.kr)와 같은 기업 정보 사이트나 머니핀 사업자정보 조회(moneypin.biz/bizno)와 같은 기업 DB

사이트를 활용할 수도 있습니다. 그러나 이러한 사이트들은 기존의 몇 개 DB를 취합하거나 자체 조사를 통해 데이터를 수집한 것으로, 누락된 업체가 많거나 업데이트 되지 않은 과거 데이터가 있을 수 있어 주의가 필요합니다.

이 밖에 네이버, 구글, 다음 등의 키워드 검색이나 지도 검색을 통해 상호를 확인할 수 있습니다. 국세청의 사업자 상태 조회는 사업자등록번호나 주민등록번호 정보를 통해 사업자의 등록 상태와 과세 유형을 확인하는 기능으로, 상호 검색에는 적합하지 않습니다.

종합적으로 보면, 상호를 결정할 때는 상표 검색을 통해 동일한 사업 분야(지정상품)에서 유사한 명칭의 상표가 등록되어 있는지 반드시 확인해야 합니다. 상호로 등록된다고 해서 상표권이 보장되는 것은 아닙니다. 이미 비슷한 사업 분야에서 동일하거나 또는 유사한 명칭의 상표가 특허청에 등록되어 있다면, 이와 다른 상호를 사용하시는 것이 좋습니다. 상호와 상표는 다르지만 상호가 상표와 같은 역할을 한다면 문제가 될 수 있습니다. 그래서 상호를 결정한 후에는 상표 출원을 하시는 것이 좋습니다.

상표와 관계없이 법인사업자는 서울중앙지방법원 등기국, 수원지방법원 용인등기소와 같이 관할 지역 내에서 동일한 상호를 등록할 수 없습니다(이후에 목적을 변경할 수 있으므로 목적이 달라도 등록되지 않을 가능성 높음). 특히 서울시와 같이 법인사업자가 많은 지역에서는 동일한 상호가 있을 가능성이 높으므로 주의가 필요합니다. 주식회사의 표기 순서가 다르거나 합자회사, 유한회사 등 법인의 종류가 달라도 동일한 상호로 인정될 수 있으니 주의해야 합니다. 다른 지역에 설립한 후 본사를 이전할 경우에도 동일 상호에 대한 문제가 발생할 수 있으므로, 가능하면 동일한 상호는 피하는 것이 좋습니다.

개인사업자는 동일한 상호를 등록할 수 있으며 상호 사용에 제약이 거의 없지만, 상표법이나 부정경쟁방지법과 관련한 분쟁이 발생할 수 있으므로 주의가 필요합니다. 개인사업자의 상호 검색은 다소 어려운 부분이 있으므로, 다양한 방법으로 기존 상호를 검색해 보고, 특히 특허청 키프리스 사이트(kipris.or.kr)에서 동일하거나 유사한 상표(특히 같은 분야의 상표)를 반드시 확인하는 것이 좋습니다.

상호와 브랜드

지금까지 동일 상호 검색 등 '사용할 수 있는 상호'에 대해 살펴보았는데요, 상호를 결정할 때 추가로 고려해야 할 사항이 있습니다. 사업 관련해서는 향후 사업 확장 가능성을 고려해야 하며, 브랜드 관련해서는 어떤 용도로, 어떤 수준으로 사용할 것인지 결정해야 합니다.

우선, 사업 확장 가능성을 고려하여 상호를 결정하는 것이 좋습니다. 특정 사업 영역에 초점을 맞춘 상호는 기억하기 쉽고 전문적인 이미지를 줄 수 있지만, 사업 확장 시 제약이 될 수 있으며, 상호를 변경해야 할 수도 있습니다. 미래의 모든 상황을 예측할 수는 없지만, 다른 분야로의 확장 계획이 있다면 이를 염두에 두고 상호를 정하는 것이 바람직합니다. 상호는 가급적 변경하지 않는 것이 좋기 때문입니다.

또한, 상호를 브랜드로 활용할 것인지, 아니면 상호는 상호로만 사용하고 별도의 브랜드를 개발할 것인지도 고려해야 합니다. 상점이나 서비스업의 경우 대부분 개인사업자의 상호가 브랜드 역할을 하지만, 제조업 등에서 사업 분야가 복수이거나 다수의 브랜드를 운용하는 경우에는 상호와 브랜드의 역할을 명확히 구분하는 것이 중요합니다.

7. 사업자 등록하기

개인사업자 등록은 보통 홈택스 사이트(hometax.go.kr)에서 간편하게 온라인으로 신청할 수 있습니다. 홈택스 사이트에 접속한 후 인증서를 이용해 로그인합니다. 상단의 '국세증명 · 사업자등록' 메뉴에서 '사업자등록 신청 · 정정 · 휴폐업'을 선택하고, '개인 사업자등록 신청'을 클릭하면 '개인 사업자등록 신청' 메뉴가 나타납니다. 여기에서 상호, 연락처, 주소 등을 입력합니다. 개인사업자는 업종에 따라 집 주소를 주소지로 사용할 수 있습니다. 제조업, 음식점업 등은 별도의 사업장이 있어야 하지만 통신판매업, 소프트웨어 개발, 디자인과 같은 업종은 집 주소를 사업장으로 등록할 수 있습니다.

업종 코드는 자신의 사업에 맞는 업종을 선택하면 됩니다. 전체 업종을 담은 엑셀 파일을 다운로드하여 확인하거나, '업종 입력/수정' 메뉴에서 조회하여 가장 유사한 업종을 선택할 수 있습니다. 업종 코드는 6자리 숫자로 구성되어 있으며, 예를 들어 전자상거래 소매업은 525101, 커피 전문점은 552303입니다. 두 가지 이상의 업종을 등록할 경우, 주업종(1개)과 부업종(나머지)을 지정해야 합니다.

사업자 유형은 '간이'와 '일반'으로 나뉩니다. 예상 연매출이 8,000만 원 이상일 경우 일반사업자로, 그 미만일 경우 간이과세자로 분류됩니다. 간이과세자는 매출 규모가 작은 영세 사업자의 세금 부담을 덜어주기 위한 제도로, 세율과 세금 신고 면에서 일반과세자에 비해 혜택이 있습니다. 그러나 업종에 따라 불리한 부분도 있을 수 있으므로, 사전에 확인하는 것이 중요합니다.

필요한 서류로는 사업장을 임차한 경우 임대차계약서 사본, 공동 창업인 경우 동업계약서, 인허가나 자격이 필요한 업종의 경우 허가(등록, 신고)증 사본이 필요

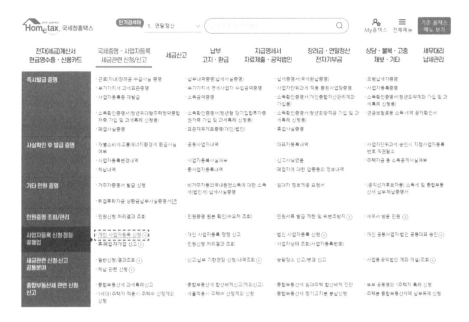

[그림] 홈택스를 통한 개인사업자 등록

합니다. 예를 들어 공인중개업의 경우 개설등록증이, 법무사의 경우 등록증이 필요합니다.

사업장 주소지 관할 세무서를 직접 방문하여 신청할 수도 있습니다. 이 경우 사업자등록 신청서, 신분증, 임대차 계약서(해당 시), 동업 계약서(해당 시), 자금 출처 명세서를 준비해서 세무서 담당자의 도움을 받아 진행하면 됩니다.

개인사업자의 사업자등록은 절차는 매우 간단하며, 비용이 전혀 발생하지 않습니다. 신청일로부터 3영업일 이내에 사업자등록증이 발급되며, 홈택스에서 발급받을 수 있습니다.

법인사업자는 개인사업자와 달리 법인설립등기(등기소)를 먼저 진행해야 합니다. 절차도 다소 복잡하여 보통 법무사의 도움을 받아야 하며, 일부 비용이 발생합니다. 법인설립에는 3~7일이 추가로 소요되므로 열흘 정도의 기간이 필요합니다.

주식회사를 설립한다고 가정하면, 법인설립에 필요한 서류로는 설립등기 신청서, 정관, 취임승낙서, 조사보고서, 주주명부, 주식발행사항동의서, 잔고증명서 등이 있습니다. 서류를 준비한 후, 등기소에 법인설립을 등기를 신청하고, 등기가 완료되면 사업자등록을 진행합니다.

법인사업자의 경우 사업자등록 시에는 법인등기부등본, 법인 인감증명서, 임대차 계약서, 정관, 주주명부, 법인 인감도장, 대표자 신분증 등이 필요합니다.

특히, 주식회사의 경우 회사 설립에는 발기인이 필요합니다. 발기인은 정관을 작성하고, 대표이사, 이사, 감사를 선임합니다. 발기인은 미성년자도 가능하고 자격조건에 거의 제한이 없습니다.

발기인과 관련된 설립 방식으로, 발기인들만 주주가 되는 일반적인 방식이 발기설립입니다. 반면, 모집설립은 발기인 외에 제3자인 청약인이 포함되어 주주를 구성하는 방식으로, 절차가 다소 복잡하며 대규모 자금 조달이 필요한 사업에 적합합니다.

자본금은 과거 최소 자본금 5천만원의 제한이 있었으나, 상법 개정으로 지금은 100원 이상이면 가능합니다(건설업, 여행업, 운송업 등 일부 업종 제외). 일반적으로 최소 100만원, 업종에 따라 1천만원 또는 5천만원 등 상황에 맞게 설정하고 있습니다.

법인 설립은 대법원 인터넷 등기소(iros.go.kr)나 중소기업청 온라인 법인설립시스템(startbiz.go.kr)을 통해 직접 진행할 수도 있으나, 보통 법무사와 세무사를 통해 법인 설립과 사업자 등록을 진행합니다. 비용은 자본금 규모나 지역에 따라 차이가 있을 수 있습니다. 참고로, 법인등록면허세는 자본금뿐만 아니라 본점 소재지가 수도권 과밀억제권역에 해당하는지 여부에 따라서도 차이가 발생할 수 있습니다.

2부

브랜드
기본기
다지기

brand

1. 브랜드란 무엇인가?

브랜드(Brand)의 사전적인 의미는 상표(Trademark)와 같은 개념입니다. 많은 사람들이 알고 있는 브랜드의 의미도 이와 같습니다. 표준국어대사전에서는 브랜드를 '사업자가 자기 상품에 대하여 경쟁업체의 것과 구별하기 위하여 사용하는 기호·문자·도형 따위의 일정한 표지(標識)'라고 설명하는데, 이는 사전상의 상표의 개념과 동일합니다. 영어 사전에서도 큰 차이가 없습니다. 참고로, '표지'는 '다른 것과 구별할 수 있게 하는 표시나 특징'을 의미합니다.

특정 단어나 용어의 정확한 뜻을 알기 위해서는 어원이나 유래, 그리고 역사에 대해서도 살펴보는 것이 좋습니다. Brand의 어원은 고대 노르드어(Old Norse)의 'brandr'로 거슬러 올라갑니다. 이 말의 원래 뜻은 영어로 'to burn', 즉 불타다, 불태우다의 의미였는데, 영어로 들어오면서 '불타는 나무조각'을 의미했습니다. 1500년대에 Brand는 목장에서 기르는 소나 가축에 소유주를 구별하기 위한 목적으로 찍은 낙인을 의미하기 시작했습니다. 그래서 지금도 영어 'Brand'에는 '낙인을 찍다'라는 의미가 남아 있습니다. 현재의 브랜드와 유사한 의미로 사용되기 시작한 것은 대량 생산이 시작되면서부터입니다. 1800년대 초반, 와인 등 제품 박스에 생산자(출처)를 나타내는 마크를 표시하여 다른 생산자의 제품과 구별하기 시작한 것이 그 시작입니다. 이 시기부터 영어 'Brand'는 '상표'라는 의미로 사용되기 시작했습니다. 1800년대 중후반에는 상표와 그 보호에 대한 법률도 제정되기 시작했습니다.

그러나 브랜드의 어원에서 살펴본 가축에 낙인을 찍는 행위는 현재 브랜드의 개념과는 거리가 있습니다. '식별을 위한 표지'라는 것에서는 유사하지만 목적이나 용도가 다르기 때문입니다. 예를 들어, 책에 분실을 방지하기 위해 '영희꺼'라고 적어 분실을 방지하는 것과 상표나 브랜드의 목적은 다릅니다. 가축에 낙인을 찍는 것도 도난이나 분실을 방지하기 위한 것이며, 시장에서 더 높은 가치를 인정받기 위해 사용되는 것은 아니기 때문입니다.

그렇다면 어원과 별개로 브랜드의 개념이 언제부터 나타났을까요? 학자들은 브랜드의 기원을 기원전 수천 년의 메소포타미아나 인더스 문명 등에서 찾기도 합니다. 고대 도자기나 항아리에서 발견된 표지들은 당시 생산자나 판매자들이 이를 통해 출처를 구분하고 품질에 대한 신뢰를 구축하며 시장에서 더 높은 가치를 받기 위해 브랜드 관련 활동을 했다는 것을 보여줍니다. 이때 주로 서명이나 인장 같은 방법이 사용되었으며, 동물이나 신을 의미하는 심벌의 개념도 등장했습니다.

종합적으로 볼 때 브랜드의 개념은 수천 년 전부터 존재해 왔으며, 초기에는 마크(mark)나 마킹(marking)과 유사한 개념으로 사용되다가 대량 생산 시대에 접어들면서 그 중요성을 인식하기 시작했습니다. 기업들도 점차 브랜드에 대한 투자를 늘리고 체계적으로 관리하기 시작했습니다.

브랜드라는 용어의 의미도 시간이 지나면서 변화해왔습니다. 과거에는 브랜드가 마크나 상표 등의 표지 개념으로 이해되었지만, 지금은 관련된 가치들이 추가되어 확장된 무형 자산으로 인식되며, 기업 활동의 거의 모든 측면을 포괄하는 개념으로 발전했습니다. 우리가 처음에 살펴본 브랜드의 사전 정의는 이제 브랜드의 전체 의미를 설명하는 데 충분하지 않습니다.

이 책에서 내리는 브랜드의 정의는 '소비자의 인식을 통해 머리에서는 차이를, 가슴에서는 감정을 불러일으키는 문자와 상징의 총체적 결합'입니다.

이 정의에서 '차이'는 브랜드의 전통적인 기능을 의미합니다. 즉, 브랜드가 다른 회사나 제품과 구별될 수 있어 설명 없이도 식별, 차별, 품질 보증의 역할을 한다는 것을 의미합니다. 식별 기능은 브랜드가 다른 브랜드와 혼동되지 않도록 도와주며, 차별 기능은 단순히 다른 것이 아니라 '어떻게 다른지'를 명확히 구별해줍니다. 품질 보증 기능은 '이 브랜드는 좋을 것이다'는 기대감을 갖도록 합니다.

반면 '감정'은 브랜드가 부가적으로 수행하는 기능을 의미합니다. 브랜드가 소비자의 마음속에 이미지를 형성하고, 관계를 만들어가며, 신뢰를 쌓고, 브랜드에 대한 감정을 불러일으킵니다.

마지막으로 문자와 상징의 총체적 결합은 브랜드 네임, 슬로건, 브랜드 스토리, 로고, 컬러, 캐릭터, 패키지, 디자인, 소리, 향기 등 브랜드 아이덴티티를 구성하는 모든 요소들이 함께 결합하여 브랜드를 형성한다는 것을 의미합니다.

2. 브랜드는 왜 중요할까?

많은 사람들이 '크게 욕심부리지 않고, 먹고 살기 위한 작은 사업 하나 하려고 하는데, 굳이 브랜드까지 고민해야 할까?'라고 생각합니다. 상호만 적당히 정해서 간판집에 맡기면 알아서 해주고, 인테리어 업체에는 상호에 맞게 꾸며달라고 하면 될 텐데 말이죠.

하지만 작은 사업일수록 브랜드의 중요성이 큽니다. 사업에서 브랜드가 차지하는 비중이 매우 크기 때문입니다. 대기업은 여러 브랜드로 구성된 포트폴리오를 구축하고 있어, 하나의 브랜드가 실패해도 큰 타격을 받지 않습니다. 게다가 대기업은 막대한 자금을 투자하여 브랜드를 론칭하고, 실패 확률을 줄입니다. 반면, 소규모 사업자는 하나의 브랜드에 모든 것을 걸고 승부해야 하며, 마케팅과 홍보 예산이 제한적일 수밖에 없습니다. 특히 체계적인 프로세스나 전략 없이 운에 의존하는 경우가 많아 더 큰 어려움을 겪게 됩니다.

소자본 창업 브랜드는 중견기업이나 대기업 등 큰 규모의 기업 브랜드와 비교했을 때 몇 가지 특성이 있습니다. 그 중 가장 두드러진 것은 공간적 특성과 인적 접촉의 특성입니다. 예를 들어, 가게의 간판은 소비자에게 브랜드를 노출시키고 방문을 유도하는 역할을 하며, 일정한 공간 안에서 고객과 직접적으로 접촉하며 서비스를 제공하는 특징이 있습니다. 따라서 간판과 인테리어 같은 물리적 요소와 고객 서비스 담당자의 인적 요소가 브랜드에 큰 영향을 미칩니다.

또한, 소규모 창업에서는 창업자가 브랜드의 핵심 요소로 작용합니다. 대기업에서도 대표이사나 회장의 이미지가 브랜드에 영향을 미치지만, 소규모 사업에서는 창업자 자신이 브랜드로 인식될 정도로 중요합니다. 창업자가 고객과 직접 소통할 기회가 많기 때문에, 창업자의 이미지가 브랜드에 직접적인 영향을 미치게 됩니다.

좋은 BRAND가 필요한 5가지 이유
창업에서 브랜드가 중요한 이유를 B.R.A.N.D의 다섯 가지 요소로 설명하겠습니다. Better, Relationship, Affection, Needed, Defend는 각각 의미하는 바도 있지만, 단계가 진행될수록 고객과의 관계가 더 깊어진다는 것을 의미합니다.

■ B - Better
브랜드를 잘 개발하면 우리 브랜드와 우리 가게가 경쟁자보다 더 뛰어나 보일 수 있습니다. 브랜드의 기본 기능 중 하나는 다른 것들과 차별되는 점을 갖는 것입니다. 비슷한 제품이나 서비스가 많더라도, 우리의 브랜드가 다른 경쟁자들과 확실히 차별되어 더 매력적으로 보인다면, 그것이 바로 좋은 브랜드입니다.

■ R – Relationship

좋은 콘셉트를 바탕으로 전략적으로 만들어진 브랜드는 다른 브랜드보다 더 매력적으로 보입니다. 매력적인 브랜드는 소비자에게 기대감을 불러일으키고, 직접 경험해 보고 싶게 만듭니다. 관계를 맺는다는 것은 브랜드가 가지고 있는 이름, 스토리, 개성, 가치, 철학을 느끼고 교감하는 것입니다.

■ A – Affection

고객들이 브랜드를 이해하는 단계를 넘어 브랜드에 대해 호감을 느끼고, 애정을 표현합니다. 기대감을 느끼기도 합니다. Affection은 애정, 호감을 뜻합니다.

■ N – Needed

브랜드가 고객의 일상에 녹아 들어가 라이프 스타일의 일부를 차지하게 됩니다. 브랜드가 제공해주는 제품이나 서비스를 넘어 브랜드가 제공해주는 정서적인 가치를 찾게 됩니다.

■ D – Defend

좋은 콘셉트와 철저한 시장 및 경쟁자 분석을 바탕으로 개발된 브랜드라 하더라도 모든 소비자를 만족시킬 수는 없습니다. 브랜드에 대해 부정적인 이미지를 가진 소비자도 있을 수 있습니다. 그러나 '우리편'이 된 고객은 긍정적인 경험을 주변에 전파하며, 부정적인 시각이나 반응이 확산되는 것을 방지하는 역할을 합니다.

B Better
더 좋아 보이다
(경쟁사보다 더 좋아 보인다)

R Relationship
관계를 맺다
(브랜드를 경험한다)

A Affection
호감, 애정을 느끼다
(브랜드에 매력을 느끼고 빠져든다)

N Needed
필요로 하다
(생활 속에서 브랜드를 필요로 한다)

D Defend
보호하다
(우리 브랜드 편에서 말하고 행동한다)

[그림] 좋은 BRAND가 필요한 5가지 이유

3. 브랜드 아이덴티티 이해하기

1) 브랜드 아이덴티티

회사 CI를 요청받았을 때, 로고 이미지 파일을 이메일로 보내는 경우를 흔히 볼 수 있습니다. 이처럼 CI(기업 아이덴티티)와 BI(브랜드 아이덴티티)는 종종 회사나 브랜드의 로고와 동일한 의미로 사용되기도 합니다. 여기서 C는 Corporate(회사), B는 Brand(브랜드)를 의미하는데, I가 뜻하는 Identity는 무엇일까요?

아이덴티티(Identity)는 '정체성' 또는 '독자성'을 의미합니다. 우리가 증명 사진을 이메일로 보내면서 "제 정체성을 보내드립니다"라고 말하지 않듯이, 아이덴티티는 단순히 로고에 국한되지 않습니다. 로고는 CI와 BI의 중요한 부분이지만, 아이덴티티는 그보다 넓은 개념을 포함합니다.

우리가 어떤 사람을 지칭할 때, '왜 그 얼굴 하얗고 키 큰 사람 있잖아?', '아~ 말은 조용히 하지만 할 말은 하는 그 사람' 같은 표현을 사용하듯이, 그 사람의 정체성은 외모, 성격, 가치관, 출신과 같은 다양한 요소가 결합되어 형성됩니다. 브랜드의 아이덴티티도 마찬가지로 로고를 포함한 시각적 요소 외에, 브랜드의 성격, 가치관, 비전 등이 모두 결합되어 완성됩니다.

브랜드에서도 정체성이라는 것은 브랜드 네임, 로고에 그치지 않습니다. 고객이 브랜드를 경험하면서 형성하는 모든 이미지를 포함합니다. 시각적 요소는 물론 언어적 표현, 브랜드의 철학과 가치, 개성, 제품이나 서비스에 담긴 일관된 이미지와 기대까지 모두 브랜드의 정체성을 구성합니다.

브랜드에 정체성을 부여하는 이유는 무엇일까요? 사람의 정체성과 비교했듯이, 브랜드에 생명력을 부여하는 것이 중요합니다. 생명력을 부여한다는 것은 브랜드가 사람처럼 개성을 가지며, 소비자와 소통하고, 호감과 애정을 이끌어낼 수 있다는 의미입니다. 경쟁 브랜드와 차별화되고, 더 매력적이며 돋보이게 만들고 싶다면, 로고 디자인보다 먼저 브랜드 아이덴티티를 고민해야 합니다. 대기업들이 수천만 원을 투자해 브랜드 아이덴티티를 구축하는 이유도 바로 여기에 있습니다.

하지만 소규모 업체에서 훌륭한 브랜드 아이덴티티를 구축하는 것은 쉽지 않습니다. 브랜드 네임과 로고를 멋지게 디자인한다고 해서 자동으로 브랜드 아이덴티티가 완성되는 것은 아닙니다. 효과적인 아이덴티티를 구축하려면 명확한 브랜드 콘셉트가 필요하며, 이 콘셉트를 바탕으로 브랜드를 개발하고 일관된 아이덴티티를 유지해야 합니다. 일관성 없는 말과 행동이 사람들에게 혼란을 주듯, 브랜드가 일관되지 않으면 고객에게 혼란을 줄 수 있습니다.

2) 브랜드 아이덴티티 구성 요소

앞에서 살펴본 바와 같이, 브랜드 아이덴티티는 브랜드의 핵심 요소입니다. 새로운 브랜드를 개발하는 것은 사실상 브랜드 아이덴티티를 구축하는 과정과 같습니다. 그럼 브랜드 아이덴티티를 형성하는 주요 요소들을 살펴보겠습니다. 브랜드 아이덴티티는 언어적, 시각적, 감각적, 정서적 요소로 구분할 수 있습니다.

언어적 아이덴티티(Verbal Identity)

언어적 아이덴티티는 브랜드의 문자나 말로 소비자에게 전달되어 브랜드 이미지를 형성하는 요소를 말합니다. 영어에서 'verbal'은 구두의(oral) 의미로 일반적으로 사용되지만, 원래는 말하는(spoken)과 쓰는(written) 모든 의미를 포함합니다.

언어적 아이덴티티에는 브랜드 네임, 슬로건(태그라인), 브랜드 스토리, 브랜드 목소리 등이 포함됩니다.

브랜드 네임(Brand Name)은 문자로 표현된 브랜드의 이름으로, 사람으로 비유하자면 성명과 같습니다. 브랜드 네임은 브랜드의 가장 중요한 요소로, 한 번 정하면 변경이 어렵기 때문에 신중하게 결정해야 합니다. 소비자는 브랜드 네임을 보고 단 0.5초 만에 브랜드에 대한 인상을 형성하게 됩니다. 그래서 이 책에서는 브랜드 네임에 대해 뒤에서 큰 비중을 두고 다루고 있습니다.

슬로건(Slogan)과 태그라인(Tagline)은 브랜드와 함께 사용되는 짧은 문구입니다. 브랜드 네임이 브랜드의 핵심 가치를 간결하게 전달하지만, 전달력에는 한계가 있습니다. 따라서 슬로건과 태그라인을 통해 소비자에게 추가적으로 소구하고자 하는 내용을 효과적으로 전달하며, 브랜드의 포지셔닝을 강화하는 역할을 합니다.

슬로건과 태그라인은 사전적으로 유사한 의미를 지니며, 종종 동일하게 사용되기도 합니다. 그러나 실제로는 사용 목적과 형태에 따라 약간의 차이가 있습니다.

태그라인은 슬로건의 일종으로, 로고와 함께 표시되는 짧은 문구를 의미합니다. 주로 브랜드의 변하지 않는 핵심 가치 또는 영위하고 있는 사업에 관한 간결한 문구이며, 시각적 아이덴티티와 결합되어 브랜드를 강화합니다.

슬로건은 좀 더 긴 문구이며, 중장기적으로 사업이나 시장 상황에 따라 변경될 수 있습니다. 그리고 때로는 소비자의 마음을 직접 움직여 구매를 유도하는 역할을 하기도 합니다.

브랜드 스토리(Brand Story)는 사람으로 비유하면 짧은 자기소개서나 감동적인 이야기와 같습니다. 브랜드 스토리는 브랜드가 왜 특별한지, 왜 소비자에게 필요한지, 그리고 소비자와의 관계를 어떻게 형성할 수 있는지를 설명하는 글입니다. 어떤 인물에 대한 감동적인 스토리가 사람들에게 감정적인 공감과 재미를 제공하듯, 브랜드 스토리도 소비자의 마음을 움직일 수 있습니다. 브랜드가 어떻게 탄생했는지, 왜 필요한지 등을 설득이 아닌 스토리텔링을 통해 전달하며, 중요한 것은 사건의 기술보다는 그 배경에 담긴 철학과 맥락을 설명하는 것입니다. 또한 소비자의 입장에서 그들의 마음을 움직일 수 있도록 작성되어야 하며, 소비자를 잘 이해하고 그에 맞는 언어와 문체를 사용하는 것이 중요합니다.

시각적 아이덴티티(Visual Identity)

시각적 아이덴티티는 소비자에게 시각적으로 전달되어 브랜드 이미지를 형성하는 요소를 의미합니다. 여기에는 로고, 컬러, 지정 서체, 이미지, 사진 스타일, 그래픽 패턴, 레이아웃 등이 포함됩니다.

로고(Logo)는 브랜드의 얼굴에 비유될 수 있습니다. 브랜드 네임이 문자로 표현된 브랜드의 핵심 요소라면, 로고는 시각적으로 표현된 핵심 요소입니다. 스마트폰 아이콘이나 비상구 픽토그램처럼, 심플하고 차별화된 로고는 브랜드를 직관적으로 대표할 수 있습니다. 이 책에서는 브랜드 네이밍과 함께 로고 디자인에 대해서도 자세히 다룰 것입니다.

브랜드 컬러(Brand Color)는 브랜드를 대표하는 단일 컬러 또는 컬러 조합을 의미합니다. 우리는 대상을 인식하기 전에 먼저 컬러를 인식하며, 이 컬러는 대상에 대한 인식 과정에 영향을 미칩니다. 따라서 브랜드 컬러는 매우 중요하며, 연상과 상징, 브랜드의 성격, 타깃 등을 고려하여 일관되게 사용하는 것이 중요합니다. 또한 경쟁 브랜드나 주변 상점의 컬러도 고려하는 것이 좋습니다.

지정 서체(Typeface)는 브랜드 아이덴티티 강화에 큰 도움이 됩니다. 서체는 로고, 홈페이지, 명함, 리플릿, 카탈로그, 광고물 등에서 일관되게 사용될 수 있습니다. 전용 서체를 개발할 수도 있지만, 중소규모 업체는 유료 서체를 구입하거나 무료 서체를 활용할 수 있습니다.

기타 시각적 아이덴티티 요소로는 이미지나 아이콘, 사진 스타일, 그래픽 레이아웃 디자인, 제품 디자인, 패키지 디자인 등이 있습니다. 이러한 요소들은 주로 온라인 콘텐츠, 인쇄물, 광고물에서 활용됩니다. 오프라인 매장에서는 스토어 아이덴티티(Store Identity) 또는 숍 아이덴티티(Shop Identity)를 통해 공간의 배치와 조명 등 인테리어 요소를 종합적으로 구성하여 활용합니다.

감각적 아이덴티티(Sensory Identity)

감각적 아이덴티티는 언어적, 시각적 아이덴티티 외에 청각, 후각, 촉각, 미각 등의 감각을 통해 소비자에게 전달되어 브랜드 이미지를 형성하는 요소입니다. 감각적 아이덴티티는 잘 활용하면 다른 브랜드와의 차별화가 가능하고, 브랜드를 기억하게 하며, 소비자와 특별한 관계를 형성할 수 있는 강력한 요소가 됩니다. 특히, 감각적 아이덴티티는 종종 간과되기 때문에 브랜드만의 독특한 감각적 특성을 개발하여 소비자에게 특별한 경험을 제공할 수 있습니다.

가장 흔하게 사용되는 감각적 아이덴티티 요소로는 소리와 향기가 있습니다. 징글(Jingle)이나 효과음, 제품에서 나는 독특한 소리, 매장에서 나는 특정 향기 등은 이미 오랜 역사를 가지고 있으며, 언어적, 시각적 아이덴티티와 결합하여 특별한 브랜드 경험을 제공하고 있습니다.

정서적 아이덴티티(Emotional Identity)

정서적 아이덴티티는 언어나 이미지처럼 시각적으로 드러나지는 않지만, 브랜드의 철학이나 성격을 보여줍니다. 이 요소는 언어적, 시각적, 감각적 아이덴티티에 영향을 주며, 소비자와 정서적으로 연결될 수 있는 기반이 됩니다.

브랜드 개성(Brand Personality)은 감정이 없는 브랜드에 의도적으로 인간적인 성격을 부여한 것입니다. 또한 브랜드 목적, 비전, 사명, 가치, 포지셔닝과 같은 브랜드의 핵심 요소들인 브랜드 코어(Brand Core) 또는 플랫폼(Platform)도 정서적 아이덴티티에 포함됩니다. 정서적 아이덴티티는 독립적으로 표현되기보다는 전체 아이덴티티 요소에 영향을 미치며, 소비자와의 정서적 연결을 촉진하는 역할을 합니다.

3) 좋은 브랜드 아이덴티티의 조건

브랜드의 콘셉트나 메시지는 소비자가 쉽게 이해할 수 있어야 하며, 소비자 지향적인 특징을 내세워 정서적으로 가까워져야 합니다. 소비자들은 브랜드를 처음 접할 때 많은 시간을 들여 공부하지 않기 때문에, 아이덴티티 요소 하나만으로도 관심을 끌고 콘셉트나 메시지를 간결하게 전달하며, 친근함과 관심을 유도할 수 있어야 합니다.

또한, 브랜드는 독특함을 갖추어야 합니다. 독특함은 다른 브랜드와의 차별점을 만들고 브랜드를 돋보이게 합니다. 선두 업체를 모방하면 일시적으로는 효과를 볼 수는 있지만, 장기적으로는 아류 브랜드로 낙인찍히게 됩니다. 따라서 독창적인 접근이 필요합니다.

일관성과 지속성도 중요합니다. 브랜드는 채널이나 시간에 관계없이 일관된 모습을 보여야 고객에게 브랜드 아이덴티티가 효과적으로 전달됩니다. 브랜드 론칭 초기에는 조정이 어려울 수 있지만, 브랜드가 안정기에 접어들면 작은 변화나 조정이 효과적일 수 있습니다. 그럼에도 불구하고, 핵심 아이덴티티는 유지되어야 합니다.

마지막으로, 적합성은 브랜드의 실체와 아이덴티티가 일치해야 한다는 것을 의미합니다. 브랜드가 원하는 이상적인 모델과 실제 브랜드 간에 괴리가 생기면, 소비자의 브랜드 이미지는 아이덴티티와 갭이 생기게 됩니다. 기업은 브랜드 론칭 이후에도 지속적으로 브랜드 이미지와 아이덴티티 간의 차이를 좁히기 위해 노력해야 하며, 실패할 경우 아이덴티티 설계나 브랜딩에서 실패한 것으로 간주될 수 있습니다.

3부

브랜드
개발
프로세스

brand

1. 브랜드 개발의 5단계 'BRAND'

브랜드 개발은 목표 설정부터 로고 디자인 및 브랜드 가이드라인 작성까지 'BRAND' 5단계로 구분할 수 있습니다. 그 5단계는 B(Basis) 〉 R(Rules) 〉 A(Attributes) 〉 N(Naming) 〉 D(Design)로 구성됩니다.

B Basis	R Rules	A Attributes	N Naming	D Design
브랜드 개발 기반 다지기	전략 수립& 핵심원칙 규정	아이덴티티 속성 부여	브랜드 네이밍	브랜드 디자인
– 브랜드 개발 목표 – 브랜드 콘셉트 – 소비자 조사 – 소비자 페르소나 – 경쟁자 조사 – 차별화 포인트 & USP – STP – 포지셔닝 선언문	– 브랜드 전략 수립 – 브랜드 본질 – 브랜드 목적 – 브랜드 비전 – 브랜드 가치 – 가치 제안 – 브랜드 약속	– 브랜드 개성 – 커뮤니케이션 스 타일 – 언어적, 시각적, 감각적 아이덴티 티 방향 설정	– 브랜드 네이밍 – 브랜드 스토리 – 슬로건(태그라인)	– 로고 디자인 – 컬러 팔레트 – 타이포그래피 – 애플리케이션 디 자인 – 브랜드 가이드라 인

[그림] 브랜드 개발의 BRAND 프로세스

B(Basis) 단계는 브랜드 개발의 기초를 다지는 단계입니다. 이 단계에서는 브랜드 개발 목표를 설정하고, 마케팅 계획을 통해 브랜드 콘셉트를 확립합니다. 소비자 조사를 통해 소비자 페르소나를 정의하고, 경쟁사 분석을 통해 차별화 포인트와 USP(Unique Selling Proposition)를 도출합니다. 또한, 세그멘테이션과 타겟팅을 통해 소비자에게 어떤 브랜드로 인식될지를 결정합니다.

R(Rules) 단계는 브랜드 개발 전략을 수립하고, 브랜드의 핵심 원칙을 정하는 과정입니다. 이 단계에서 결정된 원칙은 이후 모든 브랜드 개발 작업에 영향을 미칩니다. 이 과정에서는 브랜드의 본질(Essence), 목적(Purpose), 비전(Vision), 미션(Mission), 가치(Value), 가치 제안(Value Proposition), 약속(Promise) 등 핵심 요소(Core)를 정의하게 됩니다.

A(Attributes) 단계는 브랜드의 아이덴티티 속성을 설정하는 단계입니다. 고객 페르소나(Persona)를 기반으로 브랜드의 페르소나와 개성(Personality)을 결정하고, 커뮤니케이션 스타일과 언어적 · 시각적 · 감각적 아이덴티티의 방향을 설정합니다. 또한, 이 단계에서 브랜드의 자산(Asset)을 설계하는 작업도 진행됩니다.

N(Naming) 단계는 브랜드 네이밍을 진행하는 단계입니다. 브랜드의 이름, 스토리, 태그라인 또는 슬로건을 개발하고 확정합니다.

D(Design) 단계는 로고 등 시각적 아이덴티티 요소를 개발하는 단계입니다. 심벌 개발 및 로고 디자인, 컬러 팔레트(Color Palette), 타이포그래피(Typography), 어플리케이션 디자인(Brand Application), 브랜드 가이드라인(Brand Guideline) 작성 등을 진행합니다.

브랜드 개발이 완료되어 브랜드를 론칭하면 조사하고 모니터링하는 S(Survey), 평가하고 분석하는 E(Evaluation), 문제점이나 개선해야 할 부분을 발견하여 빠르게 반영하여 조율하는 T(Tuning)의 S.E.T의 프로세스를 거치게 됩니다. 전략적으로 브랜드를 개발하더라도 완벽할 수는 없으므로, 론칭 초기에 시장 반응을 보고 빠르게 조정하는 것이 중요합니다. 필자는 앞의 BRAND 단계와 SET를 합쳐서 'BRANDSET'이라고 부르고 있습니다.

2. B(Basis) - 브랜드 개발 기반 다지기

B(Basis) 단계는 브랜드 개발의 기초를 다지는 단계입니다. 먼저 브랜드 개발의 목표와 일정을 설정합니다. 목표는 사업적 측면과 함께, 브랜드를 통해 달성하고자 하는 성과를 구체적으로 명시합니다. 예를 들어, "○○○ 회사의 ○○○ 사업을 대표할 수 있는 브랜드를 개발하여, 3년 이내에 ○○○ 사업 분야에서 고객에게 가장 먼저 기억되는 TOM(Top Of Mind) 1위 브랜드로 성장"과 같이 명확한 목표를 설정합니다. 일정 계획은 'BRAND' 프로세스에 따라 주 단위 또는 일 단위로 세부 목표를 설정하고 시작하는 것이 좋습니다.

사업 구상 단계에서 대략적인 브랜드 콘셉트가 정해졌다면, 이 단계에서는 이를 구체화하고 브랜드 개발 방향을 설정하기 위해 소비자와 경쟁자에 대한 철저한 조사와 이해가 필요합니다. 이 정보를 바탕으로 포지셔닝을 결정하고, 이후 모든 브랜드 개발 작업은 타깃 소비자에 맞춰 진행합니다.

소비자와 경쟁자에 대한 분석을 마친 후, 타겟팅을 완료하면 브랜드의 차별화 포인트를 정해야 합니다. 이 단계에서는 일반적으로 포지셔닝 맵을 사용하여 브랜드의 상대적인 위치를 시각화합니다. 포지셔닝 맵은 가로와 세로 축에 두 가지 상대적인 속성을 배치하여 4개의 구역으로 나누고, 각 브랜드의 위치를 표시합니다. 중요한 점은 포지셔닝 맵이 PC의 모니터가 아니라 소비자의 마음속에 그려지는 것이라는 점입니다. 소비자와의 대화나 조사를 통해 소비자들이 브랜드의 차이를 인식하는 기준과 구매 결정을 내리는 기준을 파악하여, 가격, 품질, 전문성, 기능성, 정서적 요인 등 차별화 포인트를 고려하여 포지셔닝 맵을 구상하는 것이 좋습니다.

가장 흔히 사용되는 방법은 가격과 품질을 기준으로 가로축과 세로축을 교차하여 맵핑하는 방식입니다. 그러나 이 방식을 그대로 따르기보다는, 소비자들이 브랜드를 평가하는 기준이 무엇인지 고민하여 결정하는 것이 좋습니다. 일반적으로 품질이 좋으면 가격이 비싸고, 품질이 낮으면 가격이 저렴한 우상향 분포를 보이지만, 가격과 품질만으로 포지셔닝을 접근하는 데는 한계가 있습니다. 따라서 대중적/전문적, 감성/이성, 현대/고전, 다양성, 접근의 편의성, 신선도 등 다양한 기준을 고려할 수 있습니다.

포지셔닝이 완료되면 이를 포지셔닝 선언문(Positioning Statement)으로 정리할 수 있습니다. 포지셔닝 선언문에는 타깃, 제공하는 제품이나 서비스, 차별점, USP(Unique Selling Proposition), 브랜드 가치가 포함되며, 고객이 왜 우리 브랜드를 선택해야 하는지 설명할 수 있습니다. 이 선언문은 고객에게 직접 보여주기 위한 것보다는, 내부적으로 브랜드를 구축하고 향후 브랜딩 과정에서 기준이 되는 중요한 문구입니다.

설정된 포지셔닝은 우리의 전략과 기대일 뿐, 실제 소비자 인식은 이와 다를 수 있습니다. 아무리 우리가 원하는 메시지를 전달해도 소비자가 이를 그대로 받아들이지는 않습니다. 따라서 브랜드 개발과 브랜딩 활동을 통해 소비자가 우리가 원하는 방향으로 인식하도록 꾸준히 노력해야 합니다.

3. R(Rules) – 전략 수립 & 핵심원칙 규정

두 번째 단계인 R(Rules)은 앞서 B(Basis) 단계에서 다져 놓은 기반 위에 브랜드의 핵심 원칙과 전략을 세우는 단계입니다. 기둥이 없으면 벽이나 지붕이 제대로 지탱되지 못해 금세 무너지는 것처럼, 견고한 전략과 원칙이 없는 브랜드는 쉽게 흔들리거나 무너질 수 있습니다.

1) 브랜드 전략

브랜드 전략은 브랜드의 성격, 확장, 협력 등을 명확히 규정하는 것입니다. 브랜드 전략의 기본 요소로는 브랜드 포트폴리오(Portfolio), 아키텍처(Architecture), 계층구조(Hierarchy)를 들 수 있습니다.

브랜드가 하나만 있는 경우에는 상관이 없지만, 두 개 이상의 브랜드를 운용하는 경우 브랜드 간의 관계를 고민해야 합니다. 대기업뿐만 아니라 중소기업에서도 기업 브랜드와 사업별 브랜드를 함께 운용하는 경우가 많습니다. 때로는 기업 브랜드, 사업별 브랜드, 개별 제품 브랜드 등 3층 구조로 브랜드를 관리하기도 합니다. 그러나 브랜드의 성격이 변하거나 시장 상황이 달라지면 브랜드 간의 관계와 역할이 모호해져 문제가 발생할 수 있습니다. 이런 문제를 해결하기 위해 브랜드 포트폴리오, 브랜드 아키텍처, 브랜드 계층구조, 그리고 브랜드 확장 전략을 잘 설정하고 관리하는 것이 중요합니다.

브랜드 포트폴리오(Brand Portfolio)

브랜드 포트폴리오는 기업 내 모든 브랜드의 집합이며, 브랜드 간의 관계와 역할을 규정하고, 브랜드들을 효율적으로 관리하여 관련 리스크를 줄이고 기업의 브랜드 자산을 강화하는 것을 브랜드 포트폴리오 관리라고 합니다.

본래 포트폴리오라는 개념은 금융 자산 투자에서 복수의 자산에 분산 투자하여 리스크를 최소화하고 안정적인 수익을 추구하는 데서 유래했습니다. 여기서 핵심은 개별 자산이 아닌, 전체 포트폴리오 관점에서 리스크를 줄이고 수익을 극대화하는 것입니다. 이러한 포트폴리오 이론은 기업의 사업 관리나 브랜드 관리에도 적용되고 있습니다.

브랜드 포트폴리오를 리스크 관리 측면에서 보면, 현재 성장하는 브랜드나 수익이 좋은 브랜드에 모든 자원을 집중했다가 예상하지 못한 변수가 발생하여 회사 존립에 치명적인 타격을 입게 될 수도 있다는 것입니다. 따라서 브랜드 간의 관계 설정과 역할 정의, 분산 투자로 브랜드 리스크를 최소화할 수 있습니다.

브랜드는 시간이 지나면서 사업 분야의 확장 등에 따라 그 수준이나 성격이 변하기도 하고, 이로 인해 회사 내의 다른 브랜드와 중복되거나 같은 회사의 브랜드와 경쟁하는 등의 충돌이 발생할 수도 있습니다. 따라서 브랜드 포트폴리오 관리를 통해 다수의 브랜드를 효율적으로 관리하여 브랜드 자산을 강화하고 최고의 성과를 내는 데 활용되고 있습니다.

아래는 브랜드 포트폴리오 전략에서 활용할 수 있는 개별 브랜드 전략입니다.

[표] 브랜드 포트폴리오 개별 전략

전략적 브랜드 Strategic Brand	향후 기업의 주력이 되어 성장할 것으로 기대되는 브랜드. 현재는 투자와 지원이 필요하지만, 장기적으로는 중요한 수익원이 될 수 있음.
방패 브랜드 Flanker Brand	경쟁 브랜드로부터 자사 주력 브랜드의 시장 점유율을 방어하기 위해 출시된 브랜드. 경쟁 브랜드와 유사한 제품 사양을 갖추고 경쟁하며, 주력 브랜드의 가치를 유지하는 역할을 함.
캐시카우 브랜드 Cash-cow Brand	성장률은 낮지만 큰 추가 투자 없이 안정적인 수익을 창출하는 브랜드. 주력 브랜드의 성장을 지원하는 데 중요한 역할을 하며, 꾸준한 현금 흐름을 제공.
저가형 진입브랜드 Entry-level Brand	주력 브랜드 카테고리 내에서 저렴한 가격으로 판매되는 브랜드. 소비자가 주력 브랜드에 관심을 갖도록 유도하고, 입문용 제품으로 활용.
실버불렛 브랜드 Silver bullet Brand	매출 증대보다는 기업 이미지 개선이나 특정 상징적 목적을 위해 출시되는 브랜드. 실버불렛은 문제 해결의 묘책, 특효약의 의미가 있음.
린치핀 브랜드 Linchpin Brand	당장 매출 증대에는 크게 기여하지 않지만, 기업의 미래를 대비하고 전체 사업에 전략적 시너지를 제공하기 위해 도입되는 브랜드. 린치핀은 조직에서 핵심이 되는 인물을 의미함.

■ 브랜드 아키텍처(Brand Architecture)

브랜드 아키텍처는 각 브랜드의 역할을 정의하고 브랜드 간의 관계를 구체화하여 브랜드 포트폴리오의 구조를 조직화하는 작업입니다. 아키텍처(Architecture)라는 용어처럼, 브랜드 간의 관계를 집이나 구조물에 비유하여 접근합니다. 이 과정에서는 '브랜드 하우스(Branded House)'나 '하우스 오브 브랜드(House of Brands)'와 같은 개념이 등장합니다. 브랜드 아키텍처는 기업 포트폴리오 내에서 브랜드들이 어떻게 서로 관련되고 차별화되는지를 명확히 보여줍니다.

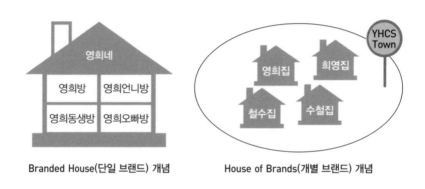

[그림] Branded House와 House of Brands의 개념

비유하자면, 그림 예시의 '영희네' 집과 같이 영희의 언니, 오빠, 동생이 각각 개별적인 이름이 아니라 영희와의 관계에 따라 불려지는 것이 '브랜드 하우스(Branded House)'입니다. 즉, 브랜드 중심이 '영희네'가 되는 구조입니다. 반면, 오른쪽 'YHCS 타운'의 예는 '하우스 오브 브랜드(House of Brands)'의 개념과 유사합니다. 각자의 독립적인 이름을 갖고 있으며, 각 브랜드가 개별적으로 존재하면서도 'YHCS 타운'이라는 테두리 안에 모여 살고 있습니다. 중심은 개별 브랜드들인 영희집, 희영집, 철수집, 수철집이 됩니다.

단일 브랜드인 '브랜드 하우스'는 모든 브랜드가 하나의 마스터 브랜드를 사용하는 방식으로, 삼성, LG, 현대 같은 대기업이나 애플, 페덱스(FedEx) 등이 그 예입니다. 반면, '하우스 오브 브랜드'는 하위 브랜드들이 독립적으로 존재하며 상위 브랜드의 영향을 거의 받지 않는 형태로, SPC, P&G, 네슬레(Nestlé), 유니레버(Unilever) 등이 이에 해당합니다.

'보증 브랜드(Endorsed Brands)'는 마스터 브랜드가 품질을 보증해 주는 구조로, 'powered by' 또는 'by'와 같은 형태로 함께 표현되기도 합니다. 메리어트(Marriott)가 그 예입니다. 이외에도 다양한 브랜드 아키텍처 유형이 혼합된 '하이브리드(Hybrid)' 유형이 있습니다.

일반적으로 브랜드 아키텍처는 구조도나 다이어그램 형태로 표현할 수 있습니다.

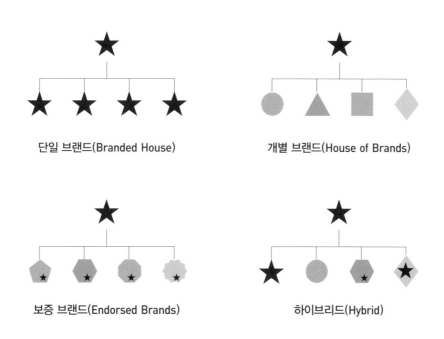

단일 브랜드(Branded House) 개별 브랜드(House of Brands)

보증 브랜드(Endorsed Brands) 하이브리드(Hybrid)

[그림] 브랜드 아키텍처(Brand Architecture) 유형

아래는 브랜드 아키텍처 유형별 장단점과 핵심 구성요소입니다.

[표] 브랜드 아키텍처 유형별 장단점

유형	장점	단점
단일 브랜드 전략 (Branded House)	– 마스터 브랜드에 투자를 집중하여 브랜드 자산과 신뢰를 구축하고 다양한 분야로 확장 가능. – 강력한 브랜드 신뢰가 하위 브랜드에 긍정적인 영향을 미침. – 비용 절감 및 효율적인 브랜드 관리 가능.	– 마스터 브랜드에 문제가 발생하면 하위 브랜드도 동일한 영향을 받음. – 사업 분야에 따라 전문성이 결여될 수 있음. – 확장성에 한계가 있을 수 있음.
개별 브랜드 전략 (House of Brands)	– 마스터 브랜드에 부정적 이슈가 발생해도 개별 브랜드는 영향을 받지 않음. – 특정 시장에 명확한 아이덴티티를 구축할 수 있음.	– 여러 브랜드를 개별적으로 관리해야 하므로 마케팅 비용 부담이 증가. – 브랜드 간 시너지 효과를 활용하기 어려울 수 있음. – 다수의 브랜드 간 시장 충돌 가능성 존재.
보증 브랜드 전략 (Endorsed Brands)	– 모브랜드의 품질 보증 효과가 있어 유리한 마케팅 가능. – 개별 브랜드가 독립성을 유지하면서도 전문성을 활용할 수 있음.	– 두 개의 브랜드가 소비자에게 혼동을 줄 수 있음. – 모브랜드가 강력해야 효과를 기대할 수 있음.

[표] 브랜드 아키텍처의 핵심 구성요소

마스터 브랜드 (Master Brand)	브랜드 아키텍처에서 최상위에 위치하며, 기업을 대표하는 기업 브랜드, 또는 주력 브랜드를 의미함.
서브 브랜드 (Sub Brand)	모 브랜드 또는 마스터 브랜드의 하위에 위치하는 브랜드로, 보통 상위 브랜드의 이름을 포함하며, 브랜드의 가치를 공유함.
모 브랜드 (Parent Brand)	소비자에게 신뢰감과 우호적인 감정을 부여하는 상위 브랜드로, 신제품 출시 시 그 제품에 적용되는 브랜드. 브랜드 확장의 모체가 되는 기존 브랜드.
우산 브랜드 (Umbrella Brand)	브랜드 아키텍처의 모 브랜드나 브랜드 계층구조의 패밀리 브랜드 (Family Brand)와 유사. 다양한 제품군에 기업브랜드나 마스터 브랜드를 사용하여 우산처럼 보호한다는 개념.

브랜드 계층구조(Brand Hierarchy)

브랜드 계층구조는 영어 'Hierarchy'가 의미하듯, 기업 내에서 브랜드 간의 위계와 서열을 나타냅니다. 가장 상위에는 기업 브랜드(Corporate Brand)가 위치하며, 그 다음 단계로는 패밀리 브랜드(Family Brand), 개별 브랜드(Individual Brand), 그리고 브랜드 수식어(Brand Modifier)가 있습니다.

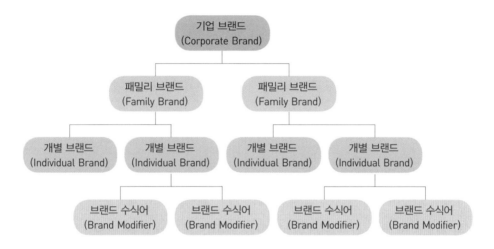

[그림] 브랜드 계층구조(Brand Hierarchy)

- 기업 브랜드: 회사명을 브랜드로 사용하는 것으로, 전체 기업을 대표합니다.
- 패밀리 브랜드: 특정 계열을 대표하는 통합 브랜드로, 여러 제품군을 포괄할 수 있습니다.
- 개별 브랜드: 특정 제품이나 제품군을 위한 독립적인 브랜드입니다.
- 브랜드 수식어: 브랜드를 보조적으로 설명하거나 구분하는 숫자, 알파벳, 약자 등을 의미합니다. 수식어는 브랜드를 보조하는 역할을 하며, 효과적으로 활용하면 제품의 특성을 부각시키고 브랜드 아이덴티티를 강화하여 소비자의 관심을 끌 수 있습니다. 이러한 수식어나 한정어를 명명하는 과정은 브랜드 네이밍과 구

분하여 '노먼클레처(Nomenclature)'라고 합니다.

패밀리 브랜드나 기업 브랜드가 모든 경우에 존재하는 것은 아닙니다. 기업의 명칭이 단순한 상호로만 사용되고 브랜드로 활용되지 않는 경우, 개별 브랜드가 최상위에 위치할 수 있습니다. 때로는 기업 브랜드 아래에 개별 브랜드가 직접 연결되는 구조도 있을 수 있습니다.

또한, 개별 브랜드가 성장해 패밀리 브랜드가 되거나, 패밀리 브랜드가 기업 브랜드로 변화할 수도 있습니다. 브랜드의 계층 구조는 시장 상황이나 사업 환경에 따라 변동될 수 있기 때문에, 브랜드 개발 단계에서는 이러한 구조를 명확히 하고 이에 따른 접근 방식과 콘셉트를 잘 정의하는 것이 중요합니다. 이를 통해 명확한 목표를 설정하고 효과적으로 브랜드 개발을 진행할 수 있습니다.

브랜드 확장 및 브랜드 협력

브랜드 확장에 대한 이해도 필요합니다. 라인 확장은 기존 제품 카테고리 내에서 새로운 형태의 신제품을 출시하면서, 기존 브랜드 네임을 그대로 사용하는 전략입니다. 이를 계열 확장 또는 제품 라인 확장이라고도 합니다. 반면, 카테고리 확장은 전혀 다른 제품 카테고리로 브랜드를 확장하는 전략으로, 브랜드 확장이라고도 불립니다. 카테고리 확장은 기존 브랜드를 활용해 비용을 절감할 수 있지만, 전문성이 부족하거나 기존 브랜드와 상충되는 분야에서는 부정적인 이미지를 초래할 수 있어 신중한 고려가 필요합니다.

필요에 따라 다른 회사와 제휴를 통한 브랜드 협력도 고려할 수 있습니다. 브랜드 라이선싱은 다른 회사의 브랜드를 사용하기 위해 대가를 지불하는 것이며, 공동 브랜딩은 두 개 이상의 브랜드가 협력하여 새로운 브랜드를 출시하는 방식입니다. 이는 브랜드 제휴나 콜라보레이션으로 볼 수 있습니다. 지역 농산물 브랜드처럼 여러 회사가 공동으로 사용하는 '공용 브랜드'와는 성격이 다릅니다.

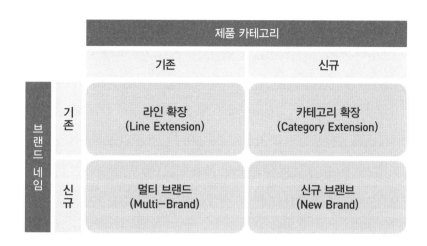

[그림] 브랜드 확장(Brand Extension)

브랜드 포트폴리오, 브랜드 아키텍처, 브랜드 계층구조, 그리고 브랜드 확장 등은 브랜드 관리 및 브랜드 전략에서 중요한 영역입니다. 창업과 브랜드 개발에서도 이들 개념을 이해하고, 브랜드 체계를 고민하지 않고 단순히 브랜드를 늘리려는 접근은 문제를 일으킬 수 있습니다. 브랜드가 많아질수록 예산이 증가하고, 동일한 예산 내에서 각 브랜드에 대한 투자 규모는 줄어들 수 있습니다. 따라서, 예산과 인력을 고려하여 처음부터 선택과 집중이 필요합니다.

2) 브랜드 핵심 원칙 규정

브랜드 핵심 원칙은 브랜드 코어(Brand Core)라고 부를 수 있습니다. 여기에는 브랜드 본질(Essence), 목적(Purpose), 비전(Vision), 미션(Mission), 가치(Value) 등이 포함됩니다.

브랜드 코어 정의하기

리더십 전문가 사이먼 시넥(Simon Sinek)은 TED 강연에서 '골든 서클(Golden Circle)' 개념을 소개했습니다. 그는 대부분의 기업이 'What(무엇을 제공하는가)'에 대해서는 잘 알고 있지만, 'How(어떻게 차별화하는가)'와 'Why(왜 존재하는가)'에 대해서는 명확하지 않다고 지적합니다. 대부분의 기업은 외부에서 내부로 향하는 방식, 즉 'What → How → Why'의 순서로 사고하고 행동하는 경향이 있습니다. 이러한 접근 방식은 'What'만으로도 사업이 운영되고 수익을 창출할 수 있다는 착각을 불러일으킬 수 있습니다.

반면, 성공적인 기업들은 'Why'에서 시작하여 'How'와 'What'으로 확장합니다. 여기서 'Why'는 단순히 금전적인 목표가 아닌, 기업의 존재 이유와 신념을 의미합니다. 우수한 기업들은 고객에게 직접적으로 'What(제품이나 서비스)'을 판매하기보다는, 'Why'와 'How'에 공감하게 함으로써 자연스럽게 'What'을 경험하도록 유도합니다. 이러한 경험은 다른 브랜드나 제품과의 차별화를 가져오며, 소비자와 기업 간의 강한 유대감을 형성하게 됩니다.

'Why'에 대한 질문은 곧 '우리는 왜 존재하는가?'라는 고민으로 이어지며, 이는 모든 활동의 출발점이 되는 기업의 본질적인 존재 이유를 찾는 과정입니다.

브랜드 개발에서도 'Why'에 해당하는 요소는 브랜드의 목적, 비전, 미션, 가치를 설정하는 것이며, 'How'는 브랜드 아이덴티티를 설계하는 과정이고, 'What'은 네이밍과 로고 디자인을 포함합니다. 이를 삶은 계란에 비유할 수 있습니다. 겉으로 보이는 브랜드 네임과 로고는 계란의 껍데기에 해당하고, 그 안에 있는 브랜드 아이덴티티는 흰자, 가장 깊은 곳에 자리한 브랜드의 목적, 비전, 미션, 가치는 노른자에 해당합니다.

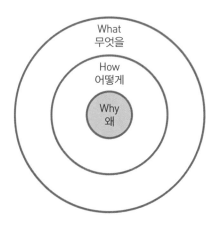

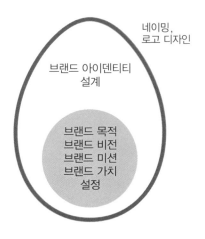

[그림] 사이먼 시넥(Simon Sinek)의
골든 서클(Golden Circle)

[그림] 브랜드셋의 골든에그(Golden Egg)

[그림] 사이먼 시넥의 골든 서클과 브랜드셋의 골든에그™

내용물이 없는 빈 계란은 외관상 계란처럼 보일 수 있지만, 외부의 작은 충격에도 쉽게 깨집니다. 반면, 내용이 충실한 삶은 계란은 강한 힘에도 쉽게 깨지지 않습니다. 이처럼, 브랜드가 제대로 설계되어 있다면 견고하고 외부의 도전에 쉽게 흔들리지 않습니다.

따라서, 브랜드 개발에서 가장 중요한 것은 브랜드의 코어, 즉 브랜드의 목적, 비전, 미션, 가치를 명확히 설정하는 것입니다. 브랜드 코어는 종종 피라미드 형태나 원형 구조로 설명되지만, 여기서는 자전거의 구조를 통해 설명하겠습니다.

자전거가 본체, 핸들, 앞바퀴, 뒷바퀴, 페달이 모두 제 역할을 해야만 안정적으로 앞으로 나아갈 수 있듯이, 브랜드도 이러한 네 가지 요소가 유기적으로 조화를 이뤄야 이상적으로 작동할 수 있습니다. 만약 바퀴가 하나 부족하거나, 본체와 바퀴가 제대로 조립되지 않았다면 자전거는 제대로 작동하지 않을 것입니다.

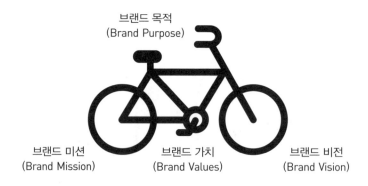

브랜드 목적
(Brand Purpose)

브랜드 미션
(Brand Mission)

브랜드 가치
(Brand Values)

브랜드 비전
(Brand Vision)

[그림] 브랜드 코어(Brand Core)의 개념

브랜드 개발 과정은 자전거의 본체와 핸들(브랜드의 목적)에 맞는 앞바퀴(비전),
뒷바퀴(미션), 페달(가치)을 조립하는 과정과 유사합니다. 모든 요소가 정확히
맞물려야 브랜드가 성공적으로 나아갈 수 있습니다.

[표] 브랜드 개발에서의 브랜드 코어(Brand Core)

구분	의미	특징
브랜드 목적 (Brand Purpose)	우리 브랜드는 왜 존재하는가?	거의 불변 여행의 목적에 비유
브랜드 비전 (Brand Vision)	궁극적으로 무엇을 이루고자 하는가?	장기적인 목표(5~20년) 여행의 목적지에 비유
브랜드 미션 (Brand Mission)	그 비전을 어떻게 실현할 것인가?	항상 기준이 되는 지침(5~20년) 여행의 경로, 로드맵에 비유
브랜드 가치 (Brand Values)	무엇을 추구하며, 어떻게 행동하는가?	판단, 행동의 기준, 근거 여행의 길을 찾는 별자리에 비유

브랜드 목적(Brand Purpose)

앞서 설명한 골든 서클의 'Why', 즉 존재 이유를 먼저 고민해야 한다고 말씀드렸습니다. 브랜드 개발의 골든에그™에서도 시작은 브랜드의 근본적인 존재 이유, 즉 브랜드 목적(Brand Purpose)에서 출발합니다.

사람들이 "나는 왜 존재하는가?"라는 질문을 던지듯이, 브랜드 역시 그 존재 이유를 깊이 고민해야 합니다. 개인은 "잘 먹고 잘 살기 위해서"라는 단순한 답을 마음속에 간직할 수 있지만, 더 넓은 시각에서는 가족, 사회, 국가, 나아가 세계와의 관계에서 존재 이유를 찾을 수 있습니다. 브랜드 또한 마찬가지입니다. 브랜드의 존재 이유는 소비자, 사회, 환경 등과의 관계 속에서 어떤 기여를 할지에 관한 것입니다. 이는 단순히 CSR(사회공헌활동)이나 어려운 사람들을 돕는 것에 국한되지 않습니다. 브랜드 목적은 사업을 통해 어떤 가치를 창출하고 기여할 것인지, 사업의 확장성을 고려한 보다 넓은 의미에서 정의되어야 합니다.

가장 중요한 점은 이 브랜드 목적이 소비자의 공감을 불러일으킬 수 있어야 하며, 진정성 있게 접근하여 신뢰를 구축하는 기반이 되어야 한다는 것입니다.

브랜드 목적 설정은 브랜드 개발의 모든 요소와 연결되는 중요한 기준이 됩니다. 이는 고객과의 유대감을 형성하고, 내부 구성원에게는 판단과 행동의 기준이 되며, 브랜드 아이덴티티의 일관성에도 영향을 미칩니다.

브랜드 목적을 정의할 때는 먼저 '사업의 의미'에 대해 깊이 고민하는 것이 중요합니다. 다음과 같은 질문들을 스스로에게 던져보세요: "내 사업을 통해 단순히 돈을 버는 것 외에, 고객과 세상에 어떤 가치를 제공할 수 있을까?", "이 사업으로 어떤 문제를 해결하고 있는가?", "왜 이 사업을 시작했는가?" 이러한 질문에 대한 답을 찾는 과정이 브랜드 목적을 명확히 하는 데 도움이 될 것입니다.

브랜드 목적의 핵심 대상은 소비자입니다. 경쟁사와 유사한 표현은 피하고, 지나치게 추상적이거나 모호한 문구, 유행어나 과도한 유머 사용도 삼가야 합니다. 간결하고 쉽게 이해할 수 있는 문체로 진정성 있게 표현하는 것이 가장 효과적입니다.

브랜드 목적은 선언문 형태로 구체화할 수 있습니다. 예를 들어, 미용기기 브랜드는 "노력한 만큼 아름다워질 수 있다는 것을 기술로 증명합니다."라고 말할 수 있고, 반려동물 브랜드는 "말할 수 없는 반려동물의 목소리를 대변하여 그들이 원하는 것을 제공합니다."라고 표현할 수 있습니다. 조명 브랜드는 "우리는 세상을 더 밝고 아름답고 안전하게 만들기 위해 존재합니다."라고, 스터디카페는 "최적의 공간과 시간을 제공하여 고객이 더 나은 미래를 준비할 수 있도록 돕습니다."라는 방식으로 브랜드 목적을 명료하게 전달할 수 있습니다.

브랜드 비전(Brand Vision)

브랜드 비전은 브랜드의 중장기 미래 목표와 이상적인 성공 모습을 정의합니다. 이는 브랜드가 나아가야 할 방향을 제시하고, 올바른 길을 가고 있는지 판단하는 기준이 됩니다.

브랜드 비전을 설정할 때는 성공적인 미래의 모습을 상상해 보세요. 비전이 명확할수록 내부 팀은 브랜드 성공을 위해 협력하게 되고, 경쟁사와의 차별화가 가능해지며, 고객은 브랜드에 대한 애정을 느낍니다. 따라서 비전은 실현 가능하면서도 도전적인 목표로 설정해야 합니다. 지나치게 비현실적이거나 너무 쉽게 달성할 수 있는 목표는 피해야 합니다.

브랜드 비전은 짧고 간결한 선언문 형태로 표현할 수 있습니다. 예를 들어, 미용기기 브랜드는 "아름다움을 꿈꾸는 모든 이가 선택하는 브랜드가 되겠습니다." 반려동물 브랜드는 "국내 최고의 반려동물 라이프스타일 브랜드로 자리매김하겠습니다." 조명 브랜드는 "어둠 없는 밝고 안전한 세상을 만들겠습니다."와 같은 방식으로 비전을 구체적으로 나타낼 수 있습니다.

브랜드 미션(Brand Mission)

브랜드 미션은 브랜드가 비전을 실현하기 위한 구체적인 방법과 약속을 담고 있습니다. 비전이 여행의 최종 목적지라면, 미션은 그 목적지에 도달하기 위한 경로 또는 로드맵에 해당합니다. 즉, 비전이 미래의 목표를 나타낸다면, 미션은 그 목표를 실현하기 위한 현재의 실행 계획을 의미합니다. 비전이 'What'이라면, 미션은 'How'를 의미합니다.

브랜드 미션은 구체적이고 명확하며, 실행 가능하고 현실적이어야 합니다. 미션 선언문, 또는 브랜드 사명에는 고객, 사업 영역, 품질, 전문성, 실행 방법, 자신감, 노력 등이 포함될 수 있습니다. 일반적으로 "~을 통해" 또는 "~을 함으로써"와 같은 문구로 표현되며, 이 선언문이 비전을 달성하는 데 실질적인 도움이 되는지 확인하는 것이 중요합니다.

예를 들어, 미용기기 브랜드는 "아름다움에 대한 연구와 기술 개발을 통해 누구나 쉽게 아름다워질 수 있는 방법을 제공합니다." 반려동물 브랜드는 "반려동물에 대한 깊은 이해를 바탕으로, 반려동물의 삶의 질을 높이고 고객이 행복한 반려 생활을 영위할 수 있도록 노력합니다." 조명 브랜드는 "빛과 인간 생활에 대한 깊은 연구를 통해 용도에 맞는 최적의 조명을 제공함으로써, 더 편안하고 행복한 삶을 만들겠습니다."와 같이 표현할 수 있습니다.

브랜드 가치(Brand Value)

브랜드 가치는 브랜드의 행동과 의사 결정의 근본이 되는 신념과 원칙을 의미하며, 보통 3~5가지 핵심 키워드로 표현합니다. 이러한 가치들은 고객과 브랜드 간의 강한 유대감을 형성하는 데 중요한 역할을 합니다. 우리는 비슷한 가치관을 가진 사람이나 브랜드에 끌리기 마련이기 때문입니다.

브랜드 가치는 단순히 인기 있는 키워드를 나열하는 것이 아니라, 브랜드의 목적, 비전, 미션을 반영하여 실천 가능한 진정성 있는 가치를 제시하는 것이 중요합니다. 예를 들어, '혁신(Innovation)'을 가치로 내세우면서 실제로 혁신적인 활동이 없다면, 소비자는 실망하고 브랜드에 대한 신뢰를 잃을 수 있습니다.

브랜드 가치는 대개 명사나 형용사로 표현되며, 표현의 일관성을 유지해야 합니다. 예를 들어, "Smart(스마트한)"라는 가치를 제시했다면, 다른 가치도 "Passionate(열정적인)"과 같은 형용사 형태로 일관성 있게 표현하는 것이 바람직합니다. 다만, 타깃이 국내 고객이거나 언어적 차이로 인해 의미가 달라질 수 있는 경우는 예외가 있을 수 있습니다.

브랜드 가치는 일반적으로 간단한 설명이 함께 제시되며, "Beauty(아름다움)", "Convenience(편의성)", "Safety(안전성)", "Reliability(신뢰성)", "Effectiveness(유효성)"와 같은 방식으로 표현될 수 있습니다. 경우에 따라 "We Love Success"와 같이 간단한 문장 형태로 표현하기도 합니다.

브랜드 가치는 '핵심 브랜드 가치(Core Brand Value)'나 '브랜드 필라(Brand Pillars)'라고 불리기도 하지만, 이러한 용어들은 상황에 따라 다른 의미로 사용될 수 있으니 주의가 필요합니다.

브랜드 본질(Brand Essence)

브랜드 본질은 브랜드의 근본적인 특질과 핵심을 설명하는 단어나 문구, 또는 문장입니다. 이는 브랜드 아이덴티티의 '심장' 혹은 '영혼'으로 비유되며, 브랜드 아이덴티티 개발의 출발점이 됩니다. 그 때문에 브랜드 본질은 종종 슬로건으로 활용되기도 합니다. 훌륭한 브랜드 본질은 소비자와의 정서적 유대감과 공감을 이끌어내며, 경쟁 브랜드와의 명확한 차별화를 돕는 감성적이고 무형의 요소를 포함합니다.

브랜드 본질은 보통 사다리 또는 피라미드 모델로 설명됩니다. 이 모델에서는 제품의 특성이나 속성에서 시작해, 소비자에게 제공하는 기능적 혜택과 감성적 혜택을 거쳐, 궁극적으로 삶에서의 의미와 같은 소비자의 가장 근본적이고 추상적인 욕구에 도달합니다. 예를 들어, 다이어트 식품의 경우, 제품이 체중 감량에 효과를 발휘하면 소비자는 성취감과 행복을 느낄 수 있습니다. 그러나 더 상위 단계인 '삶에서의 의미'로 올라가면, 이 제품은 '자신감', '아름다움', '사랑', '건강', 또는 '장수'와 같은 더 깊은 가치를 제공할 수 있습니다.

간단하게 브랜드 본질을 정의하는 방법은 다음과 같습니다. 업의 근본적인 본질과 소비자들이 얻고자 하는 가치를 10개 정도 나열하고, 고객들이 우리 브랜드를 경험하면서 기대하는 궁극적인 감정이나 가치를 기준으로 이를 필터링하여 3~4개의 키워드로 압축합니다. 최종적으로 우리 브랜드의 본질을 대표할 수 있는 1~2개의 키워드를 선정합니다.

브랜드 가치 제안(Brand Value Proposition)

브랜드 가치 제안은 브랜드가 고객에게 제공하는 독특한 가치와 혜택을 설명하며, 고객이 경쟁 브랜드 대신 우리 브랜드를 선택해야 하는 이유를 제시하는 문구입니다. 이는 포지셔닝의 USP(Unique Selling Proposition)를 기반으로 하며, 앞서 설명한 '브랜드 코어'를 반영해 작성됩니다. 가치 제안은 브랜딩 및 마케팅 전략을 조정할 때 자주 활용되며, 이러한 전략을 통해 고객에게 지속적으로 전달되어야 합니다.

브랜드 약속(Brand Promise)

브랜드 약속은 '브랜드 목적'과 혼동되기 쉽지만, 두 개념은 분명한 차이가 있습니다. 브랜드 목적이 브랜드의 근본적인 존재 이유를 설명하는 것이라면, 브랜드 약속은 고객에게 제공하겠다고 약속하는 구체적인 경험이나 가치를 의미합니다.

즉, 브랜드 약속은 고객이 브랜드와의 접점에서 기대할 수 있는 구체적인 혜택이나 경험을 설명하며, 브랜드의 포지셔닝 관점에서 고객의 마음속에 자리 잡는 개념이나 속성을 나타냅니다. 이 약속은 브랜드의 강점과 차별성을 바탕으로 타깃 고객이 이해하고 받아들일 수 있는 구체적이고 관련성 높은 내용이어야 합니다. 경우에 따라, 브랜드 약속은 브랜드 가치(Brand Value) 또는 핵심 가치(Core Value)와 관련되기도 하며, 때로는 브랜드가 지키겠다고 약속하는 원칙이나 마케팅 문구로 활용될 수 있습니다.

브랜드 약속은 안전, 건강, 정확성, 경제성, 품질, 신선함 등과 같은 키워드나 문장으로 표현될 수 있습니다. 하지만 브랜드 개발 단계에서는 브랜드의 근본적인 존재 이유를 정의하는 '브랜드 목적'이 우선적으로 중요합니다.

4. A(Attributes) – 아이덴티티 속성 부여

A(Attributes) 단계는 브랜드 개성, 커뮤니케이션 스타일 등을 정하고 아이덴티티 구성 요소의 속성을 부여하는 등 아이덴티티를 설계하는 단계입니다. A로 시작하는 다른 개념인 브랜드의 Asset(에셋)을 설계한다고도 볼 수 있습니다.

브랜드 개성(Personality)

브랜드 개성(Brand Personality)은 브랜드에 인간적인 성격을 부여하여 더 생동감 있고 친근하게 만드는 요소로, 소비자와의 정서적 유대감과 호감 형성에 중요한 역할을 합니다. 이는 소비자가 브랜드를 인식하고 관계를 맺는 과정에 영향을 미치며, 긍정적인 인식과 태도를 이끌어내기 위해 설정됩니다. 효과적인 브랜드 개성을 정의하기 위해서는 타깃 고객의 취향과 성격을 잘 이해하는 것이 필수적입니다.

미국의 제니퍼 아커(Jennifer Aaker)는 브랜드 개성을 다섯 가지로 분류했습니다: 성실함(Sincerity), 흥미로움(Excitement), 유능함(Competence), 세련됨(Sophistication), 강인함(Ruggedness)입니다. 때로는 유능함 대신 귀여움을 추가하기도 합니다. 이 각각의 측면은 브랜드의 고유한 성격과 강점을 나타냅니다.

브랜드 개성을 정의할 때는 고객이 브랜드를 설명할 때 사용할 3~5개의 형용사를 포함하는 범주를 설정합니다. 또한, OCEAN(경험에 대한 개방성, 성실성, 외향성, 우호성, 신경성)이나 MBTI와 같은 성격 유형 검사를 활용할 수도 있습니다. 중요한 것은 이러한 모델이 과학적인 배경을 갖추고 있어야 하며, 브랜드에 부정적인 성격을 부여하지 않는다는 것입니다.

브랜드 페르소나(Brand Persona)는 브랜드 개성과 유사한 개념으로, 브랜드를 가상의 인물로 투영한 것입니다. 브랜드 개성이 브랜드의 성격적 특성을 나타낸다면, 브랜드 페르소나는 이 성격을 구체화하여 가상의 인물, 연예인, 동물, 또는 사물로 상상해 표현하는 개념입니다. 브랜드 페르소나는 브랜드 아이덴티티의 기초가 되며, 브랜드의 일관성을 유지하고 각 구성 요소에 영향을 미칩니다.

브랜드 개성을 설정할 때는 브랜드 원형(Brand Archetypes)을 활용하기도 합니다.

브랜드 원형은 정신분석학자 카를 융(Carl Jung)이 제안한 12가지 원형을 브랜드 개발에 적용한 개념입니다. 원형은 인간의 본능과 함께 유전적으로 갖춰지며, 집단 무의식을 구성하는 보편적 상징을 의미합니다. 신화, 전설, 예술, 의식 등에서 반복되어 나타나며, 다양한 문화에서 공통적으로 인식되는 요소들로, 브랜드 원형은 보편성을 지니고 있어 소비자에게 친숙하게 다가갈 수 있습니다.

두 개 이상의 원형을 채택할 경우, 하나의 메인 원형을 설정하고 나머지 1~2개의 원형을 보조적으로 활용할 수 있습니다. 이 보조 원형들은 메인 원형을 강화하거나 보완하는 역할을 합니다. 브랜드 원형은 외부 고객에게 브랜드 개성을 직접적으로 제시하는 것이 아니라, 내부적으로 고객 페르소나를 기반으로 브랜드의 개성을 정의하는 데 참고하는 도구로 사용됩니다.

12가지 원형에는 순수한 사람(Innocent), 보통 사람(Everyman), 영웅(Hero), 반항아(Outlaw), 탐험가(Explorer), 창조자(Creator), 지배자(Ruler), 마법사(Magician), 연인(Lover), 돌보는 사람(Caregiver), 광대(Jester), 현자(Sage)가 있습니다. 아래는 필자가 12가지 원형을 새롭게 해석하여 '브랜드 개성 모델'과 결합하여 구성해 본 것입니다.

브랜드 개성을 설정할 때 사용하는 원형이나 개성 모델은 타깃 고객과의 정서적 유대감 및 호감 형성에 중점을 둡니다. 보편성과 타당성을 갖추고 있는 다른 모델이 있다면 해당 모델을 활용할 수도 있습니다.

중요한 것은 브랜드의 미션, 비전, 핵심 가치를 명확하게 이해하고, 타깃 고객에 대한 분석을 바탕으로 브랜드와 잘 어울리는 스타일을 만드는 것입니다. 업종에 따라 지향점이 유사할 수 있으므로, 경쟁사 분석을 통해 차별화하는 것도 중요합니다.

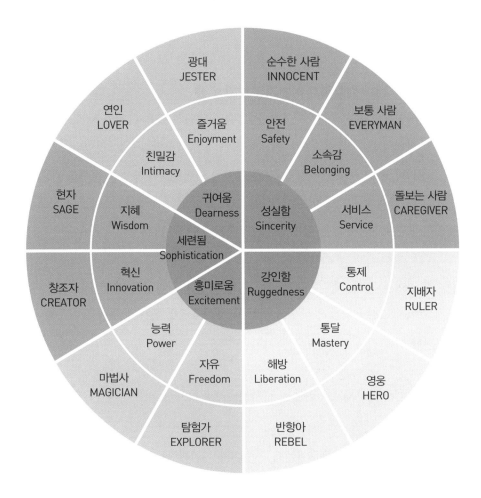

브랜드 원형(Brand Archetypes) 모델의 응용

커뮤니케이션 스타일

커뮤니케이션 스타일은 브랜드를 사람에 비유했을 때, 그 사람이 말하고 글을 쓰는 방식, 어휘, 어조, 메시지 전달 방식 등을 의미합니다. 브랜드가 일관된 스타일을 유지하지 않고 여러 채널에서 다르게 표현되면, 소비자들이 혼란을 느낄 수 있습니다. 따라서 브랜드의 성격과 타깃 고객을 고려해 명확한 커뮤니케이션 스타일을 설정하고, 모든 채널과 담당자들이 이를 일관되게 유지하는 것이 중요

합니다.

언어적 · 시각적 · 감각적 아이덴티티 방향 설정

언어적 아이덴티티의 대표적인 요소인 브랜드 네임은 다음 단계인 N(Naming) 단계에서 진행되므로, 현 단계에서는 대략적인 개발 방향만 다룰 예정입니다. 브랜드 스토리나 슬로건(태그라인) 등 다른 언어적 아이덴티티 요소는 브랜드 네임과 별도로 이 단계에서 개발할 수 있지만, 브랜드 네임이 결정된 후 이를 중심으로 스토리와 슬로건이 조화를 이루도록 완성하는 것이 좋습니다.

감각적 아이덴티티는 청각, 후각, 촉각, 미각 등 다양한 감각과 관련이 있으며, 브랜드만의 고유한 감각적 특성을 개발해 소비자에게 독특한 경험을 제공할 수 있습니다.

특히 오프라인 매장에서는 감각적 아이덴티티를 다음과 같은 방법으로 활용할 수 있습니다:
- **청각**: 출입 시 소리, 매장 음악, 서비스나 제품과 관련된 고유한 소리를 통해 독특한 청각적 경험을 제공합니다.
- **촉각**: 바닥, 인테리어, 제품, 포장재 등에서 특별한 촉감을 구현해 소비자가 브랜드를 직접 느낄 수 있게 합니다.
- **미각**: 제공되는 음식과 음료에 브랜드만의 특별한 맛을 더해, 다른 곳에서는 경험할 수 없는 미각적 경험을 선사합니다.
- **온도와 공기**: 매장의 온도, 습도, 공기 환경을 최적화하여 쾌적한 환경을 제공하는 것도 감각적 아이덴티티의 일부입니다.

감각적 아이덴티티를 구축할 때는 소비자에게 의도한 브랜드 이미지를 형성할 수 있어야 하며, 일관성과 지속성을 유지하는 것이 중요합니다. 감각적 요소는 브랜드의 성격, 브랜드 개성과 잘 어울려야 효과를 극대화할 수 있습니다. 그러나 너무 많은 감각적 자극은 소비자에게 피로감이나 불쾌감을 줄 수 있으므로 신중하게 조절해야 합니다.

5. N(Naming)
– 브랜드 네이밍 & 언어적 아이덴티티 개발

N(Naming) 단계는 브랜드 네이밍과 언어적 아이덴티티를 구성하는 브랜드 스토리 및 슬로건(태그라인)을 개발하는 과정입니다.

브랜드 네이밍은 목표와 방향 설정에서 시작하여, 리서치와 아이디어 구상 단계를 거쳐 브레인스토밍으로 네이밍 후보안를 도출합니다. 이후 후보를 선별해 상표 검토를 진행하고, 목업 디자인을 통해 시각적 요소를 고려하여 최종안을 선정합니다. 필요에 따라 소비자 조사를 추가로 진행할 수도 있습니다.

브랜드 네이밍을 진행하면서 아래 프로세스의 1~2단계를 건너뛰고 바로 3단계로 넘어가는 경우가 많습니다. 하지만 좋은 브랜드 네임은 아이디어만으로는 만들어지지 않습니다. 앞서 정의한 브랜드의 콘셉트, 포지셔닝, 본질, 브랜드 코어, 그리고 브랜드 개성을 정확히 이해한 후, 전략적이고 창의적인 아이디어가 더해질 때 비로소 완성도 높은 브랜드 네임이 탄생합니다.

좋은 브랜드 네임의 조건은 무엇일까요? N.A.M.E로 풀어서 알아보겠습니다.

1	2	3	4	5	6	7
목표 및 방향 설정	리서치& 아이디어 구상	브레인 스토밍	후보안 선별	상표 검토	목업 디자인	최종 결정
– 브랜드의 콘셉트 확인 – 브랜드의 포지셔닝 확인 – 브랜드 본질, 코어 확인 – 브랜드 핵심 가치 확인 – 브랜드 아이덴티티 확인 – 브랜드 네이밍 목표 설정 – 브랜드 네임 콘셉트 결정	– 업계 및 경쟁사 네임 조사 – 고객 페르소나, 언어 조사 – 주요 키워드, 표현 추출	– 자유롭게 아이디어 표출 – 10~100개 후보 네임 확보	– 1차 후보안 스크리닝 – 5~10건 선정	– 상표등록 가능성 검토 – 도메인 확보 가능성 검토 – 최종 후보 3~5건 선정	– 실제 사용과 유사하게 구현 – 동일한 조건으로 비교 – 시각적 요소 고려	– 브랜드 네임 최종 1건 결정 상표등록출원 진행 – 나머지 후보 우선순위 부여

[그림] 브랜드 네이밍 프로세스

- **N-Noticeable** : 차별화되어 주목받을 수 있는 이름입니다. 브랜드의 가장 중요한 역할은 구별성과 차별성을 가지는 것입니다. 다른 브랜드와 쉽게 구별되고 더 많은 관심을 끌 수 있어야 합니다.

- **A-About** : 브랜드가 무엇인지 명확히 알 수 있는 이름입니다. 이름만으로도 브랜드의 관련성과 내용을 유추할 수 있어야 합니다.

- **M-Meaningful** : 의미가 분명하고 긍정적인 이름입니다. 부정적인 연상을 피하고 의도한 이미지를 잘 전달할 수 있어야 합니다.

- **E-Easy** : 기억하기 쉽고 발음이 간편한 이름입니다. 쉽게 떠올릴 수 있고 읽기 쉽고 발음하기 쉬워야 합니다.

이 외에 법적으로 보호받을 수 있어야 한다는 것은 기본적인 조건입니다.

N Noticeable
차별화되고 주목 받을 수 있는 이름
(브랜드의 가장 큰 역할은 구별성, 차별성)

A About
무엇에 대한 것인지 알 수 있는 이름
(이름만으로 무엇에 관련된 브랜드인지 유추할 수 있는)

M Meaningful
의미가 좋은 이름
(부정 연상이 없고, 의도한 이미지를 잘 전달하는)

E Easy
기억하기 쉽고, 문자와 소리가 쉬운 이름
(쉽게 기억할 수 있어 나중에 다시 떠오르는)

[그림] 좋은 브랜드 네임의 조건

1) 브랜드 네이밍

목표 및 방향 설정

좋은 브랜드 네임에 대한 여러 조건이 있지만, 모든 조건을 완벽하게 충족하는 네임은 존재하지 않습니다. 또한, 어떤 조건을 우선시해야 하며, 어떤 스타일의 브랜드 네임이 가장 우수한지에 대한 절대적인 기준도 없습니다. 이는 업종, 소비자의 특성, 경쟁 상황, 그리고 브랜드의 성격에 따라 달라질 수 있기 때문입니다.

따라서 1단계 목표 및 방향 설정에서는 브랜드 네임 개발의 배경을 이해하고, 필요한 네임의 유형을 구상하는 것이 중요합니다. 구체적인 네이밍 기법보다는 어떤 스타일의 브랜드 네임이 적합할지 방향을 설정해야 합니다. 예를 들어, 설명어 방식(직접적인 키워드를 사용한 네임), 연상어 방식(주요 속성을 연상할 수 있는 네임), 독립어 방식(연상 작용이 없는 네임) 중 어떤 방식이 더 적합한지, 그리고 어떤 언어를 중심으로 네이밍을 할지 결정하는 등 네이밍 방향을 설정합니다.

리서치 & 아이디어 구상

업계와 경쟁사의 브랜드 네임 조사는 세 가지 주요 목적을 위해 진행됩니다. 첫째, 사전 조사를 통해 동일하거나 유사한 브랜드 네임을 피할 수 있습니다. 둘째, 새로운 네이밍 아이디어를 얻을 수 있습니다. 셋째, 포지셔닝의 연장선에서 다른 브랜드와 차별화된 네이밍을 통해 우리의 포지셔닝을 강화할 수 있습니다. 조사 시에는 브랜드 네임의 한글과 영어 표기, 의미, 네이밍 방식, 의도, 장단점 등을 파악하는 것이 좋습니다. 또한, 소비자 연구를 통해 고객 페르소나를 검토하고, 고객의 관심사, 가치, 사용 언어 등을 분석해야 합니다.

다음 단계에서는 네이밍에 사용할 주요 키워드를 추출합니다. 좋은 네이밍의 핵심은 적절한 키워드에 있습니다. 훌륭한 요리를 위해서는 좋은 재료가 필요하듯이, 효과적인 네이밍을 위해서는 좋은 키워드가 필수적입니다.

키워드 추출을 위해 브랜드셋에서 개발한 키워드콤(Keywordcomb™)과 키워드스타(Keyword Star™) 기법을 소개합니다. 키워드콤은 기본 키워드를 추출하여 여섯 개의 항목에 대한 확장 키워드를 추가해 완성하는 방식이며, 이를 통해 키워드스타를 완성할 수 있습니다.

키워드콤은 위쪽과 아래쪽으로 나뉘며, 위쪽은 시장과 소비자 영역, 아래쪽은 브랜드 영역을 다룹니다. 위쪽에는 산업, 기능적 편익, 심리적 편익과 관련된 키워드를 적습니다. 예를 들어, 펫푸드 사업의 경우 '산업'에는 반려동물, 애완동물, pet, companion animal, food 같은 키워드가 포함됩니다. 기능적 편익에는 영양, 건강, 간편함, safety 등의 키워드가 들어가며, 심리적 편익에는 행복, 기쁨, 즐거움 같은 키워드가 포함됩니다.

아래쪽은 브랜드의 영역입니다. 중앙에는 브랜드 고유의 특성을 나타내는 키워드를 기재합니다. 브랜드 인격은 브랜드 본질, 브랜드 코어, 브랜드 아이덴티티 등 브랜드 특유의 성질을 모두 포함하며, 브랜드를 사람에 비유한 개념입니다.

왼쪽에는 차별화 포인트와 관련된 키워드, 즉 우리 브랜드가 경쟁 브랜드와 어떻게 차별화되는지에 대한 키워드를 기재합니다. 오른쪽에는 브랜드의 가치 제안에 대한 키워드, 즉 소비자에게 제공하고자 하는 특별한 가치와 관련된 키워드를 채웁니다.

키워드콤은 시장, 소비자, 브랜드 관점에서 직접적인 키워드를 모두 포함하여 네이밍에 유용한 구조를 제공합니다. 그러나 단순히 이러한 키워드만으로는 경쟁 브랜드와의 차별화가 어려울 수 있습니다. 경쟁이 치열한 시장에서는 기본적인 키워드가 이미 많이 사용되었기 때문에, 확장 키워드를 개발하여 새롭고 창의적인 네임을 만드는 것이 더 효과적입니다.

키워드콤의 여섯 개 항목에 각각 확장 키워드를 추가하면 별 모양의 '키워드 스타'가 완성됩니다. 예를 들어, 산업 확장 키워드에는 기존의 직접적인 사업 관련 키워드에서 더 나아가, 도구나 제공물 등 사업과 관련된 상징적인 키워드를 추가합니다. 예를 들어, 음식점이라면 "spoon, fork, knife, pan, plate, bowl, table"과 같은 단어들이 추가될 수 있습니다.

기능적 편익의 확장 키워드도 마찬가지로 직접적인 키워드를 연상할 수 있는 상징적 단어나 동음이의어 등을 활용해 확장할 수 있습니다. 예를 들어, 'speedy(빠른)'라는 키워드가 있다면, '번개(thunder, lightning)', '로켓(rocket)', '빛의 속도', '찰나', '전광석화', '부리나케', '순간', '순식간', '휭하니', '슉~', '쉭~', '씽~', 'zoom', 'swoosh', 'swish', 'whizz' 등 다양한 단어들이 확장 키워드에 포함될 수 있습니다. '빠르다'는 개념은 시간이 짧게 걸린다는 의미까지 포함하고 있어, 이렇게 다양한 키워드로 확장하는 것이 가능합니다.

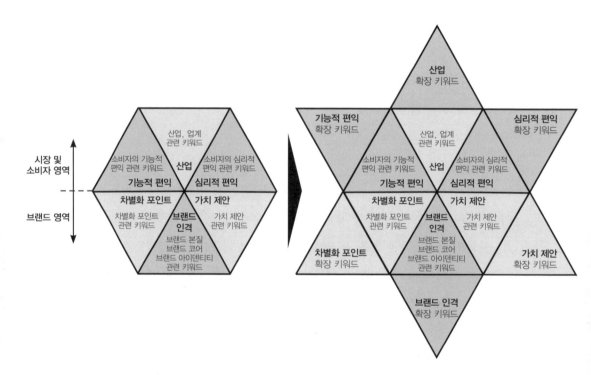

[그림] 키워드 추출을 위한 키워드콤(Keywordcomb)과 키워드스타(Keyword Star) 모델

키워드스타를 활용하는 방법은 다음과 같습니다. 시장 및 소비자 영역에서 가장 중요한 것은 산업 키워드입니다. 사업 분야와의 관련성을 나타내면서 개성을 강

조하려면, 산업 키워드와 브랜드 인격 키워드를 사용합니다. 브랜드의 차별화를 강조하고 싶다면, 산업 키워드와 차별화 포인트 키워드를 조합합니다.

브랜드 영역에서는 브랜드의 성격을 나타내는 '브랜드 인격'이 중요합니다. 하지만 브랜드 인격은 추상적인 키워드로 이루어져 있기 때문에, 이런 키워드를 직접적으로 브랜드 이름에 쓰기보다는 네이밍 스타일에 맞춰 조정하는 것이 좋습니다.

예를 들어, 브랜드 인격에서 나온 키워드를 활용해 비유적인 표현(메타포)을 사용할 수도 있습니다. 만약 고객의 문제를 해결하고 마법 같은 경험을 제공하는 브랜드라면, '도깨비 방망이'나 '알라딘의 요술램프'처럼 놀라운 능력을 연상시키는 키워드를 사용할 수 있습니다.

하지만 브랜드 이름을 정할 때 일반적으로 중심이 되는 것은 '차별화 포인트'입니다. 차별화 포인트에서 나온 핵심 키워드에 추가적인 키워드를 더해, 우리 브랜드만의 특별함을 강조하는 이름을 만드는 것이 효과적입니다.

브레인 스토밍

3단계 브레인스토밍은 앞 단계에서 도출된 키워드들을 활용해 브랜드 네임 후보를 만들어내는 단계입니다. 이전 단계에서는 주로 논리적인 방법으로 목표 설정, 네이밍 방향 설정, 키워드 도출을 했다면, 이 단계에서는 창의력을 최대한 발휘하여 브랜드 네임을 구상해야 합니다.

브레인 스토밍을 진행할 때는 앞서 정리한 키워드스타를 스크린이나 보드에 게시하여 참조할 수 있도록 합니다. 자유롭게 아이디어를 내면서 나온 브랜드 네임과 간단한 설명을 리스트로 정리합니다. 개수는 최소 10개에서 많게는 100개 이상일 수 있습니다.

처음에는 좋은 아이디어라고 생각했던 네임이 다른 브랜드와 유사해 보일 수 있고, 어색하게 느껴졌던 네임이 실제로는 가장 적합할 수 있습니다. 따라서 모든 아이디어를 검토 리스트에 올리고, 어떤 아이디어도 무시하지 않는 것이 중요합니다. 아이디어를 자유롭게 제안할 수 있는 분위기를 유지하는 것이 핵심이며, 가능성이 전혀 없는 후보들은 이후 스크리닝 과정에서 걸러낼 수 있습니다. 좋은 아이디어는 제약 없는 자유로운 분위기에서 나오는 경우가 많다는 점을 기억하세요.

브랜드 네이밍의 가장 단순한 방법은 선택된 두세 개의 키워드를 조합하는 것이지만, 하나의 중심 키워드를 사용하고 상징이나 연상을 통해 다른 개념을 포함시키는 방법도 있습니다. 네이밍 기법에 대해서는 이후에 자세히 다룰 예정입니다.

후보안 선별

4단계 후보안 선별은 지금까지 나온 브랜드 네임 후보들을 자체 평가 기준에 따라 스스크리닝 하는 단계입니다. 일부 경우 직원이나 주변인의 선호도 조사를 바로 진행하기도 하지만, 가능하면 브랜드나 상표에 대한 경험과 지식이 풍부한 내부 전문가나 담당자들이 먼저 평가하여 후보를 추려내는 것이 좋습니다. 선호도 조사는 최종 결정 단계에서 진행하는 것을 추천합니다.

평가 전에는 네이버와 구글의 통합 검색 및 지도 검색 등을 통해 동일하거나 유사한 업종에서 사용되고 있는 브랜드 네임을 미리 배제하는 것이 좋습니다. 그러나 사업 분야가 확연히 다르고 유명한 브랜드가 아니며 소비자 혼동이 없다고 판단되면, 해당 후보안을 포함할 수 있습니다.

평가는 N.A.M.E.의 각 항목에 대해 10점 만점으로 점수를 매겨 진행합니다. 후보안이 많은 경우, 가로/세로를 바꿔서 후보안이 세로로 배열되도록 조정하면 편리합니다. 주의할 점은 모든 네이밍 평가에 동일한 기준을 적용해서는 안 된다는 것입니다. 따라서 설정된 브랜드 네임 개발 목표와 방향에 따라 각 항목에 가중치를 부여하는 것이 좋습니다. 예를 들어, 후보1이 가장 높은 점수를 얻었지만, 네임의 의미를 가장 중요하게 고려하여 M(Meaningful)에 1.5의 가중치를 부여하면 후보4가 가장 높은 점수를 받을 수 있습니다.

[표] 브랜드 네이밍 안 평가 예시

구분		후보1	후보2	후보3	후보4···
Noticeable	창의적인가?	9	7	6	8
	차별성이 있는가?	10	6	5	8
About	사업이 연상되는가?	8	10	7	7
	브랜드와 어울리는가?	7	7	6	7
Meaningful	의미가 좋은가?	8	6	8	10
	부정적 연상은 없는가?	7	8	9	10
Easy	기억, 회상이 쉬운가?	9	10	6	8
	읽기, 발음이 쉬운가?	8	7	5	6
계		66	61	52	64

위에서 언급한 평가 항목 외에도 법적 보호성, 문자 구조의 심미성, 국제성 등을 추가적인 판단 기준으로 고려할 수 있습니다. 법적 보호성은 웹 검색을 통한 1차 스크리닝과 5단계 상표 검토에서 2차 스크리닝을 진행하기 때문에 평가 항목에는 포함되지 않았습니다. 문자 구조의 심미성은 6단계 목업 디자인에서 평가하므로 현재 평가 항목에서는 제외되었습니다. 그러나 독특한 문자 구조가 중요하

다면, N(Noticeable) 항목에서 창의성과 차별성 평가에 이를 반영하거나 가중치를 부여하는 것을 고려할 수 있습니다. 또한, 해외 진출을 목표로 할 경우, 네이밍 단계에서부터 국제성을 염두에 두고 각 평가 항목에 이를 반영하는 것이 바람직합니다.

이제 평가를 통해 높은 점수를 얻은 상위 5~10개의 후보에 대해 상표 검토를 진행합니다.

상표 검토

5단계에서는 상표 등록 가능성을 검토하는 동시에 도메인 확보 가능성도 함께 살펴봅니다. 브랜드 네임과 일치하는 .com 도메인을 확보하는 것이 가장 이상적이지만, 이미 선점된 경우가 많습니다. 이럴 때는 브랜드 네임에 문자를 추가하거나 변형하여 .com 도메인을 확보하거나, co.kr, kr, net 등 다른 대안을 고려할 수 있습니다. 경쟁이 덜한 io, ai, im, co, it, at, shop 등의 도메인도 선택지에 포함될 수 있습니다. 좋은 브랜드 네임을 포기하지 말고 다양한 도메인 옵션을 검토하는 것이 중요합니다.

도메인 확보보다 더 중요한 것은 상표 등록 가능성입니다. 때로는 10개의 후보 네임을 검토해도 등록 가능성이 높은 이름이 없을 수 있습니다. 이는 네이밍 과정에서 상표 등록에 대한 사전 검토가 충분히 이루어지지 않았기 때문입니다. 상표 등록 가능성을 예측하는 것은 전문가가 아니면 어려우므로, 이 단계에서는 변리사 등 상표 전문가의 검토를 받는 것이 좋습니다. 또한, 이 책의 '상표등록 더 잘하기' 부분을 참고하면 등록 가능성이 높은 이름을 찾는 데 도움이 될 것입니다.

상표 검토 결과 모든 후보의 등록 가능성이 낮다면, 전략적인 결정을 내려야 합니다. 선택지로는 도형 복합(로고) 출원을 통해 원안을 그대로 사용하는 방법, 등록 가능성이 낮은 일순위 후보를 포기하고 차순위 후보를 추가로 검토하는 방법, 또는 네이밍을 처음부터 다시 시작하는 방법 등이 있습니다. 경우에 따라 상표 등록 가능성이 낮더라도 사용을 강행할 수 있지만, 이때는 다른 상표를 침해하지 않는지 반드시 확인해야 합니다. 이러한 결정은 특허법인이나 변리사와 상담을 통해 이루어지는 것이 좋습니다.

목업 디자인

상표 검토를 마친 후보들은 모두 실제로 사용할 수 있는 안이어야 합니다. 이제 최종 선택을 위해 목업 디자인을 제작하여 시각적인 요소까지 고려한 후 최종안을 결정합니다. 가능하다면 선호도 조사를 통해 고객이나 주변인의 의견을 참고하는 것이 좋습니다.

목업 디자인은 포토샵이나 일러스트와 같은 그래픽 소프트웨어를 사용해, 브랜드 네임을 제품, 포장, 간판 등에 실제로 인쇄된 것처럼 가상으로 적용해보는 과정입니다. 문자로만 볼 때와는 느낌이 다를 수 있기 때문에, 시각적 적용을 확인하는 것이 중요합니다. 목업 이미지는 종이, 간판, 제품 등 다양한 종류의 파일

[그림] 브랜드 네임 목업 디자인 사례

을 인터넷 이미지 사이트에서 다운로드하여 사용할 수 있습니다.

위 이미지는 화장품 브랜드 네임 후보로 'SIELU', 차 전문점 브랜드 네임 후보로 '우린맑음'이 유력하다고 가정하고 목업 디자인을 가상으로 만들어 본 것입니다.

브랜드 네임 최종 결정

외부 조사 결과와 내부 의견을 종합하여 최종 브랜드 네임을 결정합니다. 이때, 나머지 활용 가능한 후보안들은 우선순위를 정해 보관해 둡니다. 최종 브랜드 네임을 사용할 수 없는 상황이 발생할 경우, 미리 검토된 후보안을 즉시 대체안으로 사용할 수 있도록 대비합니다.

브랜드 네임이 확정되면 즉시 인터넷 도메인을 확보해야 합니다. 도메인은 가비아, 카페24, 후이즈, 아이네임즈, 닷네임코리아 등에서 등록할 수 있으며, 도메인 종류와 업체에 따라 차이가 있지만, 일반적으로 .com 도메인은 연간 약 2만 원대입니다.

상표 출원 시 문자만 출원할지, 문자와 도형(로고)을 복합 출원할지, 또는 도형만 출원할지를 결정해야 합니다. 문자 상표를 포함해 출원을 진행할 경우, 최대한 신속하게 출원하는 것이 중요합니다. 브랜드 네임이 외부에 공개되면 제3자가 이를 부정하게 이용해 상표 출원이나 도메인 등록을 시도할 수 있기 때문입니다. 따라서 브랜드 네임이 확정되면 도메인 등록과 상표 출원을 가능한 한 빠르게 진행하는 것이 좋습니다.

2) 브랜드 스토리

고객이 브랜드를 직접 경험해보지 않은 상태에서 어떻게 브랜드 이미지가 형성될까요? 브랜드 네임, 로고, 슬로건은 고객에게 가장 먼저 노출되는 주요 요소들입니다. 보통 5초 정도면 고객의 머릿속에 이들이 각인되며, 이를 통해 1차적인 브랜드 이미지가 형성됩니다. 하지만 앞서 배운 것처럼, 이것만으로 브랜드를 온전히 설명할 수는 없습니다. 우리는 브랜드의 본질과 아이덴티티를 담기 위해 많은 고민과 노력을 기울였지만, 과연 그것이 모두 전달될 수 있을까요?

바로 이 점에서 브랜드 스토리의 중요성이 부각됩니다. 브랜드 스토리는 고객에게 친근한 스토리텔링을 통해 우리가 전달하고자 하는 메시지를 효과적으로 전하는 도구입니다. 그러나 일부는 브랜드 스토리를 단순히 홈페이지를 채우는 콘텐츠로 여기거나, 회사나 브랜드의 역사를 대체하는 연혁으로 작성하기도 합니다. 하지만 브랜드 스토리는 고객과의 관계를 형성하는 데 중요한 역할을 합니다. 고객이 브랜드 스토리에 관심을 갖는다는 것은 이미 어느 정도 브랜드에 대한 호감을 가지고 있다는 신호입니다. 이 단계에서 브랜드 스토리는 고객의 이해와 공감을 이끌어내며, 브랜드에 대한 긍정적인 이미지를 형성하는 데 중요한 역할을 합니다. 브랜드 스토리는 고객의 기억 속에 브랜드가 잠깐 머물다 사라질지, 아니면 깊이 자리 잡을지를 결정하는 중요한 요소입니다.

예를 들어, 피부병으로 고생하는 자신의 반려동물을 위해 직접 제조한 천연 성분의 샴푸를 사용해 피부병을 치료하고, 세상의 모든 반려동물과 주인이 행복하기를 바라는 마음에서 브랜드를 론칭했다는 것은 훌륭한 스토리 라인입니다. 이처럼 창업의 배경이나 비하인드 스토리는 브랜드 스토리의 좋은 소재가 될 수 있습니다. 그러나 없는 이야기를 만들어내어 감동적인 픽션을 만드는 것은 절대 피해야 합니다. 거짓은 금방 드러나고, 신뢰를 잃은 브랜드는 회복하기 어렵기 때문입니다. 고객들이 브랜드 스토리에서 기대하는 것은 영화나 드라마 같은 재미가 아니라, 브랜드의 진정성입니다.

창업 과정에서 문제 해결에 대한 이야기도 좋은 스토리의 소재가 될 수 있습니다. 이는 소비자들이 쉽게 공감할 수 있는 내용이기 때문입니다. 제품이나 서비스를 개발하면서 겪었던 불편함과 그 문제를 어떻게 해결했는지를 이야기로 전개할 수 있습니다. 사람들과 대화할 때, 상대방의 경험이 나와 비슷하면 강한 동질감을 느껴 관계가 가까워지듯이, 소비자도 브랜드가 자신과 비슷한 가치관을 가지고 있다고 느끼면 관심과 호감이 애정으로 발전할 수 있습니다.

또한, 브랜드 스토리에 극적인 요소를 추가해 문제 제기, 갈등과 위기, 해결, 그리고 앞으로의 방향이나 가이드라인을 제시하는 구조로 스토리텔링을 구성할 수 있습니다. 또는 브랜드 네임의 의미를 중심으로 스토리를 전개하는 방법도 효과적입니다.

좋은 브랜드 스토리의 조건을 S.T.O.R.Y라는 다섯 가지로 설명할 수 있습니다. 먼저, S(Sincerity)는 진정성과 열정을 담아야 한다는 의미입니다. 브랜드 스토리는 반드시 사실을 바탕으로 해야 하며, 거짓이나 과장된 이야기는 오래 지속될 수 없습니다. 말과 행동이 일치하고, 브랜드의 개성이나 정체성을 스토리의 바탕에 깔아 두고 일관성을 유지해야 합니다.

T(Telling)는 브랜드가 마치 사람처럼 이야기하는 방식입니다. 우리는 브랜드의 성격과 아이덴티티를 구축해 브랜드를 하나의 인격체처럼 만들어, 고객과 더욱 끈끈한 관계를 형성하려 합니다. 정해진 브랜드 커뮤니케이션 스타일에 따라, 사람처럼 자연스럽게 스토리를 전개해 나가는 것이 중요합니다.

O(Origin)는 사업, 브랜드, 제품, 서비스의 기원을 이야기하는 것입니다. 소비자들은 이 브랜드가 어떻게 생겨났고, 어떤 목적과 비전, 가치를 가지고 있는지 궁금해합니다. 브랜드 스토리를 통해 이러한 기원과 목표를 전달할 수 있습니다.

R(Response)은 소비자의 반응과 행동을 유도할 수 있어야 한다는 의미입니다. 브랜드 스토리는 단순한 글이 아닌 목적이 있는 메시지로, 소비자와의 관계를 형성하고 이후의 브랜드 경험을 이끌어야 합니다.

Y(Yours)는 이 브랜드가 소비자를 위한 것임을 느끼게 하는 것입니다. 소비자와 같은 가치를 공유하고 같은 방향을 지향한다는 인식을 주어, '나를 위한 브랜드'라는 이미지를 만들어야 합니다.

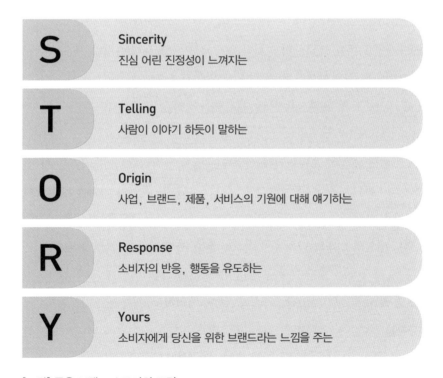

S — **Sincerity** 진심 어린 진정성이 느껴지는

T — **Telling** 사람이 이야기 하듯이 말하는

O — **Origin** 사업, 브랜드, 제품, 서비스의 기원에 대해 얘기하는

R — **Response** 소비자의 반응, 행동을 유도하는

Y — **Yours** 소비자에게 당신을 위한 브랜드라는 느낌을 주는

[그림] 좋은 브랜드 스토리의 조건

3) 슬로건(태그라인)

슬로건도 브랜드 스토리처럼 깊이 고민하지 않고 형식적으로 만들어지는 경우가 많습니다. 이로 인해 메시지의 내용, 어휘, 톤을 충분히 고려하지 않은 전략 부재의 슬로건을 자주 접하게 됩니다. 그러나 슬로건은 고객에게 보내는 매우 중요한 메시지입니다.

슬로건이나 태그라인을 통해 브랜드가 어떤 업종과 관련이 있는지 명확히 설명할 수 있습니다. 예를 들어, 차 전문점이라면 'Tea House', 'Tea Café', 'The Real Tea Time', '다방(茶房)', '차다(茶茶)', '차를 우리다'와 같은 짧은 태그라인으로 업종을 직접적으로 알릴 수 있습니다. 이러한 태그라인은 브랜드 네임이 업종과 쉽게 연결되지 않을 때 특히 유용합니다.

또한, 태그라인을 통해 브랜드의 역사나 전통을 강조할 수 있습니다. 'Since'로 시작해 설립 연도를 표시함으로써 전통과 신뢰를 강조하거나, 'by', 'powered by', 'brought to you by' 등의 표현으로 신뢰성을 더할 수 있습니다.

슬로건은 브랜드 네임을 보완하거나 설명하는 역할도 합니다. 예를 들어, 차 전문점 '차올'의 슬로건 '차에 모든 정성을 담다'는 브랜드 네임의 의미를 강화합니다. 니치 퍼퓸 브랜드 '시엘루(Sielu)'라면, 'The Scent of Your Soul'이라는 슬로건을 통해 브랜드 네임의 의미와 니치 향수의 특성을 동시에 전달할 수 있습니다.

슬로건을 통해 브랜드의 차별점, 기술력, 또는 제공하는 가치를 부각시킬 수 있습니다. 예를 들어, 차 전문점의 경우 '일일일차', '차, 멋에 맛을 더하다', '자연을 마실', 'Let's View Tea' 등의 슬로건이 이에 해당합니다.

때로는 업종이나 차별점과 상관없이 관심을 끌기 위해 유머, 패러디, 감성적인 메시지를 슬로건에 활용하기도 합니다. 예를 들어 차 전문점의 경우 '입맛 다실', 'TEA, 나는 맑음', '영혼을 적시고 가슴에 흐르다', '자연은 차를 만들고 차는 자연스러움을 만든다'와 같은 슬로건을 생각해볼 수 있습니다. 유머나 패러디는 주로 음식점이나 즐거움과 관련된 브랜드에서 활용되지만, 부정적인 효과를 초래할 수 있으므로 신중한 접근이 필요합니다.

이 외에도 기업 브랜드의 슬로건에는 미래지향성, 세계적 비전, 규모, 경영 철학, 사회적 책임, 소비자 행동을 유도하는 메시지 등 다양한 요소가 포함될 수 있습니다.

슬로건은 단어, 구, 절의 조합, 또는 문장 등 다양한 방식으로 표현될 수 있지만, 메시지의 내용과 타깃 소비자를 고려해 작성하는 것이 중요합니다. 특히 문체나 어조를 정할 때는 미리 설정한 브랜드의 커뮤니케이션 스타일을 기준으로 삼아야 합니다.

좋은 슬로건의 조건을 S.L.O.G.A.N. 여섯 가지로 설명할 수 있습니다. S(Short)-L(Long)은 짧고 간결하면서도 오랫동안 지속될 수 있는 슬로건을 의미합니다. 여기서 'Short'는 단순히 짧게 쓰라는 의미가 아니라, 불필요한 표현을 줄이고 군더더기 없이 간결하게 전달하라는 뜻입니다. 태그라인으로 사용될 경우 길이도 중요한 요소이므로 최소한의 단어로 표현하는 것이 좋습니다. 'Long'은 슬로건이 몇 달이나 해마다 바뀌지 않고, 최소 몇 년은 유지될 수 있어야 한다는 의미입니다. 슬로건은 동일한 메시지가 지속적으로 노출될 때 비로소 그 효과를 발휘합니다.

O(Original)-G(General)은 독창적이면서도 보편적인 가치를 담고 있는 슬로건을

의미합니다. 'Original'은 경쟁사나 다른 브랜드와 차별화된 독특한 슬로건을 뜻합니다. 하지만 독창성에만 치중하다 보면 보편성을 잃을 수 있습니다. 소수만 이해할 수 있는 '특이한' 슬로건보다는 누구나 공감할 수 있는 보편적인 가치를 담는 것이 중요합니다.

A(Appealing)-N(Natural)은 흥미를 유발하면서도 자연스럽고 어색하지 않은 슬로건을 의미합니다. 'Appealing'은 소비자의 관심과 흥미를 끌 수 있는 감각적이거나 재미있고 호기심을 자극하는 매력적인 슬로건을 뜻합니다. 그러나 흥미를 너무 강조하다 보면 억지스럽거나 어색한 슬로건이 나올 수 있습니다. 예를 들어, 라임을 맞추기 위해 의미에 맞지 않는 단어를 억지로 사용하면 소비자에게 어색함을 느끼게 할 수 있습니다.

또한, 슬로건은 브랜드 네임과 마찬가지로 읽기, 발음하기, 듣기의 기준을 충족해야 합니다. 이 중 가장 중요한 것은 '읽기'입니다. 슬로건은 주로 문자로 전달되기 때문에 가독성이 좋아야 하며, 의미가 모호하거나 어려운 단어는 피하는 것이 좋습니다. 슬로건은 브랜드 네임을 보완하거나 그 의미를 강화하는 역할을 하기 때문에, 쉽게 읽히고 이해되도록 작성하는 것이 중요합니다.

S	Short 짧고 간결하면서도	**L**	Long 오래 갈 수 있는
O	Original 독창적이면서	**G**	General 보편적인 가치를 담고 있는
A	Appealing 흥미를 유발하면서도	**N**	Natural 자연스러운

[그림] 좋은 슬로건의 조건

6. D(Design)
– 브랜드 디자인 & 시각적 아이덴티티 개발

브랜드 디자인은 7단계로 나눌 수 있습니다. 먼저, 브랜드 디자인의 목표와 방향을 설정합니다. 다음으로, 리서치와 아이디어 구상을 통해 브레인스토밍을 진행하고 콘셉트 아이디어를 도출합니다. 도출된 아이디어 중에서 선별한 후 스케치 작업을 통해 시각적으로 확인합니다. 이후, 일러스트레이터 소프트웨어를 사용해 디지털 디자인 작업을 진행합니다. 상품이나 서비스에 적용된 디자인을 확인하기 위해 목업 작업을 진행한 뒤, 최종 로고를 결정합니다. 마지막으로, 추가 디자인 작업을 통해 브랜드 디자인을 완성합니다.

1	2	3	4	5	6	7
목표 및 방향 설정	리서치 & 아이디어 구상	브레인 스토밍	스케치 디자인	디지털 디자인	목업 디자인	최종 결정
- 브랜드의 콘셉트, 네임 확인 - 브랜드의 포지셔닝 확인 - 브랜드 본질, 코어 확인 - 브랜드 핵심 가치 확인 - 브랜드 아이덴티티 확인 - 브랜드 디자인 목표 설정 - 브랜드 디자인 콘셉트 결정	- 업계 및 경쟁사 로고 조사 - 고객 페르소나 조사 - 모티프 구상	- 자유롭게 아이디어 표출 - 3~5개 후보 콘셉트 채택	- 콘셉트 스케치 - 윤곽선 또는 블랙 스케치	- 일러스트 벡터 이미지 작업 - 콘셉트별 변형 디자인 포함 - 다양한 컬러 테스트	- 실제 사용과 유사하게 구현 - 동일한 조건으로 비교	- 로고 최종 1건 결정 - 컬러 팔레트 - 타이포그래피 - 애플리케이션 디자인 - 브랜드 가이드 라인 작성 - 상표등록출원 진행 (문자 출원 여부에 따라 선택)

[그림] 브랜드 디자인 프로세스

브랜드 디자인에서 가장 중요한 요소는 로고 디자인입니다. 좋은 로고의 조건을 영문 L.O.G.O로 설명하겠습니다.

L은 Lovely, 즉 고객에게 호감을 줄 수 있는 사랑스러운 로고를 의미합니다. 사람으로 비유하자면, 외모만으로 사랑받는 것은 아닙니다. 외모와 성격에 맞는 헤어스타일, 의상, 액세서리, 색상 등 전체적인 조화와 상대방과의 소통이 중요합니다. 로고 디자인에서도 보기 좋고, 브랜드의 성격을 잘 반영하며, 고객의 취향을 이해하는 것이 필수적입니다.

O는 Organized, 즉 잘 정리되고 체계적인 로고를 의미합니다. 로고에 너무 많은 요소를 담으려다 보면, 오히려 아무것도 전달하지 못할 수 있습니다. A, B, C 각각이 의미를 담고 있다고 해도, 고객이 그 브랜드를 '생각이 깊다'고 여기지는 않습니다. 로고는 핵심 콘셉트나 메시지를 간결하게 전달해야 합니다. 불필요한 요소는 제거하고, 복잡한 부분은 단순화하여 심플하면서도 명확한 메시지를 전하는 로고가 이상적입니다.

G는 Genius, 즉 천재성이 돋보이는 창의적인 로고를 의미합니다. 로고 디자인은 무궁무진한 표현 방식이 가능하지만, 경쟁 브랜드를 따라 하는 것은 창의성을 제한합니다. 창의성은 선천적인 재능과 훈련 모두 필요하지만, 모든 사람은 독창적인 가치관과 사고방식을 가지고 있습니다. 모방하지 않고 자신만의 아이디어를 표현하면, 독특한 결과물이 만들어집니다. 훌륭한 디자이너만이 창의적인 로고를 만들 수 있는 것은 아닙니다. 중요한 것은 손기술이 아니라 아이디어입니다.

마지막으로, O는 Optimized, 즉 다양한 용도에 최적화된 로고를 의미합니다. 로고는 사용되는 매체나 채널에 맞게 최적화되어야 합니다. 제품이나 서비스, 업종에 따라 로고의 사용 방식이 다를 수 있습니다. 예를 들어, 온라인 쇼핑몰과 오프라인 간판, 대형 제품과 소형 제품에 사용되는 로고는 각각 다른 스타일과 비율, 색상을 필요로 합니다. 따라서 로고는 주 사용 용도에 맞게 최적화되어야 하며, 이러한 점을 고려해 디자인된 로고가 좋은 로고입니다.

L — Lovely
사랑스러운, 고객이 호감을 가질 수 있는 로고

O — Organized
잘 정리되고 조직화된 로고

G — Genius
천재성이 돋보이는 창의적인 로고

O — Optimized
여러 가지 활용에 최적화된 로고

[그림] 좋은 로고의 조건

목표 및 방향 설정

이 단계에서는 확정된 브랜드의 콘셉트, 네임, 포지셔닝, 본질 및 아이덴티티를 검토한 후, 브랜드 디자인의 목표를 설정하고 디자인 콘셉트를 결정합니다. 또한, 디자인의 범위를 규정하고 로고의 경우 구체적인 형태보다는 개발 방향과 충족해야 할 조건의 우선순위를 정합니다. 로고를 엠블럼 형태로 하거나 캐릭터를 개발하는 등 명확한 방향이 있다면 이 단계에서 결정합니다.

리서치 & 아이디어 구상

경쟁사 로고 및 디자인 조사는 세 가지 주요 목적이 있습니다. 첫째, 동일하거나 유사한 디자인을 피하기 위함입니다. 둘째, 업계에서 통용되는 디자인 특성을 파악하는 데 도움이 됩니다. 셋째, 타 브랜드와 차별화된 디자인을 통해 브랜드의 포지셔닝을 강화할 수 있습니다. 또한, 고객 페르소나를 활용하여 소비자들이 선호하는 컬러 및 인식에 대한 조사도 반영할 수 있습니다.

다음 단계는 브랜드 디자인에 활용할 모티프(Motif)를 구상하는 것입니다. 디자인 모티프는 로고 및 전체적인 브랜드 디자인에 영향을 미치는 주요 시각적 아이디어나 개념을 의미합니다. 자연, 사물, 동물, 기호, 움직임 등에서 특징적인 시각적 요소를 차용해 다양한 방식으로 표현할 수 있습니다. 예를 들어, '길'이라는 모티프를 통해 사람들의 이동과 만남을 시각적으로 표현하거나, 튀어 오르는 것을 스프링, 팝콘, 캥거루, 개구리 등으로 표현할 수 있습니다. 이와 같은 모티프는 로고 디자인의 포인트를 강조하거나, 전체적인 느낌을 결정하는 주요 콘셉트로 활용될 수 있으며, 패턴이나 응용 디자인에도 다양하게 적용될 수 있습니다.

같은 모티프라도 브랜드의 콘셉트나 표현 방식에 따라 다르게 나타날 수 있습니다. 예를 들어, 거울을 모티프로 삼는다면 반사하는 특징을 시각적으로 표현하거나, 손거울의 형태를 단순화해 표현할 수 있습니다. 눈을 모티프로 할 경우, 빛이 눈으로 들어와 망막에 상이 맺히는 개념을 표현하거나 눈의 형태를 단순화할 수 있습니다. 모티프를 발굴할 때는 브랜드에 대한 깊은 이해와 함께, 대상을 바라보는 관찰력과 본질적인 물리적, 화학적 특징을 포착하는 통찰력이 중요합니다.

디자인 아이디어를 찾기 위해서는 단순히 머릿속에서 구상하는 것만으로는 한계가 있습니다. 자연, 주변 사물, 동물, 사람, 간판 등 다양한 요소가 아이디어의 원천이 될 수 있습니다. 또한, 다른 디자이너들의 작업을 참고하는 것도 매우 유용합니다. 핀터레스트(pinterest.co.kr), 비핸스(behance.net), 드리블(dribbble.

com), 노트폴리오(notefolio.net)와 같은 온라인 플랫폼을 통해 최신 디자인 트렌드를 파악하고 새로운 영감을 얻는 것이 큰 도움이 될 수 있습니다.

브레인 스토밍

3단계 브레인스토밍에서는 앞서 도출된 디자인 모티프나 아이디어를 논의하고 발전시켜, 최종적으로 몇 가지 디자인 콘셉트를 완성하고 선별하는 과정입니다. 한 사람의 아이디어보다는 다양한 의견을 듣고, 모티프를 정교화하며 여러 아이디어를 결합해 새로운 콘셉트를 도출하는 것이 중요합니다.

브랜드 네이밍 단계의 브레인스토밍과 마찬가지로, 제시된 아이디어는 나중에 평가할 수 있으므로, 어색하거나 유치해 보이는 아이디어라도 존중하는 자세가 필요합니다. 자유로운 분위기에서 다양한 창의적 아이디어가 나올 수 있도록 분위기를 조성하는 것이 핵심입니다.

제시된 아이디어를 리스트로 정리한 후, 논의를 통해 스케치 디자인으로 발전시킬 안을 3~5개로 압축합니다. 다양한 디자인 변형이 가능하므로 유사한 콘셉트는 배제하고, 가능한 한 다양한 접근 방식을 포함하는 것이 좋습니다.

스케치 디자인

4단계 스케치 디자인에서는 앞서 결정된 후보 콘셉트를 스케치로 시각화하여 디자인 콘셉트를 직접 확인하는 과정입니다. 이 단계에서는 연필이나 펜으로 종이에 스케치를 합니다. 스케치 단계에서는 라인만으로 표현하거나, 검정 또는 회색으로 면을 채워서 작업합니다. 컬러가 너무 빨리 들어가면 시선이 컬러에 집중되어 전체적인 형태나 요소 간의 조화를 놓칠 수 있으므로, 우선 흑백으로 평가하고 좋다고 판단되면 이후에 컬러를 적용합니다. 스케치 디자인을 통해 일부 시안을 제외할 수도 있습니다.

예를 들어, 침구류 브랜드의 네임을 KAAMOS로 정하고 로고를 디자인하는 경우를 가정하면, K를 변형한 디자인, 새로고침과 쉼표를 결합한 심벌, 영문 로고타입 등으로 스케치를 진행할 수 있습니다.

[그림] 스케치 디자인 예시

그림을 그리기 어려운 분들은 스케치 대신 파워포인트를 활용해 작업할 수 있습니다. 아래는 외부 이미지를 사용하지 않고, 파워포인트의 문자와 기본 도형만으로 스케치와 유사하게 작업한 예시입니다.

[그림] 파워포인트를 이용한 스케치 디자인 예시

첫 번째 줄은 파워포인트에서 작업한 방식의 예시로, 흰색으로 표시된 도형을 회색으로 변경한 것입니다. 도형이 정확히 일치하지 않을 경우, 흰색 도형으로 덮거나 같은 색의 도형을 겹쳐서 조정할 수 있습니다. 아래는 불필요한 도형을 흰색 또는 같은 색으로 처리하여 완성한 이미지로, 스케치 시안과 거의 유사한 모습을 확인할 수 있습니다.

파워포인트로 만든 로고는 컬러를 추가하고 어도비 포토샵 등의 프로그램으로 다듬어 온라인 용도나 회사 소개서, 제안서 등에서 사용할 수 있지만, 인쇄에는 적합하지 않습니다. 따라서 이후 디지털 디자인 단계를 거쳐야 합니다.

디지털 디자인

디지털 디자인 단계에서는 4단계 스케치 디자인에서 확정된 시안을 Adobe Illustrator 등 도구를 사용해 디지털 이미지로 작업합니다. Illustrator 작업을 통해 인쇄 시에도 문제없이 이미지를 활용할 수 있으며, 디자인 수정이나 변형도 손쉽게 가능합니다.

Adobe의 대표적인 그래픽 툴인 Photoshop 대신 Illustrator를 사용하는 이유는 이미지 처리 방식의 차이 때문입니다. Photoshop은 픽셀로 이미지를 표현하는 비트맵 방식을 사용해 확대 시 이미지가 깨질 수 있습니다. 반면, Illustrator는 선과 면 등의 데이터로 이미지를 구현하는 벡터 방식을 사용해 확대해도 이미지가 깨지거나 번지지 않습니다. 이 때문에 Photoshop은 주로 사진 편집에 활용되며, Illustrator는 로고 디자인, 일러스트 제작, 인쇄물 작업 등 다양한 그래픽 작업에 널리 사용됩니다.

Illustrator는 Adobe의 크리에이티브 클라우드(creativecloud.adobe.com/ko)에서 구독 형태로 사용할 수 있습니다. Illustrator 단품은 월 약 37,000원, Photoshop, Premiere

[그림] B의 곡선을 포토샵(왼쪽)과 일러스트(오른쪽)에서 동일한 비율로 확대한 모양

Pro, Acrobat Pro, InDesign 등 Adobe의 모든 앱을 포함한 패키지는 월 약 93,000원 입니다. 연간 구독 시 할인 혜택과 학생 할인도 제공됩니다. 구독 서비스는 초기 비용이 적어 단기간 사용하려는 경우에 유리하며, 최신 버전을 안정적으로 사용 할 수 있는 장점이 있습니다.

Illustrator로 시안 작업을 할 때는 각 시안에 대해 다양한 변형을 시도해 볼 수 있습 니다. 경우에 따라 두 가지 시안을 조합해 작업하기도 합니다. 예를 들어, 4가지 시안을 각각 3가지 변형으로 작업하면 총 12개의 시안이 만들어집니다.

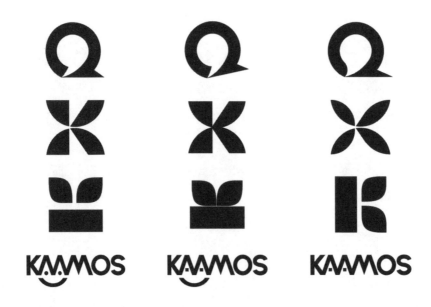

[그림] 로고의 변형 시안 예시

로고의 형태에 따라 앞서 개발한 심벌과 동일한 프로세스로 로고타입(문자)을 디자인합니다. 심벌에 다양한 서체를 매칭해 보고, 어울리는 서체를 세밀하게 다듬는 작업을 진행합니다. 이때, 심벌과 함께 사용되는 로고타입은 지나친 변형을 피하는 것이 중요합니다.

이제 시안에 컬러를 적용해 봅니다. 로고 디자인에서 컬러는 일반적으로 3가지 이내로 사용하지만, 필요에 따라 다양한 컬러를 적용할 수 있습니다. 컬러가 지나치게 많으면 집중이 분산되고 디자인이 산만해 보일 수 있기 때문입니다. 브랜드를 대표하는 메인 컬러를 중심으로, 이를 보완하거나 강조하는 보조 컬러를 함께 사용할 수 있습니다.

Illustrator에서는 컬러를 쉽게 변경해 다양한 조합을 확인할 수 있습니다. 컬러 작업 시 RGB가 아닌 CMYK 모드로 작업하는 것이 좋습니다. RGB는 주로 모니터 등 디스플레이용이며, CMYK는 인쇄용 모드입니다. 로고는 결국 두 가지 용도로 모두 사용되지만, 처음 작업할 때는 CMYK로 진행한 후, 완료 시 RGB나 웹용 HEX 컬러 값을 지정하면 됩니다.

[그림] 로고의 컬러 시안 예시

목업 디자인

최종 후보 몇 가지에 대해 목업 디자인을 적용해 비교해 봅니다. 종이에 인쇄된 느낌, 웹사이트나 SNS 계정에 반영된 모습, 제품이나 패키지에 인쇄된 모습을 통해 평가할 수 있습니다. 목업 디자인을 통해 실제 적용 시 예상되는 문제점을 미리 발견하고 수정할 수 있습니다.

또한, 소비자나 내부 직원들의 의견을 수집해 최종 결정에 참고할 수 있습니다. 단, 투표 결과를 그대로 따르기보다는 이를 참고해 내부 논의를 거쳐 신중하게 결정하는 것이 좋습니다. 그림은 로고 목업 디자인 예시입니다.

[그림] 로고 목업 디자인 예시

로고 최종 결정

로고가 최종 결정되면, 형태와 색상에 대한 규정을 명확히 정리하여 일관된 이미지를 유지해야 합니다. 심벌과 로고타입이 모두 개발된 경우, 가로형, 세로형 등 다양한 조합 방식을 구체적으로 규정하여 혼선을 방지해야 합니다. 또한, 로고 컬러는 최종적으로 확정하고, 인쇄와 디지털 매체에서 색상이 다르게 보이지 않도록 CMYK, 팬톤(Pantone), RGB 및 HEX 값을 각각 지정하여 일관성을 유지해야 합니다.

로고 컬러를 바탕으로 브랜드의 전체 컬러 팔레트를 구성합니다. 이 팔레트는 로고뿐만 아니라 다양한 플랫폼과 매체에서 사용될 브랜드의 색상 콘셉트를 정의하여 브랜드 아이덴티티를 강화하는 데 중요한 역할을 합니다.

로고에 사용된 서체 외에도 브랜드 커뮤니케이션에 사용할 서체를 지정하여 일관성을 유지해야 합니다. 별도의 서체를 개발하지 않는 경우, 유료 서체 라이선스를 구매하거나 무료 서체를 검토하여 브랜드와 어울리는 국문 및 영문 서체를 각각 선정합니다. 또한, 브랜드 아이덴티티를 강화하기 위해 향후 사용될 그래픽 패턴, 사진, 이미지 등의 스타일도 미리 정의해 둡니다. 이러한 시각적 요소들은 웹사이트, SNS, 카탈로그, POP 등에서 일관된 스타일로 적용될 수 있습니다.

간판, 명함, 봉투, 사인물, 사원증 등의 디자인도 필요에 따라 진행하고, 당장 사용하지 않더라도 향후 활용할 수 있도록 미리 정해두는 것이 좋습니다.

이 모든 내용은 브랜드 가이드라인 또는 브랜드 매뉴얼로 정리하여 하나의 파일로 관리해야 합니다. 로고가 확정되었으므로 도형복합(로고)으로 상표 출원을 진행할 수 있습니다. 이미 브랜드 네임으로 문자 상표 출원이 이루어졌다면, 로고를 추가로 상표 출원할지 결정해 진행합니다. 문자 상표 출원이 이루어지지 않았다면, 최종 확정된 로고로 상표 출원하는 것이 바람직합니다.

브랜드
네이밍
더 잘하기

brand

1. 브랜드 네이밍 이해하기

브랜드 네이밍(Brand Naming)은 브랜드의 이름을 짓는 과정을 의미하며, 그 결과로 만들어진 이름을 브랜드 네임(Brand Name)이라고 합니다. 브랜드 네임은 고객과의 관계 형성을 시작하는 중요한 요소입니다.

브랜드 네임은 소리로 전달되는 청각적 정보로 고객과 처음 만나거나, 문자나 로고타입 같은 시각적 정보로 고객에게 다가갈 수 있습니다. 이처럼 브랜드 네임은 소비자의 귀와 눈을 통해 전달되기 때문에, 소비자의 이목을 끌 수 있어야 합니다.

아래는 시인 김춘수 님의 시 '꽃' 중 일부입니다.

내가 그의 이름을 불러준 것처럼
나의 이 빛깔과 향기에 알맞는
누가 나의 이름을 불러다오.
그에게로 가서 나도
그의 꽃이 되고 싶다.

우리들은 모두
무엇이 되고 싶다.
너는 나에게 나는 너에게
잊혀지지 않는 하나의 눈짓이 되고 싶다.

시에서 '나의 이 빛깔과 향기에 알맞는 누가 나의 이름을 불러다오'라는 구절은 브랜드 네이밍을 상징적으로 표현합니다. 시에서 이름을 부르는 행위는 존재에 대한 인식, 즉 관계 형성의 시작을 의미합니다. 마찬가지로 브랜드도 자신의 빛깔과 향기에 어울리는 이름, 즉 브랜드의 본질, 코어, 아이덴티티와 일치하는 이름으로 고객의 마음에 자리 잡아야 합니다. 그래야만 브랜드는 단순한 '의미 없는 몸짓'이 아닌, '잊히지 않는 의미 있는 눈짓'이 될 수 있습니다.

브랜드 네임은 한 번 정하면 쉽게 바꾸기 어렵고, 가급적 바꾸지 않는 것이 좋습니다. 이름을 교체하는 데 드는 비용도 문제지만, 무엇보다 고객의 머릿속에 자리 잡은 이름을 바꾸는 것이 훨씬 더 어렵고 번거로운 일이기 때문입니다. 사람의 기억에서 쉽게 지워지지 않는 이름은 오랜 시간 남아 있을 수 있습니다.

따라서 브랜드 네임은 신중하게 결정해야 한다는 것을 누구나 알고 있지만, 현실에서는 그렇지 않은 경우가 많습니다.

"상표권 분쟁이 발생하여 브랜드 네임을 변경해야 할 것 같습니다"
"유행어를 활용해서 몇 년 재미를 좀 봤는데, 이제 촌스럽게 느껴져 바꿔야 할 것 같습니다"
"동업자 이름을 넣어서 이름을 지었는데, 배신하고 갈라섰습니다. 이름만 생각해도 치가 떨립니다"
"시작할 때의 아이템, 컨셉이 달라져서 더 이상 어울리지가 않습니다"
"이름을 잘 나가던 브랜드와 비슷하게 지었는데, 그 브랜드가 망했네요"
"지역명을 넣어서 이름을 지었는데, 사무실 이전으로 더 이상 맞지가 않네요"

이런 사태를 미연에 방지하려면 이름을 지을 때 몇 가지 변수들을 고려해야 합니다. 우선, 상표 검색을 통해 동일 지정 상품에서 이미 사용되고 있는 이름을 확인하고, 완전히 동일한 이름은 피해야 합니다. 유행어나 신조어는 시간이 지나면서 사라질 수 있으므로, 가급적 사용하지 않는 것이 좋습니다.

향후 시장이나 사업의 변화를 정확히 예측하기는 어렵기 때문에, 사업 영역이 확장될 가능성이 있다면 지나치게 한정된 범위의 이름을 사용하는 것은 바람직하지 않습니다. 또한, 동업자의 이름이나 이니셜을 사용하는 경우, 사업 환경이 변화하게 된다면 이름이 어울리지 않을 수 있습니다. 지리적 명칭이 포함된 이름은 상표 등록에 문제가 될 수 있으며, 다른 브랜드와 유사한 이름은 부정적인 영향을 미칠 수 있으므로 피하는 것이 좋습니다.

앞서 '키워드콤™'과 '키워드스타™'를 통해 키워드를 추출하는 방법을 살펴보았습니다. 브랜드 네이밍을 요리에 비유하자면, 키워드는 브랜드 네임이라는 맛있는 음식을 만들기 위한 신선한 재료와 같습니다. 어떤 재료를 선택하고, 어떤 그릇과 조미료를 사용하며, 어떻게 조리하느냐에 따라 결과물이 달라지듯, 네이밍에서도 다양한 방법이 적용될 수 있습니다. 같은 재료를 사용하더라도 자르거나 으깨는 방식에 따라 음식의 스타일이 변하는 것처럼, 네이밍에서도 방법에 따라 다양한 결과가 나올 수 있습니다.

음식을 만들 때 신선한 재료가 중요하듯이, 키워드 추출은 중요한 과정입니다. 하지만 그보다 더 중요한 것은 추출한 키워드를 활용해 브랜드 네임을 완성하는 단계입니다. 요리에 레시피가 있듯, 네이밍에도 브랜드 네이밍 기법이라는 레시피가 있습니다. 그러나 레시피에 얽매이지 않고 다양한 방법을 시도해 창의적인 네임을 만들어내는 것이 중요합니다. 네이밍 기법이 중요한 이유는 네이밍에 익숙하지 않은 사람들에게 유용한 가이드가 될 수 있으며, 네이밍 경험이 있는 사람들에게도 참고가 될 수 있기 때문입니다.

네이밍 소스

우리는 앞서 브랜드 개발 과정에서 네이밍 프로세스와 키워드 추출 방법에 대해 살펴보았습니다. 하지만 아무리 감성이 풍부하고 상상력이 뛰어난 사람이라도, 특정 개념에서 출발해 관련 키워드를 연상하는 데에는 한계가 있을 수 있습니다. 이러한 키워드 조합으로 만들어진 브랜드 네임은 때로는 직설적이거나 어색하게 느껴질 수 있습니다.

사실, 우리가 일상에서 접하는 모든 문자와 소리가 네이밍의 소스가 될 수 있습니다. 처음에는 우리 브랜드와 전혀 관련이 없을 것처럼 보였던 책에 인쇄된 단어 하나가, 갑자기 우리 브랜드를 가장 잘 표현하는 말로 느껴질 수도 있습니다. 그래서 네이밍에 대한 아이디어가 떠오르지 않을 때는 책이나 신문을 읽거나, 음악, 영화, 드라마를 감상하거나, 웹 서핑을 하며 새로운 영감을 찾아보기도 합니다.

네이밍 소스는 다양한 키워드를 찾아내는 원천입니다. 활용할 수 있는 소스는 무궁무진합니다. 각 언어의 사전은 오랜 시간 동안 네이밍의 중요한 자료로 사용되어 왔고, 신화 속 신이나 등장인물의 이름도 여전히 유용한 네이밍 소재입니다. 책 제목, 주인공 이름, 단어나 구절도 참고할 수 있으며, 신문 기사나 인터넷 뉴스에서도 유용한 키워드를 발견할 수 있습니다. 음악의 아티스트 이름, 노래 제목이나 가사, 영화나 드라마의 제목과 등장인물 또한 좋은 소스가 될 수 있습니다.

구글 지도를 활용해 잘 알려지지 않은 지명을 찾아보거나, 외국 인명, 컬러 이름, 동물, 식물, 광물, 별자리, 전문 용어 등도 네이밍에 유용한 소스가 될 수 있습니다. 이 책에서는 네이밍에 참고할 수 있는 다양한 소스를 제공합니다. 신화 속 신의 이름, 순우리말, 접두사/접미사, 의성어/의태어, 문학작품의 등장인물, 외국 인명, 세계 지명, 음악 밴드명, 외국어 컬러 이름 등을 편리하게 활용할 수 있습니다. 뿐만 아니라 영어, 라틴어, 이탈리아어, 프랑스어, 스페인어 등 네이밍에 활용할 수 있는 다양한 어휘를 함께 소개하고 있습니다. 아래 QR 코드를 통해 자료를 받으실 수 있습니다.

2. 브랜드 네이밍 기법

1) 원래 있는 말을 그대로 활용하는 방법

단어 그대로 사용

애플(APPLE)처럼 원래 사용되는 단어나 숙어를 변형하지 않고 그대로 사용하는 방법이 있습니다. 사전에 있는 단어, 방언, 속어, 관용어 등을 활용하여 친숙한 느낌을 줄 수 있습니다. 단어를 단독으로 사용하거나, 업종이나 아이템을 앞이나 뒤에 결합하여 사용할 수도 있습니다.

명사, 대명사, 동사, 형용사, 부사, 감탄사 등 다양한 품사를 활용할 수 있습니다. 기본적으로는 한자어를 포함한 우리말과 영어가 자주 사용되며, 라틴어, 프랑스어, 이탈리아어, 스페인어, 독일어 같은 외국어도 많이 활용됩니다. 일본어, 중국어, 베트남어 등은 일반적으로 덜 사용되지만, 해당 국가와 관련된 브랜드에서는 쓰이기도 합니다. 최근에는 스웨덴어, 노르웨이어, 덴마크어, 핀란드어 등 북유럽 언어를 사용하는 경우도 늘고 있습니다. 흔한 외국어는 이미 많이 사용되어 신선함이 떨어질 수 있기 때문입니다.

업종의 특성, 브랜드의 콘셉트, 제품 또는 서비스의 특징과 지향하는 가치를 반영하여 네이밍을 진행합니다. 때로는 제품이나 서비스와 직접적 관계가 없지만, 발음이 유사한 단어를 사용하는 경우도 있습니다. 단어를 그대로 사용하는 방식의 장점은 이미 익숙한 단어이기 때문에 기억하기 쉽다는 점입니다. 또한, 브랜드의 특성을 반영한 네임은 고객이 브랜드 네임만 보고도 제공하는 제품이나 서비스를 쉽게 유추할 수 있게 합니다.

하지만 좋은 단어는 이미 다른 업체가 선점한 경우가 많아, 유사한 사업 분야에서는 사용하지 않는 것이 좋습니다. 다른 업종에서 널리 인식된 이름이라면 상표 등록이 가능하더라도 피하는 것이 바람직합니다. 또한, 흔히 사용되는 단어는 검색에서 불리할 수 있으며, 브랜드 인지도를 높이기 위해 더 많은 마케팅 비용이 필요할 수 있습니다.

업종을 상징하거나 연상시키는 물건의 이름을 사용해 네이밍할 수도 있지만, 상표 등록이 거절될 수 있으므로 주의가 필요합니다. 상표 심사에서는 식별력 부족이나 기술적 표장(제33조 제1항 제3호) 등이 거절 사유가 될 수 있습니다. 또한, 단어의 의미와 브랜드와의 직접적인 연관이 없더라도 각 음절에 새로운 의미를 부여한 약어 형태로 사용할 수 있습니다. 예를 들어, '양념 파트너'를 줄여 '양파'라고 부를 수 있습니다.

인명을 사용

사람의 이름을 그대로 사용하는 방법도 있습니다. 보통 업종 이름을 뒤에 결합해 사용하며, 대표자나 가족의 이름을 활용하는 경우가 많습니다. 이 방식의 장점은 네이밍이 비교적 쉽고, 본인이나 가족의 이름을 걸고 사업을 한다는 점에서 신뢰감과 친근함을 줄 수 있습니다.

그러나 평범하거나 널리 알려지지 않은 이름은 기억하기 어려울 수 있으며, 이름에 사용된 인물이 사회적 물의를 일으키거나 부정적인 인식이 생길 경우 지속적으로 사용하기 어려울 수 있습니다. 또한, 흔한 이름은 이미 동명이인에 의해 등록되어 상표 등록이 어려울 수 있으며, 유명인과 동일한 이름의 경우에도 상표 등록이 어려울 수 있습니다. 예) 아롱이네

지명을 사용

지명을 그대로 사용하는 방법도 있습니다. 이때 업종이나 아이템을 결합하거나 번지수를 의미하는 숫자를 추가하기도 합니다. 지명을 사용하는 장점은 네이밍이 비교적 쉽고, 해당 지명이 유명해지면 브랜드도 함께 인지도를 얻을 수 있다는 점입니다.

하지만 너무 흔한 지명은 변별력이 부족해 상표 등록이 거절될 수 있습니다. 상표법 제33조 제1항 제4호에 따르면, 널리 알려진 지리적 명칭이나 그 약어, 또는 지도만으로 된 상표는 거절 사유가 됩니다. 여기에는 국가명, 국내 특별시, 광역시, 도, 시·군·구 명칭, 산, 강, 호수, 섬, 관광지, 번화가, 해외 유명 지명 등이 포함됩니다. 반면, 잘 알려지지 않은 시골 마을의 이름은 해당하지 않습니다. 또한, 산지의 명칭을 기반으로 한 이름은 상표법 제33조 제1항 제3호에 따라 거절될 수 있습니다. 예) KEILA(에스토니아 지명)

의존 형태소를 사용

형태소는 일정한 의미를 가진 가장 작은 말의 단위를 의미합니다. 예를 들어, '김치찌개'는 '김치'와 '찌개'가 각각 형태소입니다. 영어 단어 'Pancake'는 'Pan'과 'Cake'가 형태소입니다.

형태소 중에서 의존 형태소는 단독으로 사용되지 않고 다른 말에 의존하여 사용됩니다. 예를 들어, 어간, 어미, 접사, 조사 등이 이에 해당합니다.

영어에서 의존 형태소로는 re- (다시, 뒤로), pro- (앞으로), pre- (이전의, 미리), co- (함께), inter- (상호간의), acro- (높은), aero- (공기), astro- (별), cryo- (얼음), geo- (지구, 토양), -ate (하게 하다), -ize (되게 하다), -dom (상태, 조건, 영토) 등이 있습니다.

우리말에서의 의존 형태소로는 먹- (먹다), 마시- (마시다), 자- (자다), 놀- (놀다), 읽- (읽다), 핵- (강조의 의미), -왕 (王), -각 (閣), -촌 (村), -네 (어떤 부류에 속하는 사람) 등이 있습니다. 예) CRYO

단어 조합

원래의 단어를 변형하지 않고 그대로 조합하는 방법입니다. '단어 그대로 사용하는 방법'처럼 단어의 원형을 유지하면서 합성어나 조사를 추가하여 조합할 수 있습니다. 영어 단어의 경우, 의미를 살리기 위해 띄어쓰기를 하기도 하고, 길이가 짧거나 결합된 형태가 유리할 때는 하나의 단어처럼 표기하기도 합니다. 한글에서는 일반적으로 단어를 붙여서 쓰며, 길이가 4~5음절을 넘으면 가독성이 떨어질 수 있습니다. 예) SOLAR + STAR = SOLARSTAR

단어를 조합하면서 묵음이나 약한 음을 삭제

두 개의 단어를 조합하면서 앞 단어의 묵음이나 약한 소리를 내는 문자를 삭제하는 방법입니다. 이 방식은 의미나 발음을 살리면서 이름의 길이를 줄일 수 있습니다. 예) SOLAR + STAR = SOLASTAR

설명형 문장 구성

원래 단어를 변형하지 않고 조합하여 문장이나 구 형태로 만드는 방법입니다. 음식점 이름 등에서 자주 사용됩니다. 이 방식은 명확한 의미 전달이 가능하지만, 길이가 길어지는 단점이 있습니다. 특정 단어를 강조하지 않으면 상표 등록 가능

성이 높아질 수 있습니다. 예) 오늘도 만드는 족족

단어 반복
같은 단어를 반복하여 사용하는 방법입니다. 1~3음절의 원래 있는 단어를 반복하여 2~6음절의 네임을 만드는 것입니다. 단어 반복을 통해 강조, 친근함, 리듬감을 줄 수 있으며, 구별성을 높일 수도 있습니다. 그러나 새로운 관념을 창출하지 않는 한, 상표 심사 결과에서는 원래 단어만으로 출원했을 때와 결과가 크게 다르지 않을 수 있습니다. 예) 비프비프

2) 원래 있는 말에 변화를 주는 방법

동일 또는 유사한 발음의 다른 철자로 변경
기존 단어의 철자를 변경하여 형태를 달리하는 방법입니다. 발음은 동일하거나 유사하게 유지됩니다. 예를 들어, '요리하다'의 영어 단어 'COOK'을 'KOOK', 'QOOK', 'COOQ', 'COOC', 'CUK' 등으로 변형할 수 있습니다. 철자를 C를 K나 Q로, K를 Q나 C로, OO를 U로 바꿔도 비슷한 느낌을 줍니다.

일부 철자를 다른 느낌으로 변경
원래 단어의 철자를 변경하여 발음과 느낌을 다르게 만드는 방법입니다. COOK을 POOK, FOOK, SOOK, COOX와 같이 철자를 변경하여 원래 단어의 느낌을 일부 남기면서 변화하는 것입니다.

일부 철자를 생략
원래 단어의 철자를 생략하여 새로운 브랜드 네임을 만드는 방법입니다. 예를 들어, 'COOK'에서 'OOK', 'COO', 'COK'처럼 철자를 생략하거나 변형하여 네

임을 만들 수 있습니다. 머리나 꼬리, 또는 일부만 남기는 방식으로 변화를 줄
수 있습니다.

일부 철자를 추가

원래 있는 단어에 철자를 추가하여 새로운 브랜드 네임을 만드는 방법이 있습니
다. 영문에서는 A, S, Y, X 등의 철자를 추가하여 만드는 경우가 흔합니다. 스타
벅스(STARBUCKS)는 허먼 멜빌의 소설 모비딕(Moby-Dick)에 등장하는 일등 항
해사의 이름인 스타벅(Starbuck)에 's'를 추가하여 만든 네임입니다. 예) YES + Y =
YESY

소리 나는 대로 표기

단어를 원래 철자 대신 소리 나는 대로 표기하여 네임을 만들 수 있습니다. 연음,
구개음화, 된소리되기, 자음동화 등 발음 규칙을 반영하여 소리 나는 대로 표기
하는 방법입니다. 다만 PC나 스마트폰에서 문자가 인식되지 않아 '?'로 표시될 수
있어 주의가 필요합니다. 예) 맛있군 → 마시꾼

단어의 철자 순서를 바꿈

브랜드 네임을 만들 때 철자를 거꾸로 표기하거나 애너그램(Anagram) 방식으로
문자의 순서를 바꿀 수 있습니다. 예를 들어, COOK을 거꾸로 표기하면 KOOC
이 되며, 순서를 바꾸면 COKO, OKOC, OCOK, OOCK, KOCO 등 새로운
발음이 가능한 단어를 만들 수 있습니다. "One"의 순서를 바꾸면 "Neo"가 되
고, "Earth"는 "Heart"로, "Listen"은 "Silent"가 됩니다. "Hello"를 거꾸로 표기하면
"Olleh"가 되고, "Dog"은 "God", "Pizza"는 "Azzip"이 됩니다. 한국어에서도 "피노
키오"를 순서를 바꾸면 "키노피오"가 되고, "문전박대"를 거꾸로 표기하면 "대박
전문"이 됩니다.

3) 새로운 말을 만들어내는 방법

영문 이니셜 표기

복수의 단어로 이루어진 긴 이름을 2자 또는 3자의 알파벳 조합으로 줄여 사용하는 방식이 있습니다. 주로 대기업의 사명에 많이 사용되지만, 브랜드 네임으로도 활용할 수 있습니다. 한글 네임을 영문으로 표기할 때 길이가 길거나 어색하면, 한글 음절 단위로 분리해 영문 이니셜로 표현하기도 합니다. 사업 영역을 확장할 때 기존 네임이 제약이 될 경우, 이니셜 방식을 활용해 새로운 의미를 부여할 수 있습니다.

한글을 영문 이니셜로 변환할 때는 '국어의 로마자 표기법'을 따르거나 일부 변형해 사용할 수 있습니다. 예를 들어 'ㄴ', 'ㅁ', 'ㅅ'은 각각 N, M, S로 표기하지만, 'ㄱ'은 G 대신 K로, 'ㅈ'은 J 대신 'Ch'로 표기하는 경우도 있습니다. 영문 표기 방식, 특히 초성으로 어떤 알파벳을 선택하느냐에 따라 네임이 달라지므로 전략적으로 선택해야 합니다.

기존 네임의 알파벳 초성을 사용하거나, 필요에 따라 문자를 추가해 새로운 네임을 만들기도 합니다. 또한, 좋은 이니셜을 염두에 두고 새로운 단어를 조합해 네임을 만들기도 합니다. 이니셜 네임은 직접적인 연상이 적어 다양한 사업 분야로 확장하기에 유리하지만, 짧은 길이 때문에 유사한 네임이 많아 상표 등록에 어려움을 겪을 수 있으며, 브랜드 홍보에 추가 비용이 들 수 있습니다.

한글 초성 약어

영문 알파벳이 아닌 ㄱ, ㄴ, ㄷ과 같은 한글 음소를 활용한 브랜드 네임도 고려할 수 있습니다. 음소는 완성된 문자가 아니므로 도형복합 형태로 출원이 가능합니다. 하지만 의미 전달이나 검색이 어려울 수 있어, 경우에 따라 별도의 발음 가능

한 이름이 필요할 수 있습니다. 예) 아메리카노 → ㅇㅁㄹㅋㄴ

중복 문자 생략 및 합성

앞 단어의 끝과 동일한 문자 또는 패턴으로 시작하는 단어를 결합하여 중복되는 문자를 생략하는 방법입니다. 예) PRIMO + ORA = PRIMORA, COFFEE + FEEL = COFFEEL

전체와 일부 합성(A+Bb=Ab, Aa+B=AB)

중심이 되는 한 단어에 다른 단어의 일부를 결합하는 방식입니다. 예) CLEAN + ANDROID = CLEANOID

앞앞 합성(Aa+Bb=AB)

앞 단어의 앞 부분과 뒤 단어의 앞 부분을 합성하여 새로운 말을 만드는 방법입니다. 예) FLOR + VIENTO = FLOVIEN

앞뒤 합성(Aa+Bb=Ab)

앞 단어의 앞 부분과 뒤 단어의 뒤 부분을 합성하여 새로운 말을 만드는 방법입니다. 예) 베트남 + 레스토랑 = 베스토랑

뒤앞 합성(Aa+Bb=aB)

앞 단어의 뒤 부분과 뒤 단어의 앞 부분을 합성하여 새로운 말을 만드는 방법입니다. 예) HOLA + HORA = OLAHORA

뒤뒤 합성(Aa+Bb=ab)

앞 단어의 뒤 부분과 뒤 단어의 뒤 부분을 합성하여 새로운 말을 만드는 방법입니다. 거의 사용되지 않는 방식입니다. 예) ROBOT + COCKTAIL = BOTTAIL

앞뒤뒤 합성(Aa+Ab=Aab)

두 개 단어의 공통된 앞 음절과 뒤 음절을 차례로 결합하여 새로운 말을 만드는 방법입니다. 우리말 네이밍에서 앞의 음절이 동일한 경우 활용할 수 있습니다. 예) 치킨 + 치즈 = 치킨즈

국문과 외국어의 조합

우리말과 외국어를 조합하여 네이밍 하는 방법입니다. 예) 차(車) + ONE = CHAONE

세 개 이상의 말을 합성

세 개 이상의 말을 합성하는 방법입니다. 예) VALUE + ONLY + UNIQUE = VONIQUE

의존 형태소 결합

기존의 단어에 의존 형태소를 결합하여 의존 형태소의 의미를 부가하는 방법입니다. 토피아(topia), 피아(pia), 에버(ever), 이즘(ism), 아이(i), 이(e) 등이 활용됩니다. 예) LOOK + ISM = LOOKISM

한자 조합으로 새로운 말을 만들어 냄

한자를 조합하여 새로운 의미의 말을 만들어내는 방식입니다. 영어나 외국어 느낌의 한자어를 만들 수 있습니다. 예) 파미래(波美來), 다임(多任)

한자 조합으로 중의적인 표현

기존에 사용되고 있는 말과 동일하지만 다른 한자를 사용하여 새로운 의미를 만드는 것입니다. 예) 인생(人生 → 引生), 초미(焦眉 → 草美)

관사나 전치사를 결합

정관사 'the' 또는 부정관사 'a', 'an'을 단어 앞에 추가하여 브랜드 네임을 만드는 방법입니다. 특히 한 음절이나 두 음절의 짧은 영어 단어에 'the'를 붙여 음절을 늘리고 구별성을 부여할 수 있습니다. 'the'는 발음이 '더'로 들려, 'more'의 의미를 담기도 합니다. 예) THE ZOOM, THE DOSE

숫자를 활용

숫자만 단독으로 사용하거나, 네임에 결합하여 새로운 의미를 부여하는 방법이 있습니다. 의미 있는 숫자(예: 7, 24, 365)를 활용하거나, 제품의 성분, 제조, 용법, 종류, 용량, 가격 등을 나타내는 숫자를 사용할 수 있습니다. 또한 매장의 주소(도로명 주소나 번지수), 창립자의 출생 연도, 사업 개시 연도 등의 숫자도 활용할 수 있습니다. 경우에 따라 숫자의 발음이나 형태가 유사한 숫자를 사용하는 방법도 있습니다.

자주 사용되는 숫자의 예로는 다음과 같습니다.

예) 0 (zero): '없음'을 의미 / 7: 행운의 숫자 / 8: 중국에서 선호하며 무한대 기호와 유사 / 24: 하루 24시간을 의미 / 31: 한 달 31일 / 60: 60초, 60분 / 365: 일 년 365일 / 36.5: 체온 / 99.9: 높은 순도 / 100: 완전함

특수문자 등 기호 활용

기호만 단독으로 사용하거나 기호를 네임에 결합하여 새로운 의미를 부여하는 방식이 있습니다. 예) 9‰(퍼밀)

시각적 대칭 네이밍

의미보다는 시각적 효과를 강조하여, 철자의 배치를 좌우 대칭으로 만들어 네이밍하는 방법입니다. 회문(palindrome) 또는 팰린드롬은 똑바로 읽거나 거꾸로 읽어도 동일한 단어를 의미합니다. 예를 들어, 'RADAR', 'ESSE', 'REFER', '기러

기', '토마토', '스위스'가 있습니다. 시각적 대칭 네이밍은 이러한 회문을 의도적으로 만들어내는 방식입니다. 예) AVAVA, lilil

줄임말을 활용한 네이밍

긴 문장을 줄여서 짧게 만드는 네이밍 방법입니다. 예) AT THE MOMENT → ATM

동음 반복 네이밍

같은 말을 반복하여 새로운 네임을 만들어 내는 방식입니다. 예) 쏨쏨

발음이 비슷한 이름

발음이 비슷한 이름을 만드는 방법입니다. 예) BELIEVE → BELIVE

의미 없는 단어

의미가 없는 새로운 단어를 만들어내는 방법이 있습니다. 이 방법은 상표 등록 가능성을 높이고 특정한 이미지가 연상되지 않는 무색무취의 브랜드 네임을 만들 때 유용합니다. 모음이 포함된 알파벳들을 무작위로 조합하거나, 특정 단어의 알파벳 순서를 바꾸거나 변형하여 새로운 단어를 만들 수 있습니다. 영문 아이디어가 떠오르지 않을 때는 한글로 음절 단위로 조합한 후, 이를 영문으로 표기하는 것도 좋은 방법입니다.

3. 언어별 브랜드 네이밍

브랜드 네이밍에는 우리말, 영어, 라틴어, 프랑스어, 이탈리아어, 스페인어, 독

일어 등 다양한 언어가 활용됩니다. 우리말은 앞에서 언급한 네이밍 소스인 사전, 책, 뉴스, 예술작품, 대중문화, 고사성어, 속담, 자연이나 사물의 이름 등에서 아이디어를 얻을 수 있습니다. 따라서 우리말 관련하여 간단하게 몇 가지만 소개해 드리겠습니다.

우리말의 특징 중의 하나는 용언의 활용이 매우 다양하다는 점입니다. 사전에는 기본형만 등재되어 있지만, 실제 생활에서는 다양한 형태로 변형되어 사용됩니다. 이러한 활용형을 잘 활용하면 업종과 관련된 동사나 형용사로 효과적인 네임을 찾을 수 있습니다.

[표] 우리말 용언의 활용 예시

기본형	평서형 종결어미	하라체 (간접명령) 종결어미	의문형 종결어미	감탄형 종결어미	청유형 종결어미	대등적 연결어미	명사형 전성어미 (-기)	명사형 전성어미 (-ㅁ)	관형사형 전성어미
가다 GADA	간다 GANDA	가라 GARA	가니 GANI	가네 GANE	가자 GAJA	가고 GAGO	가기 GAGI	감 GAM	갈 GAL
고르다 GORDA	고른다 GORNDA	고르라 GOREURA	고르니 GORNI	고르네 GORNE	고르자 GORJA	고르고 GORGO	고르기 GORGI	고름 GOREUM	고를 GOREUL
그리다 GRIDA	그린다 GRINDA	그리라 GRIRA	그리니 GRINI	그리네 GRINE	그리자 GRIJA	그리고 GRIGO	그리기 GREEGI	그림 GREEM	그릴 GRIL
나누다 NANUDA	나눈다 NANUNDA	나누라 NANURA	나누니 NANUNI	나누네 NANUNE	나누자 NANUJA	나누고 NANUGO	나누기 NANUGI	나눔 NANUM	나눌 NANUL
나오다 NAODA	나온다 NAONDA	나오라 NAORA	나오니 NAONI	나오네 NAONE	나오자 NAOJA	나오고 NAOGO	나오기 NAOGI	나옴 NAOM	나올 NAOL
날다 NALDA	난다 NANDA	날라 NALLA	나니 NANI	나네 NANE	날자 NALJA	날고 NALGO	날기 NALGI	낢 NARM	날 NAL
놀다 NOLDA	논다 NONDA	놀라 NOLLA	노니 NONI	노네 NONE	놀자 NOLJA	놀고 NOLGO	놀기 NOLGI	놂 NORM	놀 NOL

돌리다 DOLIDA	돌린다 DOLINDA	돌리라 DOLIRA	돌리니 DOLINI	돌리네 DOLINE	돌리자 DOLIJA	돌리고 DOLIGO	돌리기 DOLIGI	돌림 DOLIM	돌릴 DOLIL
드리다 DRIDA	드린다 DRINDA	드리라 DRIRA	드리니 DRINI	드리네 DRINE	드리자 DRIJA	드리고 DRIGO	드리기 DRIGI	드림 DRIM	드릴 DRIL
보다 BODA	본다 BONDA	보라 BORA	보니 BONI	보네 BONE	보자 BOJA	보고 BOGO	보기 BOGI	봄 BOM	볼 BOL
살다 SALDA	산다 SANDA	살라 SALLA	사니 SANI	사네 SANE	살자 SALJA	살고 SALGO	살기 SALGI	삶 SARM	살 SAL
세우다 SEUDA	세운다 SEUNDA	세우라 SEURA	세우니 SEUNI	세우네 SEUNE	세우자 SEUJA	세우고 SEUGO	세우기 SEUGI	세움SEUM	세울 SEUL
쉬다 SHIDA	쉰다 SHINDA	쉬라 SHIRA	쉬니 SHINI	쉬네 SHINE	쉬자 SHIJA	쉬고 SHIGO	쉬기 SHIGI	쉼 SHIEM	쉴 SHIEL
알다 ALDA	안다 ANDA	알라 ALLA	아니 ANI	아네 ANE	알자 ALJA	알고 ALGO	알기 ALGI	앎 ARM	알 AL
오다 ODA	온다 ONDA	오라 ORA	오니 ONI	오네 ONNE	오자 OJA	오고 OGO	오기 OGI	옴 OM	올 OL
오르다 ORDA	오른다 OREUNDA	오르라 OREURA	오르니 ORNI	오르네 ORNE	오르자 ORJA	오르고 ORGO	오르기 ORGI	오름 OREUM	오를 OREUL
타다 TADA	탄다 TANDA	타라 TARA	타니 TANI	타네 TANE	타자 TAJA	타고 TAGO	타기 TAGI	탐 TAM	탈 TAL
풀다 PULDA	푼다 PUNDA	풀라 PULLA	푸니 PUNI	푸네 PUNE	풀자 PULJA	풀고 PULGO	풀기 PULGI	품 POOM	풀 PUL
팔다 PALDA	판다 PANDA	팔라 PALLA	파니 PANI	파네 PANE	팔자 PALJA	팔고 PALGO	팔기 PALGI	팖 PARM	팔 PAL
피우다 PIUDA	피운다 PIUNDA	피우라 PIURA	피우니 PIUNI	피우네 PIUNE	피우자 PIUJA	피우고 PIUGO	피우기 PIUGI	피움 PIUM	피울 PIUL
하다 HADA	한다 HANDA	하라 HARRA	하니 HANI	하네 HANE	하자 HAJA	하고 HAGO	하기 HAGI	함 HAAM	할 HAAL

순우리말을 네이밍에 사용할 때는 온라인 정보의 정확성을 꼭 확인해야 합니다. 블로그 등에서 얻은 정보에는 오류가 많으므로 사전을 참고하는 것이 좋습니다. 네이버 오픈사전처럼 사용자 참여 사전도 오류가 많으므로 사용하기 전에 추가 확인이 필요합니다. 예를 들어, 난이, 라온힐조, 라움, 산다라, 수피아, 씨밀레, 아띠, 아리아, 아토, 예그리나, 옛살비, 초아, 터알, 해밀 등은 근거 없는 순우리말입니다.

우리말 네이밍에서는 다양한 방법을 사용할 수 있습니다. 영어 발음과 유사한 우리말을 활용하거나(예: vertigo – 버티고), 영어 발음과 유사한 한자어를 새롭게 만들어내기도 합니다(예: urban – 魚飯). 또한 동음이의어를 활용하기도 합니다(예: 지음 – 知音). 유사 발음의 다른 단어로 대체하는 방식도 자주 사용됩니다.(예: 게 → 개, 돼지 → 되지, 배달은 → 배다른).

우리말 단어를 찾을 때 특정 음절로 끝나는 단어를 찾으려면 워드로(www.wordrow.kr) 사이트가 유용합니다. 이 사이트에서는 음절 길이에 따라 원하는 단어를 쉽게 검색할 수 있습니다. 아래는 워드로에서 '나'로 끝나는 2음절 단어를 검색한 결과입니다.

우리말로 네이밍할 때는 영문 표기도 함께 고려해야 합니다. 영문 표기가 복잡하거나 길어질 수 있으므로, 네이밍 단계에서 함께 결정하는 것이 좋습니다. 표기 방식에는 우리말을 그대로 옮기거나, 한국어 발음을 반영하여 표기하는 방법이 있으며, 경우에 따라 의미에 맞는 영어 단어로 표기할 수도 있습니다. 영문 표기가 중요한 경우는 아니더라도, 웹사이트나 이메일 계정 등에서 영문 이름이 필요할 수 있으므로 긴 이름은 약어나 축약형으로 단축할 수 있습니다.

외국어로 네이밍할 때는 문법보다는 기본적인 원리나 발음을 이해하는 것이 중요

WORDROW | 끝나는 단어 · 메뉴 ·

♥워드 아트 | 시작 | 끝 | 사전 | 초성 | 속담 | 한자 | 사투리

←

Google 광고

의견 보내기 | 이 광고가 표시된 이유 ⓘ

▶ **나로 끝나는 두 글자의 단어: 120개**

•한 글자:1개 ●두 글자: 120개 •세 글자:295개 •네 글자:227개 •다섯 글자:191개 •여섯 글자 이상:539개 •모든 글자:1,373개

- 口나 : (1)-뿐이랴.
- 성나 : (1)'성냥'의 방언
- 요나 : (1)'요나하다'의 어근. (2)구약 성경 중의 요나서에 전하는 이스라엘의 예언자. 하나님의 명령을 어기고 달아나는 도중에 바다에서 폭풍을 만나, 큰 물고기의 배 속에서 3일간을 지내다가 기도에 의하여 구원을 받았다고 한다.
- 선나 : (1)죄인을 임금에게 아뢰기 전에 먼저 잡던 일. (2)마음을 한곳에 모아 고요히 생각하는 일. (3)'조금'의 방언 (4)'조금'의 방언
- 맨나 : (1)'맨날'의 방언
- 세나 : (1)'셋'의 방언 (2)'-세'를 좀 더 친근하게 나타내는 종결 어미.
- 뺀나 : (1)'만날'의 방언
- 부나 : (1)독일에서 발명된 합성 고무의 하나. 아세틸렌에서 얻은 뷰타다이엔을 중합하여 만든 것으로 기름이나 열 따위에 견디는 성질은 천연고무를 능가하나 생산비가 많이 든다. 상품명에서 나온 말이다.
- 그나 : (1)'그네'의 방언 (2)'그러나'의 방언 (3)인도 타악기의 일종으로, 춤이나 제의에서 무용수가 들고 두드리는 악기. 한국의 소고와 유사하며, 히말라야 지대의 사람들이 사용한다.

[그림] 워드로 사이트

합니다. 특히 영어는 네이밍의 기본 언어로, 라틴어, 이탈리아어, 프랑스어, 스페인어 등에서 유래한 이름들도 영어식 표기와 발음을 따릅니다. 이는 우리나라뿐만 아니라 영어권 국가에서도 마찬가지입니다.

영문에서 사용하는 26개의 알파벳은 로마자(라틴 문자)입니다. 우리나라에서 국문을 알파벳으로 표기할 때 이를 로마자 표기법이라고 합니다. 로마자를 사용하는 대표적인 언어는 영어로, 로마자로 표기된 단어를 영어식으로 읽고 인식하는 경향이 있습니다. 때로는 문자 위에 악센트나 움라우트와 같은 기호가 있거나, 영문에서 보지 못한 문자가 포함된 경우, 또는 la, le, les와 같은 정관사가 붙은 경우 프랑스어나 이탈리아어 등으로 혼동할 수 있습니다.

영어 외에도 외국어 네이밍에서 많이 사용되는 언어로는 라틴어, 이탈리아어, 프랑스어, 독일어 등이 있습니다. 이들 언어의 주요 특징은 알파벳이 거의 동일하지만, 특정 언어에서는 일부 알파벳을 사용하지 않거나 추가적인 알파벳을 사용할 수 있습니다. 발음은 전체적으로 유사하지만, 일부 알파벳(특히 G, H, J, R, V, W, Z)의 발음 방식이 다를 수 있습니다.

아래 표에서 '이름'은 영어에서 알파벳을 부르는 명칭을 나타내며, '발음'은 해당 언어에서 알파벳의 음가를 뜻합니다. 영어에서 'a'는 여러 방식으로 발음되지만, 다른 외국어에서는 주로 우리말 '아'와 유사하게 발음됩니다. '단어'는 해당 알파벳으로 시작하는 단어의 예시를 보여줍니다. 발음은 유사한 한글 발음으로 표기하여 외국어를 모르는 분도 쉽게 이해할 수 있도록 했습니다.

외국어 네이밍의 목적은 어휘를 활용하는 것이므로, 세부적인 문법보다는 언어의 대략적인 특징, 표기, 발음, 단어 등을 중심으로 살펴보겠습니다.

[표] 외국어 표기 및 발음 특징

로마자 알파벳	구분	고전 라틴어	이탈리아어	프랑스어	스페인어	독일어
A	이름 발음 단어	아 아 aer(아에르, 공기)	아 아 attimo(아띠모, 순간)	아 아 ami(아미, 친구)	아 아 amor(아모르, 사랑)	아 아 Auto(아우토, 자동차)
B	이름 발음 단어	베 ㅂ, ㅃ bene(베네, 좋게)	비 ㅂ bacio(바치오, 키스)	베 ㅂ blanc(블랑, 하얀)	베 ㅂ bosque(보스께, 숲)	베 ㅂ, ㅍ(b로 끝나는 단어) Blumen(블루멘, 꽃)
C	이름 발음 단어	께(교회라틴어 췌) ㄲ, ㅋ cara(까라, 사랑하는)	치 ㅊ(i, e 앞), ㄲ(a, o, u 등 기타 앞) casa(까자, 집)	쎄 ㅆ(e, i 앞), ㄲ/ㅋ(다른 모음, 자음 앞) charmant(샤흐멍, 매력적인)	쎄 ㅆ(e, i 앞), ㄲ(다른 모음, 자음 앞) claridad(끌라리닷, 밝음/맑음)	체 ㅊ, ㅅ, ㅋ Clown(클라운, 어릿광대)

D	이름 발음 단어	데 ㄷ domus(도무스, 집)	디 ㄷ dolce(돌체, 달콤한)	데 ㄷ diamant(디아멍, 다이아몬드)	데 ㄷ Dios(디오스, 신)	데 ㄷ, ㅌ(d로 끝나는 단어) Drache(드라헤, 용)
E	이름 발음 단어	에 에 ego(에고, 자아)	에 에 eterno(에떼르노, 영원)	으, 에 으, 에(철자기호 또는 뒤에 자음 2개) esprit(에스프리, 영혼)	에 에 estrella(에스뜨레야, 별)	에 에 edel(이들, 고귀한)
F	이름 발음 단어	에프 ㅍ(영어 F 발음) faber(파베르, 장인)	애페 ㅍ(영어 F 발음) formaggio(포르마찌오, 치즈)	에프 ㅍ(영어 F 발음) fromage(프호마쥬, 치즈)	에페 ㅍ(영어 F 발음) felicidad(펠리씨닷, 행복)	에프 ㅍ(영어 F 발음) Farbe(파르베, 빛깔/색채)
G	이름 발음 단어	게 (교회라틴어 제) ㄱgravis(그라위스, 무거운)	쥐 ㅈ(i, e 앞), ㄱ(a, o, u 등 기타 앞) grazia(그라찌아, 우아함)	줴 ㅈ(e, i 앞), ㄱ(다른 모음, 자음 앞) charmant(샤흐멍, 매력적인)	헤 ㅎ(e, i 앞), ㄱ(다른 모음, 자음 앞) gatito(가띠또, 새끼 고양이)	게 ㄱ, ㅋ(g로 끝나는 단어) Garten(가르튼, 정원)
H	이름 발음 단어	하(악까) ㅎ herba(헤르바, 약초)	악까 항상 묵음 hanno(안노, 갖다)	아슈(아쉬) 항상 묵음 hiver(이베흐, 겨울)	아체 항상 묵음 hora(오라, 시간)	하 ㅎ(h로 시작하는 단어), 묵음(그 외) Haus(하우스, 집)
I	이름 발음 단어	이 이, 반모음(영어의 y) ignis(잉니스, 불)	이 이 invito(인비또, 초대)	이 이 image(이마주, 이미지)	이 이 isla(이슬라, 섬)	이 이 Insel(인젤, 섬)
J	이름 발음 단어	없음(교회라틴어 요드)	이 룽가(외래자음) ㅈ jazz(재즈, 재즈)	쥐 ㅈ joli(졸리, 예쁜)	호따 ㅎ과 가까운 소리 joya(호야, 보석)	요트 반모음(영어의 y) Junge(융에, 소년)
K	이름 발음 단어	까(희랍어 표기) ㄲ	카파(외래자음) ㅋ kiwi(키위, 키위)	꺄 ㄲ, ㅋ klaxon(클랙손, 경적)	까(외래어 표기) ㄲ Kilogramo(킬로그라모, kg)	카 ㅋ klug(클루크, 영리한)
L	이름 발음 단어	엘 ㄹ lux(룩스, 빛)	엘레 ㄹ luce(루체, 빛)	엘르 ㄹ lac(라끄, 호수)	엘레 ㄹ liso(리쏘, 평탄한/매끄러운)	엘 ㄹ lecker(레커, 맛있는)
M	이름 발음 단어	엠 ㅁ, 비음 ㅇ(ŋ) mane(마네, 아침)	엠메 ㅁ mare(마레, 바다)	엠므 ㅁ maison(메종, 집)	에메 ㅁ milagro(밀라그로, 기적)	엠 ㅁ Meer(메아, 바다)

N	이름 발음	엔ㄴ, 비음 ㅇ(ŋ)	엔네 ㄴ	엔느 ㄴ	에네 ㄴ	엔 ㄴ
	단어	natura(나뚜라, 자연)	neve(네베, 눈(雪))	nuance(뉘앙스, 미묘한 차이)	nobleza(노블레싸, 고귀함)	niedlich(니틀리히, 달콤한/귀여운)
O	이름 발음	오 오	오 오, 어	오 오	오 오	오 오
	단어	omnia(옴니아, 모든 것)	onda(온다, 파도)	objet(오브제, 물체/대상)	oro(오로, 황금)	Obst(옵스트, 과일)
P	이름 발음	뻬 ㅃ	삐 ㅃ, ㅍ	뻬 ㅃ, ㅍ	뻬 ㅃ	페 ㅍ
	단어	puella(뿌엘라, 소녀)	passione(빠씨오네, 열정)	papillon(빠삐용, 나비)	paisaje(빠이싸헤, 풍경)	Prost!(프로스트, 건배)
Q	이름 발음	꾸 ㄲ	꾸 ㄲ	뀌 ㄲ, ㅋ	꾸 ㄲ	쿠 ㅋ
	단어	quoque(꾸어꾸에, ~까지도)	quadro(꽈드로, 4각/그림)	quasi(까지, 거의)	quieto(키에또, 평온한)	Quelle(크벨레, 샘)
R	이름 발음	에르 ㄹ	에레 ㄹ	에흐 ㅎ, ㄱ	에레 ㄹ, ㄹㄹ	에르 ㄹ, ㄱ, 아(모음)
	단어	ros(로스, 이슬)	Regno(레뇨, 왕국)	rose(호즈, 장미)	reina(레이나, 여왕)	rein(라인, 순수한)
S	이름 발음	에스 ㅅ	에쎄 ㅅ, ㅈ	에쓰 ㅆ, ㅅ	에쎄 ㅅ, ㅆ	에스 ㅅ, ㅈ(s 뒤에 모음이 올 때)
	단어	sono(소노, 소리)	saporito(사보리또, 맛있는)	쌍띠에(sentier, 오솔길)	suave(수와베, 부드러운)	Stern(슈테른, 별)
T	이름 발음	떼 ㄸ	띠 ㄸ, ㅌ	떼 ㄸ, ㅌ	떼 ㄸ	테 ㅌ
	단어	terra(떼라, 땅)	torta(또르따, 케이크/파이)	toujours(뚜쥬흐, 언제나)	tesoro(떼쏘로, 보물)	Turm(투름, 탑)
U	이름 발음	우(늦게 도입, V가 U로 사용)	우 우	우(위) 위, 으	우 우	우 우
	단어	urbs(우릅스, 도시)	uso(우조, 습관)	usine(위진, 공장)	uno(우노, 하나의)	unten(운텐, 아래에)
V	이름 발음	웨(베) 우	뷔 ㅂ(영어 V 발음)	베(붸) ㅂ(영어 V 발음)	우베 ㅂ(영어 b 발음)	파우 ㅂ(V 발음), ㅍ(F 발음)
	단어	volvo(월보, 구르다)	verde(베르데, 녹색의)	vache(바쉬, 암소)	vida(비다, 생명/일생)	verliebt(펠립트, 사랑에 빠진)
W	이름 발음	없음(교회라틴어 두 쁠류)	도피아부(외래자음) 우	드블루베 우	우베도블레(외래어 표기) ㅂ, 우	베(붸) ㅂ(영어 V 발음)
	단어		whisky(위스키, 위스키)	sandwich(상드위치, 샌드위치)	wifi(위피, 와이파이)	Wunder(분더, 기적)

X	이름	윅스(그리스어 유입)	익스(외래자음)	익스	에끼스	익스
	발음	크스	크스, ㅅ	ㄱ즈, ㄱ스, ㅅ, ㅈ	ㄱ스(모음 앞), 스(자음 앞, 맨 앞)	크스
	단어		xeno(크세노, 제논)	xylophone(그질로폰느, 실로폰)	Xantofila(산또필라, 황 색소)	Hexe(헥세, 마녀)
Y	이름	윕실롱(그리스어 유입)	입실론(외래자음) 이	이그헥 이	이그리에가이 yema(예마, 싹/노른자)	윕실론위
	발음	위				Yacht(야흐트, 요트)
	단어		yoga(요가, 요가)	yaourt(야우흐트, 요구르트)		
Z	이름	제따(그리스어 유입)	제따	제드	쎄따	체트
	발음	ㅈ	ㅈ, ㅉ, ㅊ	ㅈ	씨(영어 th 발음 θ)	ㅊ
	단어		zona(조나, 구역)	zoo(조, 동물원)	zafiro(싸피로, 사파이어)	Zeitgeist(차이트가이스트, 시대정신)
기타				ç(쎄디유)는 '스'로 발음	Ñ(에녜)는 '니(nn)'로 발음	Ä는 '애', Ö는 '외', Ü는 '위', ß는 '쓰'로 발음

1) 영어 네이밍

영어는 영국에서 유래한 언어로, 현재는 미국을 비롯한 전 세계에서 공용어로 사용되고 있습니다. 한국에서도 기본 외국어로서 브랜드 네이밍에 큰 영향을 미칩니다.

미국식, 영국식, 호주식 영어 등 사용하는 국가에 따라 문법, 어휘, 표기, 발음에 약간의 차이가 있지만, 의사소통에는 큰 문제가 없습니다. 한국에서는 미국식 영어가 더 친숙하여 브랜드 네이밍에도 주로 사용됩니다.

브랜드 네이밍에서는 영어 단어를 그대로 사용하기보다는 변형하거나 합성하는 경우가 많습니다. 이는 많은 단어가 이미 브랜드 네임에 사용되어 구별이 어렵고, 의미가 너무 직관적이어서 활용과 확장에 한계가 있으며, 도메인 확보와 상표 등록에서 제약이 따르기 때문입니다.

영어의 모음 발음은 다양하므로, 정확한 발음을 확인할 때는 사전의 발음 기호를 참고하고 원어민 발음을 들어보는 것이 좋습니다. 발음 확인을 위해 포르보(forvo.com), 바블라(bab.la), 유글리쉬(youglish.com), 내츄럴 리더(naturalreaders.com), 구글 등을 활용할 수 있습니다. 예를 들어, 구글에서 'fragrance 발음'을 검색하면 발음을 쉽게 확인할 수 있으며, 발음 방법, 입 모양, 미국식/영국식 발음 선택도 가능합니다.

단어 찾기
원하는 의미의 영어 단어는 온라인 사전을 통해 쉽게 찾을 수 있습니다. 많이 사용하는 온라인 사전은 다음과 같습니다.

- 네이버 사전: dict.naver.com

- 콜린스 코빌드 영영사전: collinsdictionary.com

- 캠브리지 영영사전: dictionary.cambridge.org

- 롱맨 영영사전: ldoceonline.com

- 옥스포드 영영사전: oxfordlearnersdictionaries.com

- 어반 딕셔너리 신조어 사전: urbandictionary.com

- 워드레퍼런스 다국어 사전: wordreference.com

- 글로스비 다국어 사전: glosbe.com

네이버 사전을 주로 활용하고, 다른 사전은 보조적으로 참고하면 좋습니다. 어반 딕셔너리는 신조어를 찾는 데 유용하지만, 참여형 사전이므로 신뢰도가 낮을 수 있습니다. 아이디어를 얻는 데는 도움이 될 수 있지만, 정보를 반드시 다른 소

[그림] 구글을 통한 외국어 발음 확인

스를 통해 확인하는 것이 좋습니다. 영어에 자신이 없을 경우 구글 번역(translate.google.co.kr)이나 네이버 파파고 번역(papago.naver.com)을 이용하면 편리합니다.

사전에서 단어를 찾을 때는 단어의 뜻을 올바르게 이해하는 것이 중요합니다. 단어의 의미를 잘못 이해하면 실수할 수 있습니다. 예를 들어, 냄새와 관련된 명사로는 smell, odor(odour), scent, fragrance, redolence, aroma, savor, stench, reek, stink 등이 있으며, 이들 단어는 각각 다른 뉘앙스를 가지고 있습니다. "clever", "wise", "smart", "bright"처럼 겉으로는 비슷해 보이는 단어들도 의미에 차이가 있습니다. 또한, 단어의 한글 설명을 동음이의어의 다른 뜻으로 잘못 이해할 수도 있습니다.

같은 단어라도 영어, 라틴어, 이탈리아어, 프랑스어, 스페인어 등에서 의미가 다를 수 있으므로, 각 언어에서의 의미 변화를 주의 깊게 살펴야 합니다.

대부분의 단어는 한 가지 뜻만 있는 것이 아닙니다. 한 단어가 긍정적인 의미와 부정적인 의미를 모두 가질 수 있으므로, 단어를 사용할 때는 그 모든 의미를 검토하는 것이 중요합니다. 특히 브랜드의 해외 진출을 고려할 때는 더욱 신중해야 합니다.

영어 네이밍에서 실수가 발생하는 주된 이유는 우리말 단어를 영어로 기계적으로 번역하려는 시도에서 비롯됩니다. 실수를 피하려면 다양한 사전을 참고하고, 예문을 통해 단어의 사용 방법을 확인하는 것이 좋습니다.

브랜드 네이밍에 유용한 사이트로는 윅셔너리(en.wiktionary.org)가 있습니다. 이 사이트에서는 단어를 검색하면 해당 단어가 사용되는 다양한 언어와 각 언어별 어원, 발음, 의미, 파생어, 다른 표기 등을 확인할 수 있으며, 활용형도 표제어로 등록되어 있어 유용합니다.

이 사이트는 영어뿐만 아니라 다른 외국어 네이밍에도 유용합니다. 전 세계 모든 언어의 어휘를 수록하는 것을 목표로 하는 프로젝트가 진행 중입니다. 예를 들어, 'ma'라는 단어를 검색하면 111개의 언어에서 사용되는 사례를 확인할 수 있습니다.

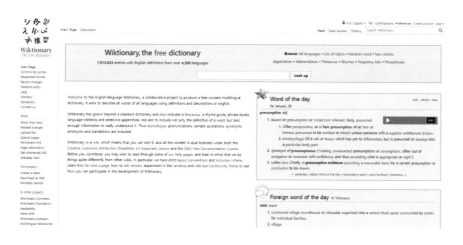

[그림] 윅셔너리(Wiktionary) 사이트

영어 네이밍을 하면서 특정 알파벳으로 시작하는 몇 글자의 단어를 찾아야 할 때는 워드파인드(wordfind.co.kr) 사이트가 유용합니다.

[그림] 워드파인드 사이트

워드파인드에서는 특정 알파벳으로 시작하거나 끝나는 단어, 특정 단어가 포함된 단어, 알파벳 순서를 바꾼 단어(아나그램 또는 스크래블) 등을 쉽게 찾을 수 있습니다. 특히 영문 이니셜 네이밍이나 알파벳 문자에 새로운 의미를 부여할 때 유용하며, 의미 없는 새로운 단어를 만들 때도 활용할 수 있습니다. 단, 단어의 의미 설명이 부족하므로 다른 사전과 함께 참고하는 것이 좋고, 너무 많은 단어가 표시되므로 기초 단어를 찾을 때는 블로그 등 다른 사이트도 참고하는 것이 좋습니다. 이 책의 별책 부록에서 외국어 어휘의 영어 편을 참고하시는 것도 좋은 방법입니다.

단어 조합

앞서 설명드린 것처럼, 영어 단어를 변형하거나 조합하여 네이밍할 때 접두사나 접미사가 자주 사용됩니다. 접두사와 접미사에 대한 자세한 내용은 별도의 부록을 참고하시기 바랍니다.

영문 단어를 조합할 때 주의할 점은 원래 단어의 조어 방식을 이해하고 적절히 활용하는 것입니다. 예를 들어, '유토피아(Utopia)'는 라틴어에서 유래된 단어로 'u+top+ia'의 조합으로 만들어졌습니다. 이는 그리스어 'ou(없음) + topos(땅) + ia(접미사)'에서 유래하여 '이 세상에 없는 땅'이라는 의미를 담고 있습니다. 따라서 '토피아(topia)'는 의미가 있지만, '피아(pia)'는 별다른 의미를 지니지 않을 수 있습니다.

또한, 단어를 절단하여 네이밍할 때는 절단된 부분이 의도한 의미를 제대로 전달하지 못할 수 있습니다. 예를 들어, '에듀케이(Educay)'는 'Education'과 'Play'를 결합한 네임이지만, 'Play'의 의미를 충분히 전달하지 못합니다. 이는 'Play'의 첫 음절이 더 작은 부분으로 나눠지지 않으며, 'ay'가 'Play'를 연상시키지 않기 때문입니다. 더 적절한 조합으로는 '에듀플레이(Eduplay)'나 '에듀플(Eduple)' 같은 방식이 있을 수 있습니다. '에듀플'은 한국어 표기의 '플' 음절을 영문으로 변형하여 활용한 예입니다.

합성하여 새롭게 만든 단어가 다른 언어에서 부정적인 의미로 사용되고 있는지 확인하는 것이 중요합니다. 예를 들어, PRAV와 Us를 조합해 프라버스(PRAVUS)라는 이름을 만들었다고 가정해 봅시다 사전을 찾아보니 다른 언어에는 특별한 의미가 없지만, 라틴어에서 '비뚤어진', '타락한', '사악한', '악의적인', '나쁜' 등의 부정적인 의미를 가진 단어가 존재합니다. 이런 경우에는 신중히 판단해야 합니다. 부정적인 의미가 어느 정도인지, 다른 언어에서도 비슷한 의미로 사용되는

지, 웹 검색에서 부정적인 결과가 나오는지 등을 종합적으로 고려해 결정을 내려야 합니다.

영어와 한국어의 음소 및 음절 구조가 다르고, 축약 방식도 차이가 있기 때문에 해외 진출을 고려할 때는 특히 네이밍에 주의가 필요합니다. 예를 들어, 영어 단어 'Application'은 4음절(ap-pli-ca-tion)이지만, 한국어 표기로는 6음절입니다. 영어에서는 'App(앱)'으로 줄여서 사용하지만, 한국어에서는 '앱'과 함께 '어플(appl)'도 자주 사용됩니다. '어플'은 '어플리케이션'에서 앞의 2음절을 따서 만든 축약형이며, 영어에서 주로 1음절로 축약하는 방식과 차이가 있습니다. 'Collaboration'도 영어에서는 'Collab'으로 줄이지만, 한국어에서는 '콜라보(Collabo)'로 줄입니다. 'Permanent' 역시 영어에서 'Perm'으로 줄이지만, 한국어에서는 '파마(Perma)'로 축약합니다.

이니셜 조합

이니셜 방식의 네이밍에서는 각 구성 단어의 의미뿐만 아니라, 알파벳의 시각적 조화와 발음도 중요합니다. 또한, 알파벳을 한글로 표기했을 때 어색하거나 부정적인 연상이 없어야 합니다. 의도적으로 기억하기 쉽고 긍정적인 느낌을 주는 작명도 고려할 수 있습니다.

[표] 영문 알파벳의 대표적 약자 및 한글 발음 특이점

	영어 약자		한글 발음 특이점		영어 약자	한글 발음 특이점
A a	A급, 에이스(Ace), 답(Answer), 암페어(Ampere), 최초, 높은	에이	감탄사 (부정적)	N n	북(North), 중립(Neutral), 아니요(N), 명사(Noun), and의 줄임말	엔 / 엔(에는), 엔(円)
B b	B급, Black(4B 등), 파랑(Blue)	비	비(rain), 비(非)	O o	맞음(O), 출력(Out), 산소(Oxygen)	오 / 오(五), 감탄사(긍정)

C c	섭씨(Celsius), 탄소(Carbon), 주장(Captain), 세기(Century)	씨	씨(Seed), 씨(氏), 감탄사(부정적)	P p	프리미엄(Premium) 플래티늄(Platinum), 합격(Pass), 주차장(Parking Lot)	피	피(Blood), 피(皮)
D d	드라이브(Drive), 디스크(Disk), 디지털(Digital), 아래(Down), 삭제하다(Delete), 날(Day)	디	–	Q q	질문(Question), 분기(Quarter)	큐	–
E e	에너지(Energy), 전자(Electronic), 에러(Error), 끝(End), 편집(Edit), 동(East)	이	대명사(This), 숫자(二), 이(Teeth)	R r	왕족(Royal), 희귀한(Rare), ®(Registered Trademark), 빨강(Red), 반대의(Reverse), 오른쪽(Right)	알	알(Egg)
F f	낙제(Fail), 층(Floor), 공장(Factory), 기능(Function), 화씨(Fahrenheit)	에프	–	S s	남(South), 뛰어난(Superior), 은(Silver), 대단한(Super), 특별한(Special), 최고의(Supreme), 초(Second)	에스	–
G g	기가(Giga), 금(Gold), 녹색(Green)	지	지(知), 지(地)	T t	두께(Thickness), 시간(Time), 온도(Temperature), 테라(Tera)	티	티(기색), 티(Dust)
H h	수소(Hydrogen), 높이(Height), 헬기(Helicopter), 경도(Hardness), 시간(Hour)	에이치	재채기 소리(에취)	U u	너(You), 위(Up), 유 비 쿼 터 스 (Ubiquitous)	유	유(有)
I i	나, 인터넷(Internet), 입력(In), 인벤토리(Inventory), 이탤릭(Italic)	아이	아이(Kid), 감탄사 (긍정, 부정)	V v	승리(Victory), 전압(Volt), 5(로마자 V), 버전(Version), VS(Versus), VIP	브이, 비	–
J j	일본(Japan), 줄(Jule)	제이	제이(第二)	W w	함께(With), 승리(Win), 서(West), 와트(Watt)	더블유	–

K k	한국(Korea) 킬로(Kilo), 칼륨(Kalium), 캐럿(Karat)	케이	–	X x	부정/없음(X표), 미지수(x), 10(로마자 X), by(X표), 문자의 생략, eXperience 등 ex로 시작하는 문자의 축약	엑스	–
L l	라지(Large), 리터(Liter), 왼쪽(Left)	엘	–	Y y	예(Yes), 노랑(Yellow), 년(Year), 화폐(엔, 위안), XY 염색체의 Y, Why의 축약	와이	–
M m	중간(Medium), 메가(Mega), 미터(Meter), 백만(Million), 월(Month)	엠	감탄사	Z z	마지막, Z세대, Zone, 낮은 등급, 궁극	제트, 지	–

알파벳 2자 조합(예: AA, AB, AC)은 676가지 경우의 수가 있지만, 좋은 조합은 이미 많은 업체들이 사용하고 있습니다. 또한 KO, KS, PC, PT, MC, MT 등과 같은 영문 약자도 많이 사용되므로, 기존에 사용 중인 약어와 중복될 경우 그 의미를 신중히 검토해야 합니다. 부정적이거나 이질적인 의미가 브랜드 이미지에 부정적인 영향을 줄 수 있기 때문입니다.

알파벳 3자 조합(예: AAA, AAB, AAC)은 17,576가지 경우의 수가 있어 2자 조합보다 선택의 폭이 넓습니다. 모음을 적절히 사용하면 실제 단어처럼 읽히는 조합을 만들 수 있습니다. 기존에 존재하는 단어와 동일하게 배치하면 친근함을 줄 수 있지만, 온라인 검색에서 불리할 수 있다는 점을 고려해야 합니다.

알파벳 3자 조합을 사용할 때는 한글 표기가 길어질 수 있으므로 주의가 필요합니다. 예를 들어, "HWH"는 한글로 "에이치더블유에이치"로 9음절이 됩니다. 따라서 한글 표기를 3음절로 제한해야 하는 경우, 한 음절로 표현 가능한 알파벳을 사용하는 것이 좋습니다.

이니셜 조합은 문자 수가 적어 시각적인 조화와 독특한 형태, 의미를 나타낼 수 있으며, 숫자나 한글과 조합해 다양한 방식으로 활용할 수 있습니다. 예를 들어 AVA, VAVA, IOI, IVI, VIV, VLV, IXI, NTZ, LHOI 같은 조합이 가능합니다.

2) 유럽권 언어의 네이밍

라틴어

영어 어휘의 약 70%는 라틴어와 그리스어에서 유래하며, 그중에서도 라틴어의 비중이 매우 큽니다. 현재 라틴어를 공식 언어로 사용하는 국가는 없지만, 이탈리아어, 스페인어, 프랑스어 등 로망스어군과 영어에 큰 영향을 미쳤습니다. '라틴'이라는 용어는 현재 이탈리아의 라치오(Lazio) 지역을 가리키는 고대 로마의 라티움(Latium)에서 유래했습니다. '라티움'은 '넓다'는 의미의 라틴어 '라투스(latus)'에서 비롯되었으며, 그리스 로마 신화에 따르면 라티움 지방의 왕 라티누스(Latinus)에서 지명이 유래했다고도 합니다.

교회 라틴어와 고전 라틴어는 발음에 차이가 있지만, 이 책에서는 고전 라틴어를 기준으로 설명합니다. 라틴어 알파벳에는 J와 W가 없으며, X, Y, Z는 주로 외국어 표기에 사용되었습니다. 따라서 알파벳 수가 다른 언어보다 적습니다. 문법적으로는 단어의 활용과 변화가 복잡하며, 정관사(the, la, le, les)가 없습니다.

발음에서 라틴어는 된소리가 많이 사용됩니다(C, K, P, Q, T). V는 '우'로 발음되며, 예를 들어 volvo는 '월보', veritas는 '웨리타스'로 발음됩니다. ch는 ㅊ이 아닌 ㅋ에 가깝고, th는 영어의 th(θ) 발음이 아니라 t에 가깝습니다. ph는 f가 아닌 p

발음과 비슷합니다. 기타 발음에 대한 특이점은 다음에 나오는 설명을 참고하시기 바랍니다.

- C는 ㄲ이나 ㅋ으로 발음하고, G는 ㄱ으로 발음합니다.
- 영어와 달리 ～tia는 '샤'가 아니라 '티아'로, ～tio는 '쇼'가 아닌 '티오'로 발음합니다.
- 이중모음은 별개로 발음합니다. 예를 들어 ae는 '아이', au는 '아우', ei는 '에이', eu는 '에우', oe는 '오이', ui는 '우이'로 발음합니다.
- H는 묵음이 아니며 약하게 ㅎ로 발음합니다.
- 쌍자음 mm과 rr은 합쳐서 발음하지 않고 각각 발음합니다(ㅁㅁ, ㄹㄹ).
- gn에서 g는 비음 ㅇ(ŋ)으로 발음하고, nc, ng, nx, nqu의 n도 비음 ㅇ(ŋ)으로 발음합니다.

라틴어로 네이밍할 때는 블로그나 인터넷 사이트의 정보를 참고하더라도, 반드시 사전에서 정확한 의미를 확인해야 합니다. 라틴어는 단어의 활용과 변화가 복잡해서, 찾은 단어가 활용형일 수 있거나 명사, 동사, 형용사 등을 혼동할 수 있습니다. 아래는 라틴어 검색에 유용한 사전들입니다.

- 네이버 사전: dict.naver.com/lakodict
- 윅셔너리: en.wiktionary.org
- 라틴 사전: latin-dictionary.net
- 온라인 라틴 딕셔너리: online-latin-dictionary.com
- 라티니티움: latinitium.com
- 포르보 발음 사전: forvo.com/languages/la

사전을 이용할 때는 네이버 사전을 먼저 검색하고, 해외의 다른 사전도 반드시 확인하는 것이 좋습니다. 네이버 오픈 사전의 단어는 검증되지 않았기 때문에 신뢰할 수 없으며, 잘못된 정보가 포함될 수 있습니다.

온라인 사이트나 블로그에 올라온 자료도 반드시 정확성을 확인한 후 사용하는 것이 좋습니다. 필자가 집필하면서 발견한 몇 가지 사례를 소개하겠습니다. 예를 들어, 'catulus'가 '아기 고양이'로 소개된 경우가 있지만, 실제로는 '강아지'를 의미합니다. 고양이는 'cattus'(까뚜스)입니다. 또한, 'fastum'이 '축제'로 소개되지만, 실제 의미는 '금지되지 않은'이고, 축제는 'festum'(페스툼)입니다. 월계수는 'laurus'(라우루스)이며, 'laura'는 월계수가 아니라 수도원, 길, 마을을 뜻합니다. 또한, 'hielo'는 라틴어가 아닌 스페인어로 '얼음'을 의미하는 단어입니다. 이처럼 온라인 정보에는 종종 오류가 포함되어 있을 수 있고, 잘못된 정보가 검증 없이 퍼질 수 있으므로 주의가 필요합니다.

라틴어 단어는 네이밍에 다양하게 활용될 수 있습니다. 단독으로 사용해도 좋은 라틴어 단어들이 많으며, 발음은 원 발음에 최대한 유사하게 한글로 표기했습니다. 발음 확인은 포르보(forvo.com) 등의 사이트를 참고하시기 바랍니다.

라틴어 네이밍에서는 원래 발음을 살리기보다 영어식으로 변형해 표기하는 경우가 많습니다. 예를 들어, 본질을 뜻하는 'essential(에쎈티아)'는 '에센시아'나 '에센샤'로, 최후를 의미하는 'ultimus(울티무스)'는 '울티머스'로, 나아가다를 뜻하는 'eundo(에운도)'는 '은도'로 표기할 수 있습니다. 발음이나 시각적인 느낌에 따라 적절한 표기를 선택하세요.

[표] 네이밍에 활용 가능한 라틴어 단어

라틴어 단어	발음	의미
ador (adora)	아도르	불꽃, 밝기, 욕망, 사랑
aer	아에르	공기
aestas	아이스타스	여름
amare (amo)	아마레	사랑하다
amor	아모르	사랑, 욕망, 애인
angelus	안겔루스	천사, 전령
anima	아니마	영혼, 바람, 호흡
animo (animi)	아니모	정신, 용기, 의견
aqua	아꾸아	물
ara	아라	제단, 피난처, 안식처
arbor	아르보르	나무, 나무로 만든 것
ars	아르스	예술, 기술, 직업, 교활한
astra (astrum)	아스트라	별
audentia (audens)	아우덴띠아	용기, 대담함
audio (audiet, audire)	아우디오	듣다, 참석하다, 동의하다
aura	아우라	공기, 미풍, 산들바람
aurum	아우룸	금, 황금시대
ave	아웨	만세, 안녕하세요
basium	바시움	키스(보통 손에 하는)
beatus	베아투스	기쁜, 번영하는, 풍부한
bellatrix	벨라트릭스	여전사
bellus (bella)	벨루스	아름다운, 잘생긴
bene	베네	잘, 좋게, 제대로, 훌륭하게
benedictum	베네딕뚬	축복, 찬사
bonus (bonum)	보누스	좋은, 정직한, 친절한, 유용한

caelo	카일로	새기다, 장식하다
caelum	카일룸	천국, 하늘
caeruleum (caeruleus)	까에루리움	하늘색, 파란색
campana	깜빠나	큰 종
candidum (candidus)	깐디둠	흰색, 맑음, 밝음
cantare (canto)	깐따레	노래하다
capitalis	까삐딸리스	훌륭한, 탁월한, 위험한, 치명적인
cara (carus)	까라	사랑하는, 소중한
carpe (carpo)	카르뻬	즐기다, 수확하다, 먹어치우다, 실을 뽑다
cattus	까뚜스	고양이
catulus	까뚤루스	강아지, 새끼 늑대
cibus	키부스	음식
clara (clarus)	클라라	맑은, 밝은
clavis	끌라우이스	열쇠
codex	꼬덱스	나무 줄기, 책, 노트
cordis (cor)	코르디스	심장, 영혼, 마음
corona	코로나	왕관, 화환, 월계수
credo (credere)	크레도	믿다, 맡기다
daemon	다이몬	수호신, 악마(교회)
dea	데아	여신
deus	데우스	신
diabolus	디아볼루스	악마
diem (dies)	디엠, 디에이	날, 오늘, 하루, 낮
dilectus	딜렉투스	사랑받는, 선택
dominus	도미누스	주인, 통치자, 주님, 마스터
domus	도무스	집, 고향, 조국
dormio	도르미오	자다(sleep)

ego	에고	나, 자아
equus	에꾸스	말, 말을 타다, 짐을 싣다
ergo	에르고	그래서, 고로, ~때문에
esse	에쎄	있다, 존재하다, 먹다
essentia	에쎈티아	본질, 존재
evangelium	에반겔리움	좋은 소식, 복음
extremus	엑스트리무스	끝의, 마지막의, 극단의
faber	파베르	장인, 건축가, 기술자
familia	파밀리아	가구, 가족
fati (fatum)	파티	운명, 숙명
felix	펠릭스	행복한, 축복받은
fiat	피야트	될 수 있다, 이루어질 수 있다
fidele (fidelis)	피델레	신뢰, 충성심
fides	피데스	믿음, 신뢰, 확신, 정직, 의존
filia	필리아	딸
fingo	핑고	모양을 만들다, 반죽하다, 만지다, 장식하다
floris (flos)	플로리스	꽃, 개화
fons	폰스	샘, 분수
forma	포르마	형태, 모양, 아름다움
fors	포르스	행운, 기회
fortissimus	포르티씨무스	가장 강한, 최고로 용감한
fortuna	포르뚜나	행운, 운명, 번영
futurum	푸뚜룸	미래
galaxias	갈락시아스	은하계, 은하수
gaudium	가우디움	기쁨, 즐거움
grandis	그란디스	성숙한, 거대한, 대단한

gratia	그라티아	은총, 은혜, 호의, 사랑
gravis (gravitas)	그라위스	무거운, 중요한, 임신한
gusto	구스또	맛보다, 먹어보다
habe (habeo)	하베	갖다, 소유하다(have)
habilis	하빌리스, 아빌리스	잘 맞는, 편리한, 적당한, 능력이 있는
haeres (heres)	하에레스	상속자, 후계자
hama (ama)	하마	물통, 술잔, 액체의 양
harioli (hariolus)	하리올리	예언가, 점쟁이
herba	헤르바	풀, 약초, 허브
hiems (hiemis)	히엠스	겨울, 폭풍우
hoc (hic)	호크	이것, 여기, 여기로, 이런 이유로
hodie	호디에	오늘
homines (homo)	호미네스	인간, 사람
horologium	호롤로기움	시계(해시계, 물시계)
humanum	후마눔	사람의, 인간적인, 교양있는
ianua	야누아	입구, 문
idea	이데아	생각, 이념, 이상, 원형(原型)
igneus	잉네우스, 이그네우스	불같은, 뜨거운, 열렬한, 열성적인
illuminatus	일루미나뚜스	밝아진, 비춰진, 찬란한
imperium	임페리움	제국, 국가
insula	인술라	섬
iter	이떼르	여행, 경로
iuvenes (iuvenis)	이우웨니스	젊은이, 젊음, 젊은, 젊음의
justitia (iustitia)	유스띠띠아	정의, 공정, 평등
juventus (iuventus)	유웬투스	청춘, 젊은 시절
labor	라보르	일, 노동, 수고, 노력
laetitia	라이티티아	기쁨, 즐거움

lampas	람빠스	등불, 횃불
lapis	라피스	돌, 이정표, 경계석
lego	레고	선택하다, 모으다, 수집하다
lepor	레뽀르	매력, 우아함, 상냥함
libera	리베라	자유로운, 독립의, 놓아주어라
libertas	리베르따스	자유, 독립
libri	리브리	책
longa (longus)	롱가	긴, 먼, 넓은, 키가 큰
lucete (luceo)	루케떼	밝게 빛나라
lucifer	루키페르	빛을 가져오는, 샛별
ludus	루두스	학교, 놀이, 경기, 시합, 경연
lumen	루멘	빛, 빛의 근원, 밝음
lutum	루툼	노랑, 흙, 진흙, 점토
lux	룩스	빛, 햇빛, 달빛, 깨달음
maga	마가	마녀, 마법사, 마법을 부리는
magnus	망누스, 마그누스	거대한, 광대한
magus (magae)	마구스	마술, 마법사, 마술같은
majorem (maior)	마요렘	더 큰, 조상의, 지도자의
mane	마네	아침, 아침의, 아침에
manet (maneo)	마네트	머무르다, 남아 있다, 남는다
manus	마누스	손
mare (maris)	마레	바다
margarita	마르가리따	진주
mater	마테르	어머니
materia	마떼리아	재료, 물질
maximus	막시무스	최상급의, 가장 큰, 가장 높은
me	메	나를, 나에 의해, 나로써

mel	멜	꿀
memento (memini)	메멘또	기억하라
memoria	메모리아	기억, 추억
mentem (mens)	멘템	마음, 정신, 이성, 지성
mira (mirus)	미라	훌륭한, 대단한, 놀라운
miraculum	미라쿨룸	경이로움, 기적
mollis	몰리스	부드러운, 유연한, 온화한
mulier	물리에르	여자, 아내
multus	물뚜스	많이, 많은
mundus	문두스	우주, 세상, 깨끗한, 단정한
muto	무또	이동하다, 변경하다, 개선하다
narrator (narro)	나라토르	말하라
natura	나뚜라	자연
naturale (naturalis)	나투랄레	자연의, 자연스러운, 실제의
nebula	네불라	구름, 안개, 증기
nectar	넥따르	꿀이나 과일로 만든 음료
nigrum (niger)	니그룸	까만, 검정의, 나쁜
nitidus	니띠두스	빛나는, 잘생긴, 예쁜
niveus	니웨우스	눈의, 눈이 내리는, 눈 덮인
nix	닉스	눈(snow)
nobilis	노빌리스	고귀한, 귀족의
nobis (nos)	노비스	우리
nomen	노멘	이름, 호칭
nova	노와	새로운, 참신한, 신성
novitas	노위타스	새로움, 참신함
novo	노우	새롭게 하다, 발명하다
nox	녹스	밤, 어둠

nunc	눙크	바로 지금, 당장
omnia	옴니아	모든 것
opera (operis, opus)	오페라	일, 노동, 노력, 작업, 활동, 행위
opinio	오삐니오	의견, 추측, 믿음, 평판, 소문
optatio	옵타티오	소망, 바라는 것, 선택
optatum (optatus, opto)	옵타툼	소망하다, 바라다
optimus	옵티무스	최상의, 가장 좋은
oratio	오라티오	말, 연설, 웅변, 기도
orbis	오르비스	원, 고리, 구형
papilio	빠삘리오	나비
paradisus	빠라디수스	동산, 과수원, 낙원, 천국
parvus	빠르우스	작은
pax (pace)	팍스	평화, 휴식, 평안
phantasia	판타시아	환상, 공상, 개념
plus	플루스	수량이 더 많은, 더 나아가
potestas	포테스따스	힘, 능력, 권한, 통제, 지배
primus	프리무스	처음, 일찍
propheta	프로페타	선지자, 예언가
puella	뿌엘라	소녀
puer	뿌에르	소년
pupa	뿌빠	어린 소녀, 인형, 번데기
requies	레뀌에스	휴식, 안식, 휴식처
requiesco	리꾸이에스꼬	쉬다, 휴식을 취하다
ridere (rideo)	리데레	웃어라
risus	리수스	웃음, 조롱, 비웃음, 장난
ros	로스	이슬, 습기

rosa	로사	장미, 연인
rubrum (ruber)	루브룸	빨간, 적색의
sacra (sacer, sacrum)	싸크라	신성한, 헌신한, 신성한 것
salvator	쌀바토르	구세주
salvus	쌀우스	안전한, 양호한
sana (sanus)	싸나	건강한
sapientia	사피엔띠아	지혜, 분별, 기억, 과학
scientia	스끼엔티아	지식, 인식, 학식, 학문
scribere (scribo)	스크리베레	쓰다(write)
secreta (secretus, secretum)	세끄레따	비밀
sella (sedes)	셀라	의자, 자리
semper	셈뻬르	항상, 영원히
seraphica (seraphicus)	세라피카	천사의, 거룩한
serena (serenus)	세레나	투명한, 맑은, 밝은
sero	쎄로	씨를 뿌리다, 나무를 심다
silentium	실렌티움	고요함, 침묵
simplex	심플렉스	단순한, 솔직한, 순수한
sodalitas	소달리타스	우애, 친분, 동료, 단체
sol	쏠	태양
solum	쏠룸	바닥, 기초, 기반, 지역
solus	쏠루스	혼자의, 단독의, 고독한
somnium	솜니움	꿈, 환상
sono	소노	소리, 소리를 내다, 메아리치다
sors	소르스	행운, 운명, 제비뽑기
spatium	스파티움	공간, 거리
spera (spero)	스페라	소망하라

spes	스페스	희망, 기대
statua	스따투아	조각상
stella	스텔라	별, 별 모양, 별표
sum	숨	존재하다
sumus (sum)	수무스	이다, 존재하다, 가다
terra	떼라	땅, 육지, 지구
tersus	떼르수스	깨끗한, 순수한, 청소
thesaurus	테사우루스	보석, 사랑하는 사람
totus	또뚜스	전체의, 모든, 중요한
tutis (tutus)	투티스	안전한, 보호를 받는
ubique	우비꾸에	어디에나
ultimus	울티무스	가장 먼, 마지막의, 최후의
umbra	움브라	그림자, 그늘
universum	우니웨르숨	우주
unus	우누스	하나, 혼자
urbs	우릅스	도시, 마을
ventus	웬투스	바람
ver	우에르, 베르	봄
veritas (veritatis)	웨리따스, 베리타스	진리, 진실, 현실
vero	웨로	진실로, 정말로, 확실히
versus (vs.)	웨르소스, 베르수스	방향, 바뀌다, 방면으로, 줄, 선, 밭고랑
verum	웨룸	진리, 진실, 옳은 일
verus	웨루스	진실된, 참된, 옳은, 진짜의
victoria	윅또리아	승리
vident (video)	위덴트	보다, 관찰하다, 이해하다
vincit	윈키트	이기다, 정복하다
vino (vinum)	위노	와인, 포도, 포도나무

vis	위스	힘, 활력, 능력, 폭력
vita (vitae, vitam)	위따	삶, 인생, 삶의 방식, 생명
volo	월로, 올로	날다, 원하다
volvo	월붜, 볼보	구르다, 굴러다니다
zeros	제로스	보석의 일종

이탈리아어

이탈리아어는 패션, 화장품, 예술, 식품 등 다양한 분야의 브랜드 네이밍에 널리 활용됩니다. 라틴어의 문법적 영향을 받았으나, 상대적으로 단순화된 것이 특징입니다. 알파벳 J, K, W, X, Y는 거의 사용되지 않으며, 주로 외래어 표기에서 가끔 사용됩니다.

발음에서 몇 가지 특이점은 다음과 같습니다:

- H는 묵음으로 소리를 내지 않습니다.
- C는 모음 E와 I 앞에서 우리말 'ㅊ'처럼 발음되며, A, O, U 또는 자음 앞에서는 우리말 'ㄲ'처럼 발음됩니다.
- G는 모음 E와 I 앞에서 우리말 'ㅈ'처럼 발음되고, A, O, U나 자음 앞에서는 우리말 'ㄱ'처럼 발음됩니다.
- gli와 gno에서는 g 소리를 내지 않고, 뒤의 l과 n과 합쳐서 발음합니다.
- ch는 우리말 'ㄲ'처럼, gh는 'ㄱ'과 유사하게 발음됩니다.
- sce와 sci는 영어의 'sh(쉬)' 발음과 유사합니다.

아래는 이탈리아어 검색에 활용하실 수 있는 사전입니다.

- 네이버 사전: dict.naver.com/itkodict

- 윅셔너리: en.wiktionary.org

- 콜린스 사전: collinsdictionary.com/dictionary/italian-english

- 캠브리지 사전: dictionary.cambridge.org/dictionary/italian-english

- 워드레퍼런스: www.wordreference.com/iten

- 포르보 발음 사전: forvo.com/languages/it

아래는 네이밍에 활용할 수 있는 이탈리아어 단어들입니다. 발음은 최대한 원어에 가깝도록 한글로 표기했습니다. 한글 표기는 더 자연스럽게 변형해 사용하셔도 좋습니다. 경우에 따라 이탈리아어 발음과 유사하게 하는 것이 더 나을 수 있으니, 한글 발음이나 시각적인 느낌에 따라 결정하시면 됩니다.

영어의 'the'와 같은 정관사를 포함해 네이밍할 경우, 다음을 참고하세요.

- 남성 단수명사의 경우 il(일) 또는 일부 lo(로)를 사용하고, 모음 앞에는 'l'로 줄여서 사용합니다.
- 남성 복수명사의 경우 i(이) 또는 일부 gli(리)를 사용합니다.
- 여성 단수명사의 경우 la(라)를 사용하고, 모음 앞에서는 'l'로 축약하여 사용합니다.
- 여성 복수명사의 경우 le(레)를 자음이나 모음에 상관없이 사용합니다.

[표] 네이밍에 활용 가능한 이탈리아어 단어

이탈리아어 단어	발음	의미
abbraccio	아브라치오	포옹
adorare	아도라레	존경하다, 숭배하다
alba	알바	동쪽 하늘, 여명, 새벽
albero	알베로	나무
ali(ala)	알리	날개
amabile	아마빌레	사랑스러운, 귀여운
amante	아망떼	연인
amare	아마레	사랑하다
amore	아모레	사랑
angelo	안젤로	천사
anima	아니마	영혼, 마음
arancione	아란쵸네	오렌지색
aria	아리아	공기, 허공
assoluto	아쏠루토	절대적, 순수한, 절대자
atmosfera	앗모스페라	분위기, 환경
augurio	아우구리오	경축, 축하
aurora	아우로라	여명, 새벽
azzurro / azzurra	아주로	하늘색의, 파랑
bacio	바치오	키스
bambino / bambina	밤비노	어린이
bambola	밤볼라	인형
bellezza	벨레짜	아름다움
bellissimo	벨리씨모	가장 아름다운
bello / bella	벨로	아름다움, 멋있는, 미인
bianco	비앙코	흰색의, 하양

bosco	보스코	숲
brillante	브릴란떼	빛나는, 찬란한
buono	부아노	착한, 정직한, 좋은
candela	칸델라	양초
cannella	카넬라	계피
carino	까리노	귀여운, 사랑스러운
carne	카르네	고기
casa	까자	집
chiarezza	키아레차	밝음, 맑음, 명쾌
ciao	챠오	안녕
cielo	체일로	하늘
cucciolo	쿠치올로	강아지, 동물의 새끼
cuore	꾸어레	심장
curiosità	꾸리오지따	호기심
delicatezza	델리카떼차	섬세함, 정교함, 감미로움
destino	데스띠노	운명, 약속, 하늘의 뜻
Dio	디오	신
dolce	돌체	달콤한, 듣기 좋은
donna	돈나	여자, 부인
dono	도노	선물
elfo	엘포	작은 요정
etereo	에떼레오	공기의, 천상의
eterno	에떼르노	영원의, 불후의, 영원, 불멸
farfalla	파르팔라	나비
fiamma	피암마	불꽃, 열정
fiore	피오레	꽃
fioritura	피오리뚜라	개화, 만개, 번영

foresta	포레스따	숲, 산림
fortuna	포르뚜나	행운, 운명, 성공
forza	포르짜	힘, 체력, 정신력
fragranza	프라그란자	향기
fresco (fresca)	프레스코	신선한, 싱싱한, 서늘한, 차가운, 깨끗한
frutta	프루따	과일, 과실
ganzo	간조	똑똑한, 영리한, 멋진, 결혼 외 애인
gatto	가또	고양이
gelato	젤라또	아이스크림, 언, 얼음
genio	제니오	천부적 재능, 천재
giallo	잘로	황색의, 노랑
gioia	죠이아	기쁨, 쾌락, 환희
gioiello	조이엘로	보석, 장신구, 걸작
giovinezza	지오비네차	청년, 청년기
grazia	그라치아	우아함, 매력
grazie	그라치에	고맙습니다
ideale	이데알레	관념의, 상상의, 이상적인
illuso	일루조	환상에 빠진
immortale	임모르딸레	불멸의, 불사의, 불후의
importante	임포르탄떼	중요한, 유력한, 소중함, 요점
ineffabile	이니파빌레	말로 표현할 수 없는
inizio	이니치오	시작, 최초
insieme	인씨에메	함께
invito	인비또	초대
lacrima	라끄리마	눈물
libertà	리베르따	자유, 휴가
lido	리도	해안

lieto	리에또	기쁜, 행복한
lode	로데	칭찬, 찬사
luccicare	루치까레	빛나다
luce	루체	빛, 광선
lussoso	루쏘조	사치스러운, 호화롭게
magia	마지아	마법
mago	마고	마법사
mano	마노	손
mare	마레	바다
marina	마리나	해안, 해변, 바다의
mela	멜라	사과
meraviglia	메라빌야	놀라움, 기적
mezzo (mezza)	메쪼	절반의, 반의, 중간의
miraggio	미라쬬	신기루
mistico	미스티코	신비한, 불가사의한
moda	모다	유행
monello	모넬로	장난꾸러기
morbido	모르비도	부드러운, 유연한, 섬세한
mozzafiato	모차피아또	숨을 멎게 할 정도로 멋진, 근사한
nebbia	네비아	안개
notte	노떼	밤
nuvola	누볼라	구름
onda	온다	파도
ora	오라	시간, 지금, 시대
ottimo	오띠모	최상의, 최고의, 최고의 결과
pace	빠체	평화
panini	빠니니	샌드위치, 파니니

passione	빠씨오네	열정, 정열
piccolo	피콜로	작은
piovere	피오베레	비
primavera	프리마베라	봄
primo	쁘리모	최초의, 제일의
promessa	프로미싸	약속, 계약, 희망
purezza	뿌레짜	순수함, 간결함, 청순, 결백, 순결
purità	뿌리따	순수, 청순, 청렴, 결백
riposò	리뽀조	쉼, 휴식, 휴가, 안정
riviera	리비에라	해안, 해변
romanzo	로만조	소설
rosa	로자	장미
rosso	로쏘	빨강
rugiada	루지아다	이슬
saporito	사뽀리또	맛있는
sognante	손얀떼	꿈꾸는 듯한, 환상적인, 몽상의
sogno	소뇨	꿈
sole	쏠레	태양
speranza	스뻬란자	희망, 기대
stella	스텔라	별
tesoro	테조로	보물, 귀중품, 소중한 것(사람)
torta	또르따	케이크, 파이
vento	벤또	바람
verde	베르데	초록
verità	베리따	진실, 진리
vino	비노	와인
vista	비스타	시각, 시력, 관찰

voce	보체	목소리
voglia	볼야	희망, 기대

프랑스어

프랑스어는 화장품, 패션, 예술, 식품, 주류 등 다양한 분야의 브랜드 네이밍에 널리 사용됩니다. 프랑스어는 어휘 면에서 라틴어의 많은 영향을 받았지만, 발음에서는 큰 차이를 보입니다. 또한 프랑스어는 영어에도 많은 영향을 미쳐, 영어와 유사한 어휘가 많아 친숙하게 느껴질 수 있습니다. 프랑스어에서는 알파벳 K와 W가 거의 사용되지 않으며, 외래어 표기에만 일부 사용됩니다.

프랑스어 발음에서 독특한 점 중 하나는 R의 발음입니다. 이는 우리말의 'ㄹ'보다는 'ㅎ'에 가까운 후음으로 발음됩니다. H는 묵음으로 발음되지 않고, K는 'ㄲ', P는 'ㅃ', Q는 'ㄲ', T는 'ㄸ'로 발음됩니다. S는 모음 앞에서 '즈(z)'로 발음되며, 단어 끝에 있는 자음은 대부분 발음되지 않습니다(다만 c, f, l, r은 예외일 수 있습니다). E는 다른 언어에서 주로 '에'로 발음되지만, 프랑스어에서는 '으' 또는 '에'로 발음됩니다.

프랑스어의 이러한 특징들을 고려하면, 브랜드 네이밍에 더욱 세련되고 독특한 인상을 줄 수 있습니다.

- C는 E, I 앞에서 'ㅆ'로 발음하고, A, O, U나 자음 앞에서는 'ㄲ/ㅋ'로 발음합니다. 변형된 Ç(쎄디유)도 'ㅆ'로 발음합니다.
- G는 E, I 앞에서 'ㅈ'으로 발음하고, A, O, U나 자음 앞에서는 'ㄱ'으로 발음합니다.
- 이중 모음은 다음과 같이 발음됩니다: ai는 '에', ei는 '에', au와 eau는 '오', ou는 '우', oi는 '와'로 발음합니다.

– 비모음은 다음과 같이 발음됩니다: am, an, em, en은 '앙(엉)', om, on은 '옹', im, in, aim, ain은 '앵', um, un도 '앵'과 비슷하게 발음됩니다.

양방향의 악센트 철자부호는 단순한 악센트가 아니라, 닫힌 소리와 열린 소리를 구분하는 역할을 합니다 (é, à/è/ù). 'e'는 기본적으로 '으'로 발음되지만, 철자부호가 있으면 '에'로 발음되며, 부호의 방향에 따라 약간의 발음 차이가 있습니다 (한글로는 모두 '에'로 표기됩니다). 'a'와 'u'는 부호의 방향에 따른 발음 차이가 없습니다. 또한 â/ê/ô는 역사적인 이유로 발음 차이가 없으며, ë/ï/ü는 그 앞의 모음을 원래 소리대로 발음하라는 의미를 가집니다. 예를 들어, 'oë'는 '오에'로 발음됩니다.

아래는 프랑스어 검색에 활용하실 수 있는 사전입니다.

– 네이버 사전: dict.naver.com/frkodict
– 윅셔너리: en.wiktionary.org
– 콜린스 사전: collinsdictionary.com/dictionary/french-english
– 캠브리지 사전: dictionary.cambridge.org/dictionary/french-english
– 워드레퍼런스: wordreference.com/fren
– 포르보 발음 사전: forvo.com/languages/fr

아래는 네이밍에 활용할 수 있는 프랑스어 단어들입니다. 발음은 원 발음에 최대한 유사하게 한글로 표기했지만, 프랑스어 발음을 한글로 옮길 때는 어색할 수 있으므로 상황에 따라 변형해서 사용하는 것이 좋습니다. 다만, 경우에 따라 프랑스어 발음에 가깝게 표기하는 것이 더 나을 수도 있으니, 한글 발음이나 시각적인 느낌에 따라 적절히 판단하시면 됩니다.

정관사를 포함해 사용할 경우, 여성 단수 명사 앞에는 'la(라)', 남성 단수 명사 앞에는 'le(르)', 남녀 복수 명사 앞에는 'les(레)'를 사용합니다. 또한, 'le'와 'la'는 모음이나 묵음 h 앞에서 'l'로 축약됩니다.

[표] 네이밍에 활용 가능한 프랑스어 단어

프랑스어 단어	발음	의미
adonis	아도니스	미남자
aile	엘르	날개
aimable	에마블르	사랑스러운, 귀여운
ami	아미	친구, 동료
amitié	아미치에(아미띠에)	우정
amour	아무흐(아모르)	사랑, 애정
ange	앙쥬	천사, 고귀한 사람
arbre	아흐브흐(아르브레)	나무
argenté	아흐종떼(아르젠떼)	은빛의, 은을 씌운
atelier	아뜰리에	공장, 작업실, 화실
aube	오브	새벽, 여명
avenir	아브니흐(아브니르)	미래
beauté	보테(보떼)	아름다움, 미용
bébé	베베	아기
belle	벨르	아름다운, 예쁜, 착한
bijou (bijoux)	비쥬	보석, 장신구
bisou	비주	뽀뽀, 키스
blanc	블랑	흰색의
blanche	블랑쉬	하얀, 흰색

bois	브와	숲, 나무
bonbon	봉봉	사탕
bonheur	보네흐(보뇌르)	행복, 행운
boulangerie	불렁즈히(블랑제리)	제빵, 빵 가게(bakery)
briller	브히예(브리이에)	빛나다, 뛰어나다
câlin	꺌랑(깔롱)	상냥한, 포옹
chandelier	샹들리에	촛대, 샹들리에
chanter	숑떼(샹떼)	노래하다
charmant	샤흐몽(샤르망)	매력적인
chaton	샤똥	새끼 고양이
chiot	씨오	어린 강아지
chocolat	쇼꼴라	초콜릿
chouette	슈에뜨	멋진, 근사한, 올빼미
ciel	씨엘	하늘
clair	클레허(끌레르)	밝은, 환한
clarté	클라흐떼(클라르테)	빛, 맑음, 투명함
commencer	크몽세(꼬망세)	시작하다
conte	꽁트	이야기, 실화, 동화
copain	쿠빵(꼬뺑)	친구, 단짝, 애인
coton	꼬똥	솜, 면, 솜털
croissant	크와송(크로와상)	초승달, 크루아상 빵
demain	드망	내일, 곧
diable	디아블러	악마, 마귀
diamant	디아몽	다이아몬드
dimanche	디몽쉬	일요일
diva	디바	유명 여가수, 인기 여배우
doux	두	단맛이 나는, 부드러운

élégance	엘레겅스	우아함, 고상함, 멋
enfant	앙팡	어린이, 아동
entêté	앙떼떼	고집이 있는, 고집센 사람
époque	에뽀크	시대, 시절
espoir	에스쁘와	희망, 기대
esprit	에스프리	영혼, 정신, 마음
étang	이퉁(에땅)	연못
éternel	에떼르넬	영원한
étoile	에뚜왈	별
étude	에튀드(에뛰드)	공부, 연구
fée	페	요정
fiancé	피앙세	약혼자
flâner	플란니	한가로이 산책하다
fleur	플뢰흐	꽃, 화초
forêt	포헤이(포레)	숲, 산림
fort	풔흐	강한, 튼튼한
fromage	프로마쥬	치즈
garçon	가흐쏭(가르쏭)	소년, 젊은이
gâteau	갸또	과자, 케이크
gentil	죵티	사랑스러운, 귀여운, 친절한
heure	에하	시간
histoire	이스투아	역사, 연혁
hiver	이베어	겨울
inviter	앙비떼	초대하다
jardin	쟈흐뎅(자뎅)	정원
jeune	젠느	젊은, 어린
joli(jolie)	졸리	예쁜, 귀여운

jour	쥬허(쥬르)	하루, 낮
jouvence	쥬벙스(쥬방스)	젊음, 청춘
liberté	리베흐떼	자유
lumière	뤼미에흐(루미에르)	햇빛, 빛, 깨달음
lune	륀	달, 위성
maison	메종	집
matin	마땅	아침, 오전
mémoire	메무와흐(메모아르)	기억, 추억, 기억력
mer	메흐(메르)	바다, 해양
miel	미엘르	꿀
mignon	미뇽	귀여운, 사랑스러운
mimi	미미	고양이, 뽀뽀, 귀여운
minet	미네	새끼 고양이, 애칭
mirage	미하쥬(미라쥬)	신기루, 환상
mode	모드	유행, 패션
moire	무아흐(무아르)	물결 무늬, 물결 모양의 천
neige	네쥬	눈
noir	느와흐(느와르)	검은, 어두운
nouveau	누보	새로운, 최신의
nuage	뉘아쥬	구름
nuance	뉘앙스	명암 차이, 미묘한 차이
objet	오브제	물체, 사물, 대상
odeur	오데어	냄새, 향기
onirique	오니흐이끄	꿈 같은, 꿈의, 몽상의
paix	뻬	평화
papillon	빠삐용	나비
pense	빵세	생각하다, 사고하다, 사상, 생각

petit	쁘띠	작은, 소형의
pluie	플뤼	비
poison	뿌아종	독, 독극물, 위험한 것
poteau	뽀또	단짝, 친구, 기둥, 말뚝
pouvoir	푸브와	힘, 능력, 역량
raffiné	라피네	세련된, 우아한
raison	레종	이유, 이성
rêve	레브	꿈
roman	호멍(로망)	소설
romance	호멍스(로망스)	연애시, 연가
rosé	호지(로제)	분홍빛의, 붉은 빛이 감도는
rosée	호지(로제)	이슬
rouge	호우즈(루즈)	빨간색의, 붉은색
sage	싸쥐	현명한, 신중한
samedi	쌈디	토요일
santé	쌍떼	건강, 건강 상태
sentier	썽티에	오솔길, 작은 길
sirène	시헨느(사이렌)	마녀, 요부, 인어, 사이렌
soir (soirée)	수와	저녁, 밤, 황혼, 오후
soleil	쏠레이	태양, 해, 햇빛
son	쏭	소리
sourire	쑤히흐(쑤리르)	방긋 웃다, 미소
sucre	쉬크(슈크르)	설탕
terre	떼하(떼르)	지면, 흙, 대지
toujours	뚜주허(뚜주르)	언제나, 항상
trésor	트레저	보물, 보배, 소중한 사람
vague	바그	물결, 파도, 파동

vélo	벨로	자전거
vétéran	베테헝(베테랑)	노련한 사람, 노장, 퇴역 군인
vigne	비니야	포도나무, 포도밭
villa	빌라	별장, 전원주택, 호화 별장
vingt ans	방떵(뱅땅)	스무살, 한창때
vive	비브	만세
vogue	보그	유행, 인기
voyage	브와야주(보야주)	여행, 여정

스페인어

스페인어는 라틴어, 이탈리아어, 프랑스어와는 다소 다른 어휘 체계를 가지고 있습니다. 이는 과거 스페인 지역이 이슬람의 지배를 받으면서 아랍어의 영향을 받았기 때문입니다. 이로 인해 라틴어, 이탈리아어, 프랑스어와 유사한 단어들이 스페인어에서는 다르게 나타나는 경우가 많습니다. 따라서 스페인어를 활용한 네이밍은 독특한 느낌을 줄 수 있습니다.

스페인어는 26개의 알파벳 외에 Ñ(에녜)를 포함한 총 27개의 알파벳을 사용합니다. 과거에는 Ch(체), Ll(엘예), Rr(에레 도블레)가 별도의 알파벳으로 취급되었으나, 현재는 더 이상 독립된 알파벳으로 사용되지 않습니다. K와 W는 주로 외래어 표기에만 제한적으로 사용됩니다.

스페인어 발음의 특징은 다음과 같습니다.

– H는 묵음으로 발음되지 않고, J는 우리말 'ㅎ'과 유사하게 발음합니다.

- K, P, Q, T는 주로 된소리로 발음하며, V는 영어 V 발음과 달리 우리말 'ㅂ'과 비슷하게 발음됩니다. Z는 영어의 th(θ) 발음과 유사합니다.

- C는 E와 I 앞에서 'ㅆ', 다른 모음이나 자음 앞에서는 'ㄲ'과 비슷하게 발음합니다.

- G는 E와 I 앞에서 'ㅎ', 다른 모음이나 자음 앞에서는 'ㄱ'과 비슷하게 발음합니다.

- Ñ(에녜)는 '니'처럼 발음되고, Ch(체)는 'ㅊ', Ll(엘예)는 대부분 영어의 Y처럼 발음됩니다.

스페인어의 악센트 기호는 불규칙한 강세를 표시하는 데 사용되며, 'ue'는 '에'로 발음되지만, 'üe'는 '우에'로 발음됩니다. 또한, 물음표(¿ ?), 느낌표(¡ !)는 문장의 앞과 뒤에 표시됩니다.

아래는 스페인어 검색에 활용하실 수 있는 사전입니다.

- 네이버 사전: dict.naver.com/eskodict

- 윅셔너리: en.wiktionary.org

- 콜린스 사전: collinsdictionary.com/dictionary/spanish-english

- SpanishDictionary.com: spanishdict.com

- 워드레퍼런스: wordreference.com/es

- 포르보 발음 사전: forvo.com/languages/es

아래는 네이밍에 활용할 수 있는 스페인어 단어입니다. 발음은 최대한 원 발음에 가깝도록 한글로 표기했습니다. 꼭 발음과 유사하게 표기해야 하는 것은 아니므로, 국문으로 표기했을 때 어색한 부분은 일부 변형하여 사용하시면 됩니다.

네임에 정관사를 포함하여 사용하실 경우 la(라)는 여성 단수, las(라스)는 여성 복수, el(엘)은 남성 단수, los(로스)는 남성 복수 명사 앞에 사용한다는 점을 참고하시기 바랍니다.

[표] 네이밍에 활용 가능한 스페인어 단어

스페인어 단어	발음	의미
adiós	아디오스	작별 인사
adorable	아도라블리	숭배할 만한, 귀여운, 깜찍한
agua	아구아	물
aire	아이레	공기, 바람
alba / albo	알바 / 알보	새벽, 여명, 하얀
alegre	알레그레	기쁜
alma	알마	영혼, 마음, 정신
amigo / amiga	아미고 / 아미가	친구, 친한, 우호적인
amistad	아미쓰따드	우정, 우애
amor	아모르	사랑
árbol	아르볼	나무
arcoíris	아르코이리스	무지개
arena	아레나	모래
armonía	아르모니아	하모니, 조화, 화합
aroma	아로마	향기
arte	아르떼	예술
asombro	아솜브로	감탄, 놀라움
aura	아우라	미풍, 호흡, 아우라
aurora	아우로라	여명, 서광, 아름다움, 오로라
azul	아쑬	푸른, 파란색의, 하늘
belleza	베예사	아름다움, 미인

beso	베쏘	키스, 접촉
bondad	본다드	선량함, 호의
bonita	보니따	귀여운, 예쁜, 아름다운 사람
bosque	보스케	숲, 수풀
brillante	브리얀떼	빛나는, 멋진, 번쩍이는
brisa	브리사	미풍
brote	브로떼	꽃봉오리, 싹, 나타남
cachorro	까초로	수캉아지, 동물의 수컷 새끼, 심술궂은
camelia	카멜리아	동백꽃
camino	까미노	땅, 길, 도로
canto	깐또	노래, 가창, 끝, 모서리
cariño	까리뇨	애정, 애착, 애지중지
casa	까사	집, 가정
chaval	차발	젊은, 젊은이
cielo	씨엘로	하늘, 공기, 천국
claridad	클라리다드	밝음, 맑음, 명석함
deseo	데쎄오	욕망, 바람, 소망
destello	데스뗄로	반짝임, 빛남, 섬광
destino	데스띠노	운명, 숙명, 운
día	디아	날, 하루, 낮
diamante	디아만떼	다이아몬드
dulce	둘쎄	달콤한
dulzura	둘쑤라	달콤함, 감미로움, 온화함
eclipse	에끌립쎄	월식, 일식
elegancia	엘레강시아	우아함, 품위
emoción	에모씨온	감동
encanto	엔깐또	매력, 환희

época	에포카	시대, 시절, 계절
esperanza	에쓰뻬란싸	희망, 기대
estrella	에스뜨레야	별, 스타
etéreo	에떼레오	하늘의, 천상의
éxito	엑시또	성공
felicidad	펠리씨다드	행복, 행운
feliz	펠리쓰	행복한, 만족한, 멋진
fiesta	피에쓰따	국경일, 휴일, 행사, 축제, 파티
flor	플로르	꽃, 전성기
fragancia	프라간씨아	향기, 명성
fuego	푸에고	불
galaxia	갈락씨아	은하, 은하계
gatito	가띠또	새끼 고양이
genio	헤니오	천재, 성격, 기질, 기분
gloria	글로리아	영광, 명성, 대만족
gracia	그라시아	신의 은총, 호의
hada	아다	요정
hechizo	에치쏘	주문, 마법, 속이는
hermoso	에르모쏘	아름다운, 훌륭한, 좋은
hielo	이엘로	얼음
hola	올라	안녕
hora	오라	시간
ilusión	일루씨온	환상, 희망, 꿈
infinito	인피니또	무한한, 막대한
isla	이슬라	섬
jardín	하르딘	정원
joven	호벤	젊은, 젊은이

joya	호야	보석, 귀금속
libertad	리베르타드	자유, 독립
libro	리브로	책, 장부
lindo	린도	예쁜, 사랑스러운, 귀여운
lluvia	유비아	비, 빗물
luna	루나	달, 달빛
luz	루쓰	빛, 밝음
magia	마히야	마술, 마력, 마법
mañana	마냐나	아침, 새벽, 오전
mar	마르	바다
menta	멘따	박하, 명성
milagro	밀라그로	기적, 놀라운 일
mirada	미라다	눈빛, 시선, 배려하는
mono	모노	귀여운, 예쁜
montaña	몬따냐	산
navidad	나비다드	크리스마스
nido	니도	둥지, 보금자리
niebla	니에블라	안개
ninfa	닌파	요정, 님프, 미인
niño (niña)	니뇨	어린 아이
noche	노체	저녁, 밤, 어두움
novia	노비아	여자 친구, 신부
nube	누베	구름
ojo	오호	눈, 시선
onda	온다	파도
oro	오로	황금
paraíso	빠라이소	천국, 낙원

pasión	빠씨온	열정
perla	뻬를라	진주
perro	뻬로	개(dog)
primavera	쁘리마베라	봄
puerta	뿌에르따	문, 입구
regalo	레갈로	선물
reina	레이나	여왕, 왕비
río	리오	강(江), 풍부함
risa	리싸	웃음
rosa	로사	장미
rostro	로스트로	얼굴, 새의 부리
salud	살루드	건강
selva	쎌바	밀림, 정글
señorita	세뇨리따	아가씨
siempre	시엠프레	항상, 언제나
sol	쏠	해, 태양
sonrisa	손리사	미소
sorpresa	소르쁘레사	뜻밖의 선물, 놀람
suave	수아베	부드러운, 다정하게
sublime	수블리메	탁월한, 뛰어난, 훌륭한
sueño	수에뇨	꿈, 잠
ternura	떼르누라	부드러움, 다정스러움
tesoro	떼쏘로	보물, 재산
tierra	띠에라	지구, 땅, 대지
valentía	발렌띠아	용기, 대담함
vela	벨라	배의 돛, 양초, 촛불
verano	베라노	여름

vida	비다	생명, 일생, 인생, 삶
viento	비엔또	바람
vivir	비비르	살다, 생명, 생활, 라이프스타일
vivo	비보	살아있는, 생활하다, 살다
voz	보쓰	음성, 목소리
zafiro	싸피로	사파이어

독일어

독일어는 주로 학술, 자동차, 기술, 스포츠, 주류 등 남성적이고 기술적인 분야의 브랜드 네이밍에 사용됩니다. 독일어는 게르만어파 서게르만어군(West Germanic languages)에 속하며, 영어와 공통의 뿌리를 가지고 있지만 라틴어, 이탈리아어, 스페인어, 프랑스어와는 큰 차이가 있습니다.

독일어는 26개의 기본 알파벳 외에 ß(에스체트)와 움라우트가 추가된 Ä, Ö, Ü를 포함해 총 30개의 알파벳을 사용합니다. ß는 '쓰', Ä는 '애', Ö는 '외', Ü는 '위'로 발음됩니다. 또한, 독일어에서는 명사가 항상 대문자로 시작되며, 복수형 변형 방식도 다양합니다.

독일어 발음의 특징은 다음과 같습니다:

W는 영어 V처럼 발음합니다.
V는 영어 V와 F 발음으로 발음합니다.
J는 반모음(영어의 y)으로 발음합니다.
B는 'ㅂ'과 'ㅍ'로 발음합니다.

C는 'ㅊ', 'ㅅ', 'ㅋ'로 발음합니다.

G는 'ㄱ'과 'ㅋ'로 발음합니다.

D는 'ㄷ'과 'ㅌ'로 발음하며, 단어 끝에서 '트'로 발음합니다.

R은 'ㄹ', 'ㄱ', '아'로 발음합니다.

Z는 'ㅊ'로 발음합니다.

sch는 '쉬', tsch는 '취'로 발음합니다.

추가적인 발음 규칙:

sp로 시작하면 '슈프', st로 시작하면 '슈트'로 발음합니다.

qu는 '크브(kv)'로 발음합니다.

ch는 a, o, u 뒤에서 '흐', 그 외에는 '히'로 발음합니다.

~tion은 '치온'으로 발음합니다.

ei, ey는 '아이', äu와 eu는 '오이', ie는 '이~'로 발음합니다.

아래는 독일어 검색에 활용하실 수 있는 사전입니다.

- 네이버 사전: dict.naver.com/dekodict

- 윅셔너리: en.wiktionary.org

- 콜린스 사전: collinsdictionary.com/dictionary/german-english

- 캠브리지 사전: dictionary.cambridge.org/dictionary/german-english

- 포르보 발음 사전: forvo.com/languages/de

아래는 네이밍에 활용할 수 있는 독일어 단어들입니다. 발음은 원 발음에 최대한 가깝게 한글로 표기하였으며, 대문자로 표기된 것은 명사입니다.

[표] 네이밍에 활용 가능한 독일어 단어

독일어 단어	발음	의미
Allee	알리	가로수 길, 대로
allein	알라인	홀로, 혼자 힘으로
ansehnlich	안진리히	잘생긴, 두드러진, 풍채가 당당한, 저명한
attraktiv	아트락티프	매력적인, 인기 있는
Augenblick	아우건블릭	찰나, 순간, 순식간, 기회
Bäckerei	베커가이	빵집, 쿠키
Baum	바움	나무
Berg	베르크(베르그)	산, 산맥
bestehen	베슈티엔	존재하다, 합격하다, 이겨내다
bezaubernd	베츠하우번트	매력적인, 매혹적인
Bier	비어	맥주
Biwak	비박	야영지
blau	블라우	파란색의, 하늘색의
Blume	블루머(블루메)	꽃
Brücke	브뤼케	다리, 가교
Brunnen	브르넨	샘, 원천, 근원, 우물, 분수
bunt	분트	다채로운, 다양한, 혼합된
Burg	부어크(부르크)	성, 축성 도시
Café	카피(카페)	카페
Damen	다먼(다멘)	여성
dankbar	당크바	감사하고 있는, 보람 있는
edel	이들(에델)	고귀한, 귀족의, 고상한, 우수한
elegant	엘레간트	우아한, 세련된, 품위 있는, 멋진
Engel	엥엘	천사

entzückend	엔취켄트	매력적인, 황홀한
Eos	이오스	아침 햇빛, 새벽의 여신
Erdreich	이어트라이히	지구, 땅, 세계
Essen	에쓴(에쎈)	식사, 음식, 연회
ewig	이비히	영원한
Fahrrad	파가드	자전거
Farbe	파베	색, 컬러
Fasching	파슁	사육제, 카니발
Feierabend	파이아아븐트	축제 전야, 일과 후 자유시간
Fernweh	페안비	방랑벽, 향수병의 상대어
Festung	페스퉁	요새, 성채
flattern	플라턴	훨훨 날아가다
Fleisch	플라이쉬	고기, 살
Flieder	플리더	라일락
Fluss	플루쓰	강
Frau	프라우	부인, 마님, 아내
Freiheit	프라이 하이트	자유
Freitag	프라이타크	금요일
froh	프로	기뻐하는, 명랑한, 만족하는
Funke	풍케	불꽃, 섬광
ganz	간츠	온전한, 전체적인, 전적으로
Garten	가르튼(가르텐)	정원, 놀이터
Gasse	가쎄(가쎄)	골목, 오솔길, 좁은 거리
Geheimnis	거하임니스	비밀
gelb	겔프	노란, 황색의, 창백한
Gemüse	거뮈저	채소, 푸성귀
gemütlich	거뮈틀리히	기분 좋은, 아늑한, 친절한

Gewitter	거비타(게비타)	뇌우, 거친 날씨, 격렬함
glasklar	글라스클라	명백한, 투명한(crystal clear)
Glück	글뤽	행운, 우연, 기쁨
Goldstaub	골트슈타웁	금가루
groß	그로쓰	큰, 넓은, 굵은
grün	그륀	초록색의, 싱싱한, 신선한
Gummi	구미	고무, 나무의 진, 수지
Gunst	군스트	호의, 친절, 은혜
gut	구트	좋은
haben	하븐(하벤)	가지고 있다, 소유하고 있다(have)
Hafen	하픈(하펜)	항구, 안식처, 피난처
Haus	하우스	집, 주택, 건물
Haut	하우트	피부
Heim	하임	집, 주거, 요양소, 공동 수용 시설
hell	헬	밝은, 맑은, 투명한, 명석한
herrlich	헬리히	남자다운, 씩씩한, 기백 있는
Heute	호이트	오늘, 현재
Himmel	히믈, 히밀(히멜)	하늘, 우주
Hof	호프	뜰, 마당, 농장, 저택
Hoffnung	호프눙	기대, 희망, 믿음, 유망주
hübsch	휩쉬	예쁜, 아름다운, 귀여운
Hummel	후멜(험멜)	호박벌(bumblebee)
Hund	훈트	개, 강아지, 개새끼
illuster	일루스타	빛나는, 고귀한
Insel	인즐(인젤)	섬
jung	융	젊은, 어린
Junge	융어(융게)	소년, 젊은 남자

Kaffee	카피	커피, 카페
kalt	칼트	추운, 냉정한
Karte	카터(카르테)	카드, 엽서, 초대장
Käse	캐저	치즈
Kasten	카스튼(카스텐)	상자, 궤, 통
Katze (Kater)	캇처	고양이
Kind	킨트	아기, 어린이, 아동
klein	클라인	작은, 적은, 평범한
klug	클루크	영리한, 재주 있는, 훌륭한
Kuchen	쿠흔(쿠헨)	케이크, 과자
Kunst	쿤스트	예술, 미술, 솜씨
Kuss	쿠스	키스, 입맞춤
Lächeln	레헨	미소
lang	랑	긴, 키가 큰
Lieb	립	애인, 연인, 사랑하는
Liebe	리베	사랑, 사랑의 대상
lieblich	리플리히	사랑스러운
lila	릴라	연보라의, 평범한, 무난한
Mädchen	맷히언	소녀, 처녀, 딸
Mann	만	남자, 인간, 남편
Meer	미어	바다
Mond	몬트	달, 위성
Morgen	모어겐(모르겐)	아침, 오전, 내일에(morgen)
neu	노이	새로운, 최근의
niedlich	니틀리히	달콤한, 귀여운
rechts	레히츠	오른쪽의, 오른쪽에
rein	라인	순수한, 깨끗한, 결백한

retten	레튼(레텐)	구하다, 보존하다
rot	로오트	붉은, 빨간색의
Salat	잘라트	샐러드
Sanduhr	잔트우어	모래시계
schlau	슐라우	똑똑한, 꾀가 많은
Schloss	슐로스	자물쇠, 성(castle)
Schnee	슈니	눈(snow)
Schneeengel	슈니엥글	눈 위에 누워서 팔다리를 움직여 생긴 천사 모양
schön	쉔	아름다운, 기분 좋은, 멋진
schwarz	슈바르츠	검은, 어두운
Spiegelei	슈피글라이	계란 프라이, 거울에 연거푸 비춰 보는 것
Stern	슈테른	별, 운수, 눈동자
Stolz	슈톨츠	자부심, 자존심, 자랑거리
Stunde	슈툰데	시간, 때, 순간
summen	주먼	윙윙 거리다, 콧노래를 부르다
Traum	트라움	꿈, 환상
traumhaft	트라움하프트	꿈같은, 황홀한
verliebt	페리프트	사랑에 빠진, 연모하는
Vertrauen	페타운	믿음, 확신, 신뢰
Vorfreude	포어포이드	기다리는 즐거움, 기대감
Wagen	바근(바겐)	수레, 자동차, 모험
Wald	발트	숲, 수풀
Wanderlust	반더루스트	방랑벽, 여행을 좋아함
Wasser	바싸	물, 눈물
weiß	바이쓰	흰, 하얀
wissen	비쓴	알다, 이해하다, 노하우가 있다

Wunder	분더	놀라움, 경이로운 일
Zeitgeist	차이트가이스트	시대 정신
Zentrum	첸트훔(젠트룸)	중심, 초점, 도심
zierlich	치얼리히	사랑스러운, 우아한, 기품 있는

북유럽 언어

핀란드의 휘바(hyvä)와 시수(sisu), 덴마크의 휘게(hygge), 스웨덴의 피카(fika)와 라곰(lagom)을 들어보셨나요? 이들은 북유럽의 아름다운 자연과 사람들의 여유로움을 담고 있는 단어들입니다.

최근 브랜드 네이밍에서 북유럽 언어에 대한 관심이 높아지고 있습니다. 라틴어, 이탈리아어, 프랑스어 등에서 유래한 어휘들이 브랜드에 흔히 사용되면서 다소 식상해졌고, 이에 따라 북유럽 언어의 신선한 어감이 주목받고 있기 때문입니다.

노르웨이어, 덴마크어, 스웨덴어는 어휘와 구조 면에서 유사성이 있지만, 핀란드어는 이들과 차이가 있습니다. 단어를 찾으실 때는 네이버 사전(노르웨이어, 덴마크어, 핀란드어, 스웨덴어)과 윅셔너리(en.wiktionary.org), 포르보(forvo.com) 발음 사전을 함께 활용하시면 좋습니다.

북유럽 어휘의 특징 중 하나는 다른 언어로 쉽게 대체할 수 없는 독특한 감성을 담고 있다는 점입니다. 또한, 유럽의 다른 언어들보다 덜 알려진 단어들이 많아, 신선한 어감으로 독창적인 네이밍을 만들 수 있습니다.

[표] 네이밍에 활용 가능한 북유럽 단어

북유럽 단어	발음	의미
aamu	아무	아침
ærlig	에얼리	정직한
äiti	에이띠	어머니
älska	엘스카	사랑하다
avanto	아반또	얼음 구멍
bakfull	버크풀	숙취의
blomster	블롬스테르	꽃
bra	브라	좋은, 충분한
dega	디에가	반죽, 휴식을 취하다
duktig	두크띡	실력이 뛰어난
elv	엘브	강, 급류
evig	에비, 이어빅	영원한
fart	파르트	속력, 활동
fika	피카	(함께) 커피를 마시다
fjell	피옐	산
flott	플로트	멋진, 우아한
förälskad	패렐스카드	사랑에 빠진
fornøyd	포네이드	만족하는
friluftsliv	프리러프슬리브	자연 속 야외 활동
fysen	퓌슨	바라는, 바람직한
gift	지프트, 이프트	결혼한
glädje	글레어저	행복, 즐거움
gökotta	욕우따	새소리를 듣는 새벽 산책
gottegris	고떼그리스	단것을 좋아함(sweet tooth)

grönsak	그레안속	야채
gruglede	그루글레더	설렘
happihyppy	하피히피	신선한 공기를 마시는 운동과 산책
höna	헤어나	닭고기
hygge	휴거, 후거	휘게, 덴마크와 노르웨이식 생활 방식
ildsjel	일쉘	열정적이고 헌신적인 사람, 열성 팬
joo	요	응(yes)
kaamos	까모스	극야(polar night), 밤만 계속되는 상태
kaffesugen	카페수겐	커피를 마시고 싶은
kattvän	캐트밴	고양이를 사랑하는 사람, 애묘인(愛猫人)
kaunis	까우니스	예쁜, 날씨가 좋은
kiitos	키또스	고맙습니다
kjæreste	샤레스따	이성 친구
kjærlighet	샬리엇(샬리헷)	사랑, 애인
klämdag	클램독	휴일 사이에 낀 평일(샌드위치 데이)
kos	쿠스	아늑함, 포옹
koselig	쿠슬리	아늑한, 편안한
koti	꼬띠	집(home)
kramgo	크람고	껴안고 싶은
kul	쿨	재미있는, 즐거운
kulta	꿀따	금(gold), 자기야
kunst	큔스트	예술, 미술품, 묘기
kuulas	꿀라스	투명한, 맑은
kveld	큐벨	저녁
kvinne	큐빈나	여자
lagom	라곰	적당한, 균형잡힌
lähde	래데	원천, 근원, 샘

lauha	라우하	날씨가 온화한
leende	리엔더(렌더)	미소
lintu	린뚜	새
liten	리뜬, 리딴	작은
losji	루쉬	숙소, 거처
lumi	루미	눈
lykke	루커	리케, 행복, 행운, 기쁨, 만족
maailma	마일마	지구, 세상, 우주
mångata	모앙가따	수면 위로 밝은 길처럼 비친 달빛
meri	메리	바다
mökki	므끼	나무로 만든 작은 집, 별장
mysa	미사	편안함을 느끼다, 미소짓다
mysig	미식	아늑한, 편안한, 흐뭇한
najs	나이스	좋은, 친절한, nice
ögonblick	어공블릭	순간, 눈 깜짝할 사이
omtanke	옴탕께	배려, 고려, 관심, 보호
orka(orke)	오르까	~할 힘이 있는
påtår	포아토아르(포토르)	두 번째 커피, 커피 리필(무료)
pigg	피그	민감한, 쾌활한, 활기찬, 경계심이 강한
plask	플라스크	물 튀기는 소리, 물이 튐
poika	포이까	소년, 아들
pupu	뿌뿌	작은 토끼, 귀여운 토끼
pussi	푸씨	봉지, 파우치, 가방, 주머니
rakas	라까스	사랑스러운
rakkaus	라까우스	사랑, 사랑하는 사람
sagolik	사골릭	마법같은, 동화같은
sambo	삼보	룸메이트, 동거인

sielu	시엘루	영혼
sisu	시수	인내, 끈기, 불굴의 투지
skog	스쿠그	숲, 삼림
skönt	후앤트	아름다운
slut	슬루트	끝, 마침
solina	솔리나	물이 흐르는 소리
solkatt	솔캇	햇빛이 반사되어 비치는 것
söpö	쇠뾔	귀여운
stjärna	후애나	별
suvanto	수반또	느린 물의 흐름, 하천 웅덩이, 느린 삶
sydän	수단	심장, 마음, 영혼
takke	터키아, 타기어	감사를 표하다
tillit	틸릿	신뢰, 믿음
titta	티따	보다, 목격하다
tjena	셰나	안녕, 네, 맞다
tosikko	또시꼬	재미있는 사람(유머 감각)
tystnad	티스나드	침묵, 침묵의 순간
tyyni	뚜니	고요한, 차분한
unelma	우넬마	꿈, 드림(dream)
usva	우스바	안개
utepils	우타필즈	레스토랑이나 바 야외에서 마시는 맥주
vacker	박께르	아름다운, 잘생긴
vann	반	물, 호수, 연못
vasta	바스따	바로, 지금 막
vatten	바텐	물
venn	벤	친구
vihdoin	비히도인	마침내, 드디어

3) 아시아권 언어의 네이밍

일본어

우리나라에서는 일본어가 브랜드 네이밍에 거의 사용되지 않습니다. 이는 주로 과거 역사에서 비롯된 반일 감정 때문입니다. 일본어의 잔재를 청산하자는 분위기 속에서 일본어 느낌의 브랜드 이름이 소비자들에게 공감을 얻기 어려울 수 있습니다.

그러나 일본 음식점을 비롯한 특정 업종에서는 예외가 있습니다. 일본 음식을 전문으로 하는 식당이나 주점에서는 일본어 이름이 오히려 전문성을 높이는 데 도움이 될 수 있습니다.
아래는 일본어 검색에 유용한 사전입니다.

– 네이버 사전: ja.dict.naver.com

– 지쇼(Jisho): jisho.org

– 재팬딕트(JapanDict): japandict.com

일본어 발음의 특징 중 하나는 우리말 '카'나 '타'와 같은 거센소리가 첫 음절에 올 때 탁점(´)이 없어도 부드럽게 발음된다는 점입니다. 예를 들어, 'カ'는 '가', 'ケ'는 '게'에 가까운 발음으로 들리지만, 영문 표기에서는 ga, ge가 아닌 ka, ke로 표기합니다.

또한, 일본어로 외국어를 표기할 때는 종종 유머를 자아내기도 합니다. 예를 들어, McDonald's는 'マクドナルド'(마쿠도나루도), Starbucks는 'スターバックス'(스타바쿠스)로 표기됩니다. 반면, 일본어를 영어로 표기하는 것은 정해진 규칙

에 따라 일관되게 변환할 수 있어 상대적으로 간단합니다. 이러한 일본어 단어의 영문 표기를 변형해, 원래 의미를 살리면서도 독특한 브랜드 네임을 만들어 볼 수 있습니다.

아래는 네이밍에 활용할 수 있는 일본어 단어입니다.

[표] 네이밍에 활용 가능한 일본어 단어

국문 표기	일본어 단어	영문 표기	의미
가오	かお [顔]	kao	얼굴
곤조	こんじょう [根性]	konjou	근성
나가레	ながれ [流れ]	nagare	흐름
나나	なな [七]	nana	일곱
나마에	なまえ [名前]	namae	이름
나미	なみ [波]	nami	파도
네무리	ねむり [眠り]	nemuri	잠
네코(네꼬)	ねこ [猫]	neko	고양이
노조미	のぞみ [望み]	nozomi	소망
니지	にじ [虹]	niji	무지개
니코니코(니꼬니꼬)	にこにこ	nikoniko	싱글벙글
도키도키	どきどき	dokidoki	두근두근
료코	りょこう [旅行]	ryokou	여행
링고	リンゴ	ringo	사과
마도	まど [窓]	mado	창
마루	まる [丸]	maru	동그라미
마요	めがみ [女神]	mayo	한밤중
메가미	めがみ [女神]	megami	여신
모리	もり [森]	mori	숲

모모	もも [桃]	momo	복숭아
모미지	もみじ [紅葉]	momiji	단풍
무샤	むしゃ [武者]	musha	무사
미도리	みどり [緑]	modori	초록
미미	みみ [耳]	mimi	귀
미세	みせ [店]	mose	가게
미야비	みやび [雅び]	miyabi	우아함
바라	バラ	bara	장미
보탄	ぼたん [牡丹]	botan	모란
삐치삐치	ぴちぴち	pichipichi	펄떡펄떡
삐카삐카	ぴかぴか	pikapika	번쩍번쩍
사사야끼(사사야키)	ささやき [囁き]	sasayaki	속삭임
사요	さよ [さ夜]	sayo	밤
소라	そら [空]	sora	하늘
쇼부	しょうぶ [勝負]	shoubu	승부
쇼쿠도	しょくどう [食堂]	shokudou	식당
스고이	すごい [凄い]	sugoi	굉장하다/무섭다
스떼끼(스테키)	すてき [素敵]	suteki	매우 뛰어남
스모모	すもも [李]	sumomo	자두
스미레	スミレ	Sumire	제비꽃, 보라
스바라시	すばらしい [素晴らしい]	subarashii	훌륭하다
시로이	しろい [白い]	shiroi	하얀
시즈카	しずか [静か]	shizuka	조용한 상태
시즈쿠	しずく [雫]	shizuku	물방울
아리	あり [蟻]	ari	개미
아마이	あまい [甘い]	amai	달다
아메	あめ [雨]	ame	비

아소비	あそび [遊び]	asobi	놀이
아오이	あおい [青い]	aoi	파란
아이	あい [愛]	ai	사랑
아카루이	あかるい [明るい]	akarui	밝은
아카이	あかい [赤い]	akai	붉은
아키	あき [秋]	aki	가을
아타라시이	あたらしい [新しい]	atarashii	새로운
앙요	あんよ	anyo	걸음마
야	や [屋]	ya	집, 가게
야마	やま [山]	yama	산
야사이	やさい [野菜]	yasai	야채
오모이데	おもいで [思い出]	omoide	추억
오카네	おかね [お金]	okane	돈
오토메	おとめ [少女]	otome	소녀
온나	おんな [女]	onna	여자
우미	うみ [海]	umi	바다
유리	ゆり [百合]	yuri	백합
유메	ゆめ [夢]	yume	꿈
유키	ゆき [雪]	yuki	눈
유토리	ゆとり	yutori	여유
이누	いぬ [犬]	inu	개
이마	いま [今]	ima	지금
이빠이	いっぱい [一杯]	ippai	가득, 한 잔
이즈미	いずみ [泉]	Izumi	샘
이찌고	いちご [苺]	ichigo	딸기
이찌방	いちばん [一番]	ichiban	1등
이츠모	いつも [何時も]	itsumo	언제나, 보통 때

이케	いけ [池]	ike	연못
츠보미	つぼみ [蕾]	tsubomi	꽃봉오리
츠유	つゆ [露]	tsuyu	이슬
츠키다시	つきだし [突(き)出し]	tsuki-dashi	쑥 내밀, 가벼운 안주
치카치카	ちかちか	chikachika	반짝반짝
카노죠	かのじょ [彼女]	kanojo	그녀
카스미	かすみ [霞]	kasumi	안개
카오리	かおり [香り]	kaori	향기
카와	かわ [川]	kawa	강
카와이	かわいい [可愛い]	kawaii	귀여운
카제	かぜ [風]	kaze	바람
코코로	こころ [心]	kokoro	마음
코히	コーヒー	coffee	커피
쿠다모노	くだもの [果物]	kudamono	과일
쿠로이	くろい[黒い]	kuroi	검은
쿠루쿠루	くるくる	Kurukuru	빙글빙글
쿠마	くま [熊]	kuma	곰
키라키라	きらきら	kirakira	반짝반짝
키레이	きれい [綺麗]	kirei	아름다움
타베모노	たべもの [食べ物]	tabemono	음식물
탄뽀뽀	たんぽぽ [蒲公英]	tanpopo	민들레
토나리	となり [隣]	tonari	이웃, 옆, 곁
토모	とも [友]	tomo	벗, 친구
토와	とわ [永久]	towa	영원
토키도키	ときどき [時時]	tokitoki	가끔, 때때로
팡야(빵야)	パンや [パン屋]	panya	빵집
하나	はな [花]	hana	꽃

하나비	はなび [花火]	hanabi	불꽃(놀이)
하레	はれ [晴(れ)]	hare	맑은
하루	はる [春]	haru	봄
하루카	はるか [遥か]	haruka	아득히
호마레	ほまれ [誉れ]	homare	명예
호시	ほし [星]	hoshi	별
히메	ひめ [姫]	hime	여성에 대한 미칭
히비키	ひびき [響き]	hibiki	울림, 메아리
히카리	ひかり [光]	hikari	빛
히토미	ひとみ [瞳]	hitomi	눈동자

중국어

중국어는 성조에 따라 의미가 달라지고, 발음과 표기가 어려워 브랜드 네이밍에
활용하기가 쉽지 않습니다. 같은 한자라도 중국의 간체자와 한국의 한자가 달라
사용하기 복잡합니다. 이런 이유와 문화적, 역사적 배경 때문에, 중국어는 우리
나라에서 외식업이나 식품 분야를 제외하고는 브랜드 네임으로 잘 사용되지 않습
니다.

아래는 영어에서 사용되는 중국 유래 어휘를 정리한 것으로, 절반 정도가 음식과
관련된 것을 알 수 있습니다.

[표] 중국어에서 유래한 영어 단어

영어	중국어	의미
brainwash(브레인워시)	洗脑(시나오)	세뇌(洗腦)
ch'i, qi(치)	气(치)	공기, 바람(무선충전 방식)
cha(차)	茶(차)	차

char siu(차시우)	叉烧(차샤오)	차슈
chop chop(찹찹)	速速(쑤쑤, 착착)	빨리 빨리
gung-ho(겅호)	工合(꿍흐어)	무모하게 용감한
ketchup(케첩)	茄汁(취에즈, 꿰짤)	케첩
kung fu(쿵푸)	功夫(꿍푸)	쿵후
mulan(뮬란)	木兰(물란)	목련과의 목란(木蘭)
pak choi(팍초이)	白菜(빠이차이)	중국 배추
tofu(토푸)	豆腐(또오푸)	두부

네이밍에서 중국어를 활용할 때는 종종 중국어 간체를 우리나라 한자로 표기하고, 그 한자의 음을 따르는 방식이 많이 사용됩니다.

중국 음식점 이름에 자주 등장하는 한자인 각(閣), 원(院), 루(樓), 관(館)은 전통적인 중국 누각 형태의 건물에서 유래한 것으로, 식당과 숙박업을 겸하는 건물의 특성을 반영합니다. 예를 들어, 밥집을 뜻하는 '반점(飯店)'은 중국에서는 호텔을 의미하지만, 한국에서는 음식점을 뜻합니다. 성(城), 원(園), 방(房) 등은 공간을 나타내는 한자입니다.

또한, 중국 음식점 이름에 자주 사용되는 한자인 '향(香)'은 '향기' 외에도 '맛있다', '입맛에 맞다', '달콤하다' 등의 의미를 포함하고 있어 음식점 이름에 적합합니다.

중국어 발음이 한국 한자 발음보다 더 쉬운 경우, 중국어 발음에 맞게 표기하는 방식도 사용되곤 합니다. 예를 들어, 한국에서 인기 있는 '마라탕(麻辣烫)'은 원래 한자로 '마(麻)'는 '마비', '랄(辣)'은 '맵다'는 의미를 가지고 있지만, 중국어 발음 '마라탕(málàtàng)'에 가까운 표기가 더 널리 사용됩니다.

마라탕 전문점이나 중국 음식점 이름에서 자주 사용되는 단어들에는 다양한 의미가 담겨 있습니다. 예를 들어, '쿵푸(功夫)'는 단순히 중국 무술을 넘어서 시간, 노력, 재주, 솜씨 등을 의미합니다. 그래서 '쿵푸'는 요리 실력과 노력을 상징하기도 합니다.

또한, '사부'를 뜻하는 '쉬푸(师傅)'는 원래 스승을 의미하지만, 현재는 숙련된 사람을 가리키는 일반적인 호칭으로 사용됩니다. 중국어 발음 '쉬푸(shīfu)'는 영어 '셰프(chef)'와 유사해 음식점 이름에 자주 사용됩니다.

'하오(好)'는 중국어 인사 '니하오(你好)'에도 포함되어 있는 말로 '좋다'는 의미 외에도 '번창하다', '인기 있다' 등의 긍정적인 의미를 가지고 있습니다. '화(火)'는 불을 의미하며, '붉다', '번창하다', '풍족하다'는 뜻도 포함됩니다.

– 네이버 사전: zh.dict.naver.com
– MDBG 중국어 사전: mdbg.net/chinese/dictionary
– 한지: hanzii.net

중국어에는 우리나라에서는 찾아보기 힘든 독특한 표현들이 많습니다. 이러한 단어들을 활용하면 창의적인 네이밍을 할 수 있습니다.
예를 들어, 중국의 차(茶)와 관련된 표현들을 살펴보겠습니다. 중국의 차는 전 세계적으로 유명하며, 차와 관련된 표현도 다양합니다.

– 茶钱(차전): 찻값, 팁, 집세 보증금
– 吃茶(흘차, 끽차): 차를 마시다, 약혼하다

- 茶饭(차반): 차와 밥, 다반사

- 减肥茶(감비차): 다이어트 차

- 茶博士(차박사): 찻집 심부름꾼 또는 다방 종업원

- 下茶(하차): 결혼 예물 보내기, 결혼하다

- 敬茶(경차): 차를 대접하다

- 炒茶(초차): 차 잎을 볶다

- 用茶(용차): 차를 마시다

- 让茶(양차): 손님에게 차를 권하다

- 茶不思饭不想(차불사반불상): 차도 밥도 생각 없다

- 烧茶吃水(소차흘수): 일상생활을 비유적으로 표현

차와 관련된 네이밍을 할 때 이러한 중국어 표현들을 참고하면 훌륭한 브랜드 이름을 만들 수 있습니다.

아래는 중국어 브랜드 네이밍에 활용할 수 있는 단어 목록입니다. 중국어 발음기호는 영어와 다르므로, 발음은 한글 표기를 참고하시면 됩니다.

[표] 네이밍에 활용 가능한 중국어 단어

한글 표기	중국어 표기	의미
리엔	脸(liǎn)	얼굴
가오씽	高兴(gāoxìng)	좋아하다, 기뻐하다
누리	努力(nǔlì)	노력
니하오	你好(nǐhǎo)	인사
디에	蝶(dié)	나비
따	大(dà)	크다

따거	大哥(dàgē)	큰형
똥시	东西(dōng·xi)	물건
띠디	弟弟(dì·di)	남동생
라이	来(lái)	오다
란서더	蓝色的(lánsède)	파랑
런	人(rén)	사람, 인
런시	认识(rèn·shi)	알다, 인식하다
루미	入迷(rùmí)	매혹되다, 반하다
리우	礼物(lǐwù)	선물
마오	猫(māo)	고양이
만위에	滿月(mǎnyuè)	보름달, 만월
만토우	饅頭(mán·tou)	찐빵
멍	梦(mèng)	꿈
멍샹	夢想(mèngxiǎng)	몽상, 갈망
메이꽌시	没关系(méi guān·xi)	괜찮다
메이런	美人(měirén)	미인
메이멍	美梦(měimèng)	단꿈, 아름다운 꿈
메이티엔	每天(měitiān)	매일
미미	秘密(mìmì)	비밀
미엔	面(miàn)	면, 국수
미엔빠오	面包(miànbāo)	빵
밍씽	明星(míngxīng)	인기인
밍윈	命运(mìngyùn)	운명
밍티엔	明天(míngtiān)	내일
부씽	复兴(fùxīng)	부흥
빠오즈	包子(bāozi)	만두
샤오	小(xiǎo)	작은

샤오고우	小狗(xiǎogǒu)	강아지
샨	山(shān)	산
샨슈어	闪烁(shǎnshuò)	반짝임
셰셰	谢谢(xiè·xie)	고맙습니다
쉐	雪(xuě)	눈
쉐이	水(shuǐ)	물
쉐이다일러	帅呆了(shuàidāi·le)	잘생긴
슈슈	叔叔(shū·shu)	아저씨
슈시	休息(xiū·xi)	휴식
시	诗(shī)	시
시앙	香(xiāng)	향기롭다, 맛있다
시푸	师父(shī·fu)	사부, 스승
신	新(xīn)	새로운
싱푸	幸福(xìngfú)	행복
싼야오	闪耀(shǎnyào)	빛나다
씨앤무	羡慕(xiànmù)	부러워하다
씨왕	希望(xīwàng)	희망
씽	星(xīng)	별
아이	爱(ài)	사랑
안닝	安宁(ānníng)	평안한
양꽝	阳光(yángguāng)	햇빛
예량	月亮(yuèliàng)	달
왕루어	网络(wǎngluò)	인터넷
왕홍	网红(wǎnghóng)	인플루언서
웨이샤오	微笑(wēixiào)	미소
위앤	缘(yuán)	인연
위에량	月亮(yuè·liang)	달

윈	云(yún)	구름
융헝	永恒(yǒnghéng)	영원한
제제	姐姐(jiě·jie)	여자 형제
젠빙	煎餠(jiānbing)	전병, 부침개
지	鸡(jī)	닭
지단	鸡蛋(jīdàn)	계란
지러	极了(jí·le)	극히, 매우
지칭	激情(jīqíng)	열정
진티엔	今天(jīntiān)	오늘
쨔오즈	餃子(jiǎozi)	만두
쭈	猪(zhū)	돼지
쯔요우	自由(zìyóu)	자유
차이홍	彩虹(cǎihóng)	무지개
총밍	聪明(cōng·ming)	똑똑한
추언전	純真(chúnzhēn)	순진함
춘티엔	春天(chūntiān)	봄
츄스	厨师(chúshī)	요리사
친	琴(qín)	거문고
카페이	咖啡(kāfēi)	커피
커아이	可爱(kě′ ài)	사랑스러운
콰이러	快乐(kuàilè)	즐겁다
쾅러	狂热(kuángrè)	열광적인
크어아이	可爱(kě′ ài)	사랑스러운
탠미	甜蜜(tiánmì)	달콤한
통신	童心(tóngxīn)	동심
투추	突出(tūchū)	뛰어난
티엔콩	天空(tiānkōng)	하늘

펑요	朋友(péng·you)	친구
피아오량	漂亮(piào·liang)	예쁜, 멋진
하오	好(hǎo)	좋은
하오츠	好吃(hǎochī)	맛있다
하오칸	好看(hǎokàn)	아름답다
하이	海(hǎi)	바다
헌부더	恨不得(hèn ·bu ·de)	간절히 하고 싶다
훙렌	红人(hóngrén)	인기 있는 사람
화	花(huā)	꽃
화총	花丛(huācóng)	꽃밭
후디에	蝴蝶(húdié)	나비
훠궈	火鍋(huǒguō)	샤브샤브, 신선로
흐어핑	和平(hépíng)	평화

4) 기타 지역 언어의 네이밍

오세아니아 언어

오세아니아 지역에서는 뉴질랜드, 사모아, 솔로몬 제도, 피지, 통가, 파푸아뉴기니 등에서 다양한 언어를 사용합니다. 영어 외에도 피지어, 사모아어, 통가어, 마오리어 등이 사용되지만, 각 언어의 사용 인구는 많지 않습니다.

단어를 찾는 데 제약이 있을 경우, 윅셔너리(en.wiktionary.org)나 각 국가의 문화와 생활을 소개하는 해외 웹사이트를 활용하시면 좋습니다.

오세아니아는 넓은 바다와 수많은 섬으로 이루어진 아름답고 깨끗한 자연 이미지를 가지고 있습니다. 바다와 자연, 깨끗함, 여유로운 분위기를 담고 싶은 브랜드 네임을 원하신다면, 아래 단어들을 활용해 보세요.

[표] 네이밍에 활용 가능한 오세아니아 단어

오세아니아 단어	발음	의미
ahi	아히	불
ariki	아리키	지도자
aroha	아로하	사랑
awa	아와	강, 개울, 시내
bach	배치	별장
chocka	촉카	완전히 가득찬
chur	처	감사, 칭찬, 감탄의 표현
cuppa	쿠파	차 한잔
evaga	에바가	노는 것
fale	팔레	집
fetu	페투	별
fulla	풀라	남자
gizza	기자	달라는 의미
ihi	이히	힘, 권한, 권력
iti	이티	작은
iwi	이위	국민, 국가
kai	카이	음식
kapai	카파이	잘 된
kauri	카우리	뉴질랜드의 큰 침엽수
kia Ora	키아 오라	인사
koha	코하	선물
mahi	마히	일, 능력

mamana	마마나	신성한
mana	마나	권한, 능력, 명성, 영향력
manga	망가	시내, 개울
manuhiri	마누히리	손님, 방문자
marae	마라이	모이는 장소
mãsina	마시나	달
matagōfie	마타고피에	웅장한, 중요한
matalasi	마탈라시	아름다운
maunga	마웅가	산
moana	모아나	바다
motu	모투	섬
nui	누이	큰, 많은
one	오네	모래, 땅
pakaru	파카루	고장난
pikinini	피키니니	아이
pounamu	포우나무	옥, 비취
puke	푸케	언덕
rangatira	랑가티라	지위가 높은 사람
roa	로아	긴
rohe	로헤	경계
roto	로토	호수, 내부
sava	사바	일몰, 황혼
skux	스쿠스	멋있어 보이는
tama	타마	아들, 젊은이
tamaiti	타마이티	아이
taonga	타옹가	소중한 것
tapu	타푸	신성한

tausala	타우살라	아름다운 소녀
tiaki	티아키	보살피다
toa	토아	용감하다, 대담하다
totoka	토토카	아름다운
vaito'a	바이토아	호수의 잔잔한 물결, 얼음
wai	와이	물
waiata	와이아타	노래
whanga	왕가	항구
yadra	야드라	좋은 아침
yonk	용크	영원히

아프리카 언어

아프리카에서는 약 2,000개의 언어가 사용됩니다. 영어, 프랑스어, 스페인어 외에도 스와힐리어, 하우사어, 줄루어, 요루바어, 아프리칸스어, 츠와나어 등이 주요 언어로 인정받고 있습니다. 아래는 단어 검색에 유용한 주요 사전입니다.

– 네이버 스와힐리어 사전: dict.naver.com/swkodict

– 다음 스와힐리어 사전: dic.daum.net/index.do?dic=sw

– 네이버 하우사어 사전: dict.naver.com/hakodict

– 윅셔너리: en.wiktionary.org

– 포르보 발음 사전: forvo.com

우리나라에서는 아프리카 언어를 브랜드 네이밍에 자주 사용하지 않습니다. 그러나 자연이나 감정을 표현하는 단어들을 잘 활용하면 유용할 수 있습니다. 또한 생소한 어휘를 사용해 의미가 없는 독특한 브랜드 네임을 만드는 것도 가능합니다.

아프리카에서 유래된 영어 단어들은 이미 우리에게 익숙합니다. 예를 들어, 좀비(zombie), 콜라(cola), 점보(jumbo), 사파리(safari), 멈보점보(mumbo-jumbo), 주크박스(jukebox), 봉고(bongo), 모조(mojo), 에보니(ebony), 하쿠나 마타타(hakuna matata) 등이 있습니다. 또한 커피(coffee), 재즈(jazz), 바나나(banana), 판당고(fandango)도 아프리카 유래로 볼 수 있습니다.

'라이온 킹'의 '하쿠나 마타타(hakuna matata)'처럼, 아프리카 언어에서 영감을 얻어 활용하면 훌륭한 브랜드 네임이 탄생할 수 있습니다.

아래는 브랜드 네이밍에 활용할 수 있는 아프리카 단어들을 정리한 목록입니다.

[표] 네이밍에 활용 가능한 아프리카 단어

아프리카 단어	발음	의미
akbar	악바르	강력한
amandla	아만들라	힘, 권력, 능력
amani	아마니	평화, 평온
amanzi	아만지	물
amini	아미니	믿다, 믿을 수 있는 친구
asante	아싼떼	고맙습니다
azaan	아잔	신을 부르는 소리
basenji	바센지	짖지 않는 조용한 개
bashasha	바샤샤	기쁨, 행복
biko	비코	제발, 부디

boet	보트	형제, 친구
braai	브라이	바비큐
chakula	차꿀라	음식
cheka	체카	웃다
chekesha	체케샤	즐겁게 하다
chumba	춤바	방
djinni	지니	영, 영혼
dop	돕	가벼운 술
duaa	두와	기도
emini	에미니	낮
epesi	에뻬시	가벼운, 빠른
furaha	푸라하	기쁨, 행복
gerenuk	게레누크	목이 긴 아프리카의 영양
hlala	흘라라	살다, 앉다
hleka	흘레카	웃다
hongera	홍게라	축하
ichibi	이치비	호수, 연못
ifu	이푸	구름, 하늘
ihlathi	일라티	숲
ilanga	일랑가	태양, 낮
imbali	임발리	꽃, 개화
imbasa	임바사	별
imbewu	임베우	씨앗
impala	임팔라	뿔이 큰 아프리카 갈색 영양
imvula	임불라	비
inja	인쟈	개
inkomo	인코모	암소

inkukhu	인쿠쿠	닭고기
inkungu	인쿤구	안개
intaba	인타바	산, 언덕
inyanga	이냥가	달, 힐러
inyoka	이뇨카	뱀
inyoni	이뇨니	새
iqhwa	이콰	눈, 얼음
iri	이리	이슬, 안개
isihlahla	이시랄라	나무
isithelo	이시텔로	과일, 결실
itshe	이췌	돌, 바위
izulu	이줄루	하늘
jabali	자발리	바위, 바위 산
juju	주주	부적, 주술
kahawa	까와	커피
karibu	카리부	환영하다
Kesho	께쇼	내일
kubali	쿠발리	동의하다
Kubwa	쿠봐	큰, 거대한
Kuku	쿠쿠	닭고기
kumbatia	쿰바티아	포옹
kupenda	쿠뻰다	사랑에 빠지다
ladha	라다	맛
lala	라라	쉬다
lekker	레커	맛있는, 달콤한
linga	링가	시도하다
mahaba	마하바	사랑, 로맨스

maji	마지	물
mamba	맘바	녹색 또는 검은색의 아프리카 독사
mashuhuri	마슈후리	유명한
mataa	마타	머리
matunda (tunda)	마툰다	과일
maziwa	마지와	우유
mboga	음보가	야채
mojo	모조	마법 주문, 부적
mpenzi	음뻰지	사랑하는 사람
mrembo	므렘보	미인, 세련된 사람
nafasi	나파시	기회
nakupenda	나쿠펜다	사랑합니다
ngoma	은고마	춤, 드럼
nyama	나야마	고기
nyumba	니움바	집
nyumbani	니움바니	집
pana	파나	넓은
penda	펜다	칠하다, 컬러
polepole	뽈레뽈레	천천히, 조심스럽게
pwani	프와니	해변
qala	칼라	시작하다
rafiki	라피키	친구
rembo	렘보	아름다운, 예쁜
ridhaa	리다	동의, 만족
ridhika	리디카	만족하다
sala	살라	남다, 머무르다
sana	싸나	매우, 많이, 무척

sarmie	사르미	샌드위치
sasa	싸사	지금
shanga	샤느가	장식 구슬
shupavu	슈파부	힘이 넘치는
starehe	스타레헤	편안함, 휴식
sumaki	수마키	생선
tembea	템베아	걷다
tulivu	툴리부	고요한, 평화로운
tumaini	투마이니	바라다, 믿다
ubuntu	우분투	인류애, 인간성
uhuru	우후루	자유, 독립
umfula	움풀라	강
umhlaba	움흘라바	지구, 세상
umlilo	우믈리로	불
umoya	우모야	바람, 공기, 영혼
umuthi	우무티	나무, 숲
umva	움바	느끼다, 듣다
upepo	우뻬뽀	바람
utshani	우챠니	풀
uwezo	우웨조	능력
Vijana	비자나	젊음, 젊은이들
vutiwa	부티와	끌리는
zuri	주리	아름다운, 좋은

5부

로고
디자인
더 잘하기

brand

브랜드 네임이 브랜드의 언어적 정체성(Verbal Identity)을 대표한다면, 로고는 브랜드의 시각적 정체성(Visual Identity)을 나타내는 핵심 요소입니다. 로고는 단순한 심벌을 넘어서, 상징, 그래픽, 컬러 등 시각적으로 표현된 문자나 기호, 이들이 결합된 포괄적인 개념을 포함합니다.

영어 '로고(logo)'는 1937년 미국에서 로고그램(logogram) 또는 로고타입(logotype)을 줄여서 사용한 것이 시초로 알려져 있습니다. '로고그램'은 그리스어 '로고스(logos)'(단어, 의미, 개념을 의미)와 '그램(gram)'(기록을 의미)이 합쳐진 말로, 단어나 구를 나타내는 기호나 문자를 의미합니다. '타입(type)'의 어원은 그리스어 'túpos'로, 표시, 인상, 형태를 의미합니다.

1. 로고의 구분

로고는 시각적 요소와 표현 방식에 따라 여러 형태로 나눌 수 있습니다. 크게 브랜드 네임 중심 로고와 상징과 그래픽 중심 로고로 구분됩니다. 브랜드 네임 중심 로고에는 워드마크, 레터마크, 모노그램, 레터폼 로고가 있습니다. 상징과 그래픽 중심 로고에는 구체적 심벌, 추상적 심벌, 도형을 활용한 로고, 엠블럼, 마스코트나 캐릭터 로고가 포함됩니다. 이들을 조합한 조합형 로고와 다이나믹, 3D, 애니메이션 로고도 있습니다.

[표] 로고의 구분

대분류	소분류	설명	예시
브랜드 네임 중심	워드마크 또는 로고타입 로고	− 브랜드 네임을 문자로 표현 − 타이포그래피(Typography)의 일종 − 특정 서체로 브랜드 네임만을 표현하기도 하고, 그래픽 요소를 가미하기도 함	
	레터마크 로고	− 영문 이니셜, 약칭 등 간단한 문자를 표현 − 브랜드 네임이 길거나 발음 어려울 경우 사용함	
	모노그램 로고	− 레터마크의 일종으로 영문 이니셜, 2~3 글자의 조합이 서로 얽혀 있는 형태	
	레터폼 로고	− 브랜드를 상징하는 영문 알파벳 한 글자 를 활용하여 디자인	
상징과 그래픽 중심	구체적 심벌	− 문자 대신 브랜드 네임이나 비즈니스를 연상할 수 있는 구체적인 상징물이나 대 상을 표현	
	추상적 심벌	− 추상적인 이미지를 활용하는 심벌	
	도형 활용 로고	− 원형, 다각형 등의 도형을 활용한 선이나 면이 로고에 비중 있게 사용되는 형태	
	엠블럼 로고	− 원형이나 타원, 방패 등의 형태를 하고 있 고, 다소 복잡한 형태의 도안과 장식적인 요소가 가미된 전통적인 느낌의 로고	
	마스코트 또는 캐릭터 로고	− 사람이나 동물 등을 디자인에 활용한 로고 − 귀여움이나 친근함, 신뢰나 권위, 역사나 전통 등을 소구하고 싶을 때 효과적	
조합형	콤비네이션 로고	− 앞에서 소개한 로고들을 조합하여 만들 수 있는 로고 − 시그니처(Signature)라고도 하며, 심벌과 워드마크의 조합형이 가장 일반적인 형태	
기타	다이나믹 로고	− 한 가지 심벌이나 로고를 일관적으로 사 용하는 것이 아니라 시간이나 장소에 따 라 다르게 구현	
	3D 로고	− 평면이지만 입체적인 느낌이 느껴지도록 디자인한 로고	
	애니메이션 로고	− 정적인 로고에 동적인 요소를 가미하여 TV나 PC 및 모바일 화면에서 디스플레이 되는 로고	

1) 브랜드 네임 중심의 로고

브랜드 네임이 중심이 되는 로고에는 워드마크(Wordmark) 또는 로고타입(Logotype)을 비롯하여 레터마크(Lettermark), 모노그램(Monogram), 레터폼(Letterform)이 있습니다.

워드마크(Wordmark) 또는 로고타입(Logotype)

워드마크(Wordmark) 또는 로고타입(Logotype)은 브랜드 네임을 글자로 표현한 타이포그래피(Typography) 스타일입니다. 일정한 서체로 브랜드 네임을 표현하거나, 그래픽 요소를 추가하기도 합니다. 이 로고는 주로 브랜드 네임의 가독성과 개성을 강조하는 데 중점을 둡니다. 워드마크는 심벌이나 엠블럼과 함께 사용할 수도 있지만, 단독으로도 사용됩니다.

역사적으로 '로고타입'이 줄어 '로고'가 되었다고도 하며, 미국에서는 '워드마크'가 텍스트만을 의미하는 상표 용어로 사용되기 때문에, 로고타입보다 더 넓게 해석될 수 있습니다. 그러나 브랜드 디자인에서는 워드마크와 로고타입을 같은 개념으로 이해하면 됩니다.

워드마크/로고타입 로고를 개발할 때 가장 이상적인 방법은 브랜드 전용 서체를 개발하여 사용하는 것이지만, 이는 비용과 시간이 소요됩니다. 대안으로는 몇 개의 문자만 별도로 디자인하거나, 기존의 유료 또는 무료 서체를 활용하여 디자인할 수 있습니다. 서체와 그 활용에 대해서는 뒤에서 자세히 다룰 예정입니다.

워드마크는 브랜드 네임을 시각적으로 직접적으로 표현하기 때문에, 브랜드 네임을 강조하거나 널리 알리는 것이 중요한 경우에 주로 사용됩니다. 또한, 워드마크는 다른 로고 요소와 결합하여 다양한 방식으로 활용할 수 있습니다.

브랜드 네임이 길거나 읽기 어려운 경우 주의가 필요합니다. 긴 네임은 가로 비율이 늘어나 가로 폭에 맞추면 문자가 상대적으로 작아질 수 있습니다. 예를 들어, SNS 프로필이나 상점의 프로필 이미지로 사용할 경우 문자가 단순한 선으로 보일 수 있습니다. 또한, 읽기 어려운 브랜드 네임은 가독성을 최대한 고려하여 디자인해야 합니다. 생소한 단어나 발음이 혼동될 수 있는 네임에는 그래픽 요소를 추가하여 가독성이 떨어지지 않도록 주의해야 합니다.

워드마크는 쉽게 바꾸기 어렵기 때문에, 브랜드를 잘 표현할 수 있는 서체를 신중하게 선택해야 합니다. 워드마크에서 '우리 브랜드의 이름은 무엇인가'도 중요하지만, '우리 브랜드는 어떤 브랜드인가'라는 메시지도 중요합니다. 따라서 가독성만 좋은 워드마크는 충분하지 않으며, 브랜드의 콘셉트, 성격, 가치, 타깃 고객, 경쟁 브랜드 등을 종합적으로 고려해야 합니다. 유행에만 따라가면 금방 질리거나 촌스럽게 느껴질 수 있으니 주의가 필요합니다.

레터마크(Lettermark)

레터마크(Lettermark)는 브랜드 네임의 영문 이니셜이나 약칭을 로고로 사용하는 방법입니다. 브랜드 네임이 길거나 발음이 어려울 때 효과적입니다. 워드마크와 유사하지만, 레터마크는 전체 브랜드 네임이 아닌 이니셜만 사용한다는 점에서 차이가 있습니다. 시장에 새롭게 진입할 때는 레터마크 아래에 전체 이름을 함께 표기하는 것도 고려해 볼 수 있습니다. 예를 들어, H&M(Hennes & Mauritz)이나 MAC(Makeup Art Cosmetics) 등이 있습니다.

모노그램(Monogram)

모노그램(Monogram)은 레터마크의 일종으로, 영문 이니셜이나 2~3개의 글자가 서로 얽혀 있는 형태입니다. 예를 들어, 언더아머(Under Armour), 뉴욕 양키스(New York Yankees), 루이비통(Louis Vuitton), 생 로랑(Saint Laurent) 등이 있습니다.

레터폼(Letterform)

레터폼(Letterform)은 브랜드를 상징하는 한 글자(보통 브랜드 네임의 첫 글자)를 활용한 로고 디자인입니다. 여기서 '레터'는 편지가 아닌 글자를 의미합니다. 예를 들어, 넷플릭스의 N, 맥도날드의 M, 테슬라의 T, 유니레버의 U, 네이버의 N, 카카오 T의 T 등이 있습니다. 야구 모자에 새겨진 MLB 팀의 B, D, P, T 로고를 떠올리면 쉽게 이해할 수 있습니다.

영문 알파벳은 대문자와 소문자를 포함해 약 42자 정도로, 이미 많은 브랜드가 이들 글자를 상징적으로 사용하고 있습니다. 따라서 예산이 적다면 레터폼만으로는 효과가 제한될 수 있지만, 다른 로고 형태와 함께 보조적으로 사용하는 것은 좋은 선택이 될 수 있습니다. 특히, SNS 프로필이나 아이콘처럼 공간이 제한된 곳에서 강한 효과를 발휘할 수 있습니다.

브랜드 네임 중심의 로고 디자인에서는 영어 알파벳의 시각적 특성을 이해하는
것이 중요합니다.

[표] 영문 알파벳의 외형적 특징

A a	대소문자 다름 A 좌우 대칭 A는 알파벳 V와 유사(회전)		N n	대소문자 다름 N은 알파벳 Z와 유사(회전)
B b	대소문자 다름 B 상하 대칭 B는 숫자 8과 유사 b는 숫자 6과 유사, d와 좌우 대칭		O o	대소문자 유사 O 상하, 좌우 대칭 O는 한글 자음 ㅇ(이응), 숫자 0, 알파벳 Q와 유사
C c	대소문자 유사 C 상하 대칭 C는 알파벳 G와 유사		P p	대소문자 유사 P는 알파벳 소문자 d와 유사(회전)
D d	대소문자 다름 D 상하 대칭 d는 P와 유사(회전), b와 좌우 대칭		Q q	대소문자 다름 Q는 알파벳 O와 유사 q는 소문자 g(지), 숫자 9와 유사
E e	대소문자 다름 E 상하 대칭 E는 한글 자음 ㅌ(티읕)과 유사		R r	대소문자 다름 R은 알파벳 P와 유사
F f	대소문자 다름 F는 한글 모음 ㅑ(야)와 유사		S s	대소문자 유사 S는 숫자 8과 유사
G g	대소문자 다름 G는 알파벳 C와 유사 g는 소문자 q(큐), 숫자 9와 유사		T t	대소문자 다름 T 좌우 대칭 T는 한글 모음 ㅜ(우)와 유사
H h	대소문자 다름 H 상하, 좌우 대칭 H는 한글 모음 ㅐ(애)와 유사		U u	대소문자 유사 U 좌우 대칭 U는 알파벳 소문자 n과 유사(회전)

I i	대소문자 약간 다름 I 상하, 좌우 대칭 l는 소문자 l(엘), 숫자 1, 한글 모음 ㅣ(이)와 유사 로마 숫자 1	V v	대소문자 유사 V 좌우 대칭 V는 알파벳 A와 유사(회전) 로마 숫자 5
J j	대소문자 약간 다름 J는 알파벳 I와 유사	W w	대소문자 유사 W 좌우 대칭 W는 알파벳 M과 유사(회전)
K k	대소문자 유사 K 상하 대칭 K는 한글 자음 ㅈ(지읒)과 유사(회전)	X x	대소문자 유사 X 상하 좌우 대칭 X는 ×(곱하기), 가새표와 비슷 로마 숫자 10
L l	대소문자 다름 L은 한글 자음 ㄴ(니은)과 유사 l은 대문자 I(아이), 숫자 1, 한글 모음 ㅣ(이)와 유사	Y y	대소문자 약간 다름 Y 좌우 대칭
M m	대소문자 다름 M 좌우 대칭 M은 알파벳 W와 유사(회전)	Z z	대소문자 유사 Z는 숫자 2, 한글 자음 ㄹ(리을), 알파벳 N과 유사(회전)

* 대부분 서체에서 완전히 상하, 좌우 대칭이 되는 문자는 거의 없으나 디자인에 참고하기 위한 분류임

문자 디자인 시에는 대소문자 특징, 직선과 곡선, 문자 높이, 속 공간, 기울기, 획 굵기, 자간 등을 고려해야 합니다. 여러 문자가 결합될 경우 조화도 중요합니다. 아래는 각 알파벳 문자를 시각적으로 표현할 수 있는 다양한 형태의 예시입니다.

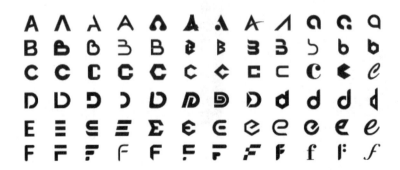

2) 상징과 그래픽 중심의 로고

심벌(Symbol)

브랜드 네임과 직접 연결되는 심벌은 문자 없이도 강력한 효과를 발휘할 수 있으며, 추상적인 개념을 간단하고 명확하게 표현할 수 있습니다. 그러나 새로운 시장에 진입하는 브랜드는 심벌과 함께 워드마크를 사용하는 것이 효과적입니다.

좋은 심벌은 단순하면서도 의도한 메시지를 정확하게 전달하고, 친숙하면서도 다른 로고와 명확히 구별되어야 합니다. 워드마크와 함께 사용하거나 단독으로 사용해도 어색하지 않아야 합니다.

심벌 디자인 접근 방법에는 브랜드 네임을 연상시키는 것, 비즈니스 영역을 나타내는 것, 브랜드의 가치나 편익을 표현하는 것이 있습니다. 브랜드 네임이 단독 명사가 아닐 경우, 두 가지 이상의 접근 방법을 결합할 수도 있습니다. 중요한 것은 최대한 단순하고 직관적으로 표현하는 것입니다. 아이콘이나 픽토그램을 참고하는 것도 도움이 됩니다. 또한, 처음부터 심벌을 고려한 네이밍을 통해 효과적이고 강력한 심벌을 만들 수 있습니다.

■ 구체적 심벌
구체적 심벌, 또는 픽토리얼 심벌(Pictorial Symbol)은 브랜드 네임이나 비즈니스를 연상할 수 있는 상징물이나 대상을 구체적인 이미지 형태로 표현하는 로고입니다. 무엇을 의미하는지 즉시 전달하면서도 단순하게 표현하는 것이 중요합니다.

■ 추상적 심벌
추상적 심벌(Abstract Symbol)은 추상적인 이미지를 활용하여 브랜드를 표현하는 로고입니다. 직접적인 의미 전달은 어렵지만, 구체적 심벌보다 유행에 덜 민감하고 새로운 의미 부여나 확장에 유리한 장점이 있습니다. 예를 들어, 메르세데스-벤츠(Mercedes-Benz), 아우디(Audi), 에어비앤비(Airbnb) 등이 있습니다.

하지만 추상적 심벌은 사람마다 다르게 해석될 수 있는 단점이 있습니다. 또한, 주로 원, 삼각형, 사각형, 별 등의 도형과 기호를 활용하여 표현되며, 이미 유사한 로고가 있을 수 있으므로 사전 검토가 필요합니다.

기호와 도형, 상징에 대한 자세한 내용은 뒤에서 다루겠습니다.

■ 도형 활용(Letters Inside Shape) 로고

도형 활용 로고(Letters Inside Shape)는 원, 타원, 삼각형, 사각형, 오각형 등의 도형 안에 브랜드 이름이나 로고를 넣어 강조하는 방식입니다. 도형은 로고와 브랜드 이미지에 큰 영향을 미치기 때문에, 그 상징성과 시각적 특성을 신중하게 고려해야 합니다. 또한, 색상 선택도 매우 중요한 요소이므로, 세심한 결정이 필요합니다. 도형 안에 브랜드 이름이나 로고 타입을 배치하면, 도형의 형태와 색상이 어우러져 강렬한 인상을 줄 수 있습니다. 대표적인 예로 프라다(PRADA), 리바이스(Levi's), 게스(GUESS), 레고(LEGO), 삼성 로고 등이 있습니다.

■ 엠블럼(Emblem) 로고

엠블럼(Emblem) 로고는 원형, 타원, 방패 등의 전통적인 형태를 가지며, 복잡한 도안과 장식적 요소가 특징입니다. 과거에는 가문, 부족, 국가 등을 상징하는 문장으로 사용되었고, 양각 장식에서 유래했습니다. 현재는 신뢰성, 권위, 전통을 중시하는 학교, 군대, 단체, 축구 클럽 등에서 자주 사용됩니다. 대표적인 예로는 할리데이비슨(Harley-Davidson), 람보르기니(Lamborghini) 로고가 있습니다.

엠블럼 로고를 사용하면 브랜드에 신뢰성과 전문성, 전통적인 이미지를 전달할 수 있으며, 경쟁 브랜드와 차별화하는 데 효과적일 수 있습니다. 그러나 엠블럼 로고는 전체 크기에 비해 브랜드 이름 등의 문자가 상대적으로 작아, 작은 사이즈에서는 가독성이 떨어질 수 있는 단점이 있습니다.

■ 마스코트(Mascot) 또는 캐릭터(Character) 로고

마스코트(Mascot) 또는 캐릭터(Character) 로고는 사람이나 동물 등의 디자인 요소를 활용하여 브랜드를 표현하는 방식입니다. 이러한 로고는 귀여움, 친근함, 신뢰성, 권위, 역사, 전통 등을 강조할 때 효과적입니다. 원래 마스코트는 행운을 가져온다고 믿어지는 물건이나 생물의 형태를 의미했지만, 로고 디자인에서는 일반적으로 사람이나 동물을 나타냅니다. 소비자는 마스코트의 얼굴을 통해 감정을 느끼고 호감을 가질 수 있습니다.

이러한 로고는 어린이와 같은 연령층을 대상으로 하거나, 재미와 친근함을 강조하는 브랜드에 적합합니다. 독특한 동물이나 캐릭터를 창의적으로 표현하면 다른 로고와 차별화된 강렬한 인상을 줄 수 있습니다. 예를 들어, 헬로키티의 무표

정한 얼굴이 장수의 비결이라는 말처럼, 웃는 얼굴이 항상 친근하게 느껴지는 것만은 아닙니다. 독특한 개성과 매력을 가진 마스코트를 개발해야 하며, 비용과 시간이 많이 소요될 수 있습니다. 따라서 마스코트 로고는 신중하고 장기적인 접근이 필요한 디자인 요소입니다.

3) 조합형 로고

콤비네이션(Combination) 로고
콤비네이션(Combination) 로고는 앞서 소개한 여러 로고 형태를 조합한 디자인으로, 시그니처(Signature)라고도 불립니다. 심벌과 워드마크의 조합이 가장 일반적인 형태입니다.

브랜드가 애플이나 나이키처럼 성장하면, 심벌만으로도 충분히 인식될 수 있습니다. 하지만 시장에 처음 진입하는 브랜드는 심벌만으로는 인식이 어렵기 때문에, 콤비네이션 로고를 선호합니다. 대부분의 브랜드는 콤비네이션 로고를 사용하며, 경우에 따라 심벌이나 워드마크를 단독으로 사용하기도 합니다.

콤비네이션 로고는 일반적으로 심벌과 워드마크가 완전히 결합되지 않고 적당한 간격을 두고 조화를 이루는 형태입니다. 경우에 따라 심벌과 워드마크를 의도적으로 결합해 사용할 때는 두 요소가 변형되어 결합되기도 합니다.

대부분의 콤비네이션 로고는 심벌과 워드마크를 가로 또는 세로로 조합합니다. 일반적으로 글자는 왼쪽에서 오른쪽으로 읽고, 위에서 아래로 내려 쓰기 때문에, 로고를 배치할 때 왼쪽 상단이나 중앙이 가장 중요한 위치로 여겨집니다. 웹사이트나 광고에서 이 위치에 로고를 배치하면 자연스럽게 시선이 이곳으로 이동해 브랜드 인식에 도움이 됩니다.

심벌이 왼쪽이나 위쪽에 배치되는 것은 시선 흐름에서 가장 먼저 보이도록 하는 배치로, 심벌이 더 중요한 요소임을 의미합니다. 이는 사람들이 심벌에 더 친숙해지도록 하여, 나중에는 심벌만으로도 브랜드를 인식할 수 있게 하려는 의도가 담겨 있습니다. 그러나 모든 로고가 이러한 전략을 따르는 것은 아니며, 관행적인 요인도 크게 작용합니다.

콤비네이션 로고의 배치에는 정해진 법칙이 없으며, 심벌을 워드마크 사이, 위, 아래 등 다양한 위치에 배치할 수 있습니다. 심벌과 워드마크의 결합 순서, 크기 비율, 간격 등을 결정할 때는 가독성과 미적 요소 외에도 전략적인 판단이 필요할 수 있습니다. 안정감 있고 조화로운 배치가 일반적이지만, 심벌이나 워드마크를 의도적으로 강조하는 다양한 접근도 가능합니다.

중요한 점은 조합된 로고가 하나의 일관된 이미지로 인식되어야 한다는 것입니다. 간격이나 비율 등은 정해진 규정에 따라 일관되게 표현되어야 하며, 일반적으로 가로 배치, 세로 배치 등 시그니처 규정을 설정해 상황에 맞게 사용합니다.

4) 기타 로고 형태

- **다이나믹(Dynamic) 로고**는 움직임을 표현하는 애니메이션(Animated) 로고와는 다릅니다. 애니메이션 로고가 실제로 움직이는 반면, 다이나믹 로고는 하나의 고정된 심벌이 아니라, 기본 틀을 유지하면서 시간, 장소, 상황에 따라 다양한 스타일로 변형되는 로고를 말합니다. 주로 도시 브랜드나 대학 브랜드에서 사용되며, 대표적 사례는 호주 멜버른(Melbourne)의 'M' 로고와 캐나다 오캐드대학교(OCAD University) 입니다.

- **3D 로고**는 평면적이지만 입체감을 주도록 디자인된 로고입니다. 때때로 3D 효과를 강조하기 위해 애니메이션을 추가하기도 합니다. 주로 기술력을 강조하고자 하는 테크 분야의 브랜드에서 많이 사용됩니다. 예로는 파이어폭스(Firefox), 엑스박스(Xbox), 유니버설 픽처스(Universal Pictures), 과거의 소니에릭슨(Sony Ericsson) 등이 있습니다.

■ **애니메이션(Animated) 로고**는 정적인 로고에 동적인 요소를 추가하여 TV, PC, 모바일 화면에서 디스플레이되는 로고입니다. 구글, 네이버, 넷플릭스 등 인터넷, OTT, 미디어 회사에서 주로 사용됩니다.

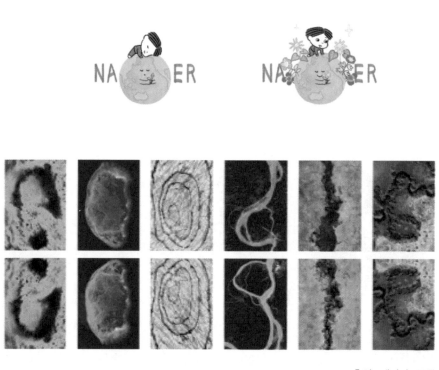

출처: 네이버, 구글

2. 로고에 활용할 수 있는 도형과 기호

1) 도형

직선(Straight line)

직선은 전통적으로 원과 대비되는 개념으로 여겨집니다. 둥글고 무한한 원이 여성성을 상징한다면, 직선은 강하고 유한하며 남성성을 상징합니다. 직선을 사용하면 연결, 강함, 단순함, 명확함 등의 느낌을 전달할 수 있습니다.

특히 수직선은 힘, 강함, 공격성, 상승, 하강, 용기, 진보를 의미합니다. 반면 수평선은 안정감, 차분함, 평온함, 확장을 표현하며, 여러 개의 수평선은 움직임이나 변화를 나타낼 수 있습니다. 직선은 이러한 상징적 의미 외에도 시각적으로 대상을 구분하는 데 자주 사용됩니다.

곡선(Curve)

변화와 움직임, 리듬, 즐거움, 긍정, 창조성 등을 상징합니다. 바다의 물결, 파동, 그릇, 대지, 하늘, 사람의 입과 같은 것들을 표현할 수 있습니다.

나선(Spiral)

확산, 회전, 움직임 등을 상징합니다. 정돈되고 차분한 느낌보다는 동적이고 활기찬 느낌의 심벌에 어울립니다.

원(Circle)

원은 수학적으로 평면 위의 한 점에서 같은 거리에 있는 모든 점을 연결한 형태입니다. '원만하다'는 표현에서 알 수 있듯이, 원은 부드럽고 완전한 느낌을 줍니다. 역사적으로 원은 우주, 하늘, 완전함, 전체, 화합, 무한, 영원, 움직임 등을 상징해 왔습니다. 직선이 남성을 상징하는 반면, 원은 여성을 상징하며, 동질감이나 소속감을 표현하는 데 적합한 형태입니다.

타원형(Oval)

타원형은 우주, 완전성, 연결성, 여성성, 알, 탄생, 부드러움, 조화, 에너지, 궤도, 보호 등을 상징합니다.

삼각형(Triangle)

삼각형은 가장 간단한 평면 도형으로, 예로부터 3가지 요소를 상징해 왔습니다. 세 개의 선이 만나 만들어진 삼각형은 세 개의 꼭짓점과 방향성을 가지고 있어 방향을 나타낼 때 화살표 대신 사용되기도 합니다.

- 정삼각형: 하나의 꼭짓점이 위를 향하고 두 개의 꼭짓점이 아래에 위치한 형태로, 균형감과 안정감을 주며 상승하는 느낌을 전달합니다. 자연에서는 산을 의미합니다.

- 역삼각형: 아래 방향을 향하는 형태로, 불안정하지만 강한 강조를 줍니다. 교통 표지판에서 양보나 천천히를 나타내며, 과거에는 여성을 의미하는 기호로 사용되었습니다. 들어감, 입구, 하강의 의미도 있습니다.

- 오른쪽을 향하는 삼각형: 플레이어의 재생 버튼과 같은 형태로, 'Play'를 의미합니다. 또한 알파벳 D를 표현할 때 사용할 수 있습니다.
  삼각형과 유사한 알파벳으로는 A, V, W가 있으며, A는 정삼각형으로, V와 W는 역삼각형으로 표현할 수 있습니다.

사각형(Rectangle 또는 Square)

사각형은 전 세계적으로 로고에 자주 사용되는 도형입니다. 우리 주위를 둘러봐도 가장 많이 보이는 형태가 직사각형과 정사각형임을 알 수 있습니다. 사각형은 예로부터 하늘에 대응하는 땅을 상징하며, 균형, 안정성, 안전, 신뢰, 전문성, 영역의 이미지를 가지고 있습니다. 땅, 공간, 창문, 박스, 건물 등과 연결됩니다. 로고에서는 테두리나 배경으로 자주 사용됩니다.

직사각형과 정사각형은 같은 사각형이지만, 각각 다른 느낌을 줍니다. 사각형 중에서도 마름모(Lozenge)는 창조, 생명, 여성을 상징하며, 사다리꼴(Trapezium 또는 Trapezoid)은 균형, 안전, 연결과 조화를 의미합니다.

오각형(Pentagon)

오각형은 미국 국방부 청사인 펜타곤을 떠올리게 하는데, 펜타곤이라는 이름은 건물의 오각형 모양에서 유래했습니다. 오각형은 역사적으로 보호, 마법, 영적인 의미로 사용되었으며, 5원소처럼 다섯 가지 개념을 상징하는 도형입니다. 오각형 별꼴인 펜타그램과 함께 음모론에서도 자주 언급됩니다. 정오각형은 시각적으로 안정감을 주지만, 삼각형보다는 덜 안정적이고, 사각형이나 육각형에 비해 완성도가 떨어져 로고 디자인에서는 자주 사용되지 않습니다.

육각형(Hexagon)

육각형은 벌집, 물의 결정, 분자 배열, 눈송이 등 자연에서 흔히 볼 수 있으며, 가장 안정적인 형태로 알려져 있습니다. 육각형은 정삼각형, 정사각형과 함께 빈틈 없이 패턴을 만들 수 있어 매우 유용합니다. 균형감과 대칭성이 뛰어나 시각적으로도 보기 좋습니다. 육각형은 균형, 안정감, 견고함, 완전함, 융합, 영적 에너지를 상징합니다.

칠각형(heptagon)

칠각형은 팔각형보다 각이 적지만 그리기 어렵고 다소 불안정한 느낌을 주기 때문에 로고에 거의 사용되지 않습니다. 구각형(nonagon) 이상의 다각형은 작은 크기의 로고에서는 원과 구별하기 어렵고, 특별한 의미를 부여하기도 어려워 잘 사용되지 않습니다. 그러나 특별하게 차별화를 원하거나 7가지 요소를 강조하고 싶다면, 칠각형을 활용한 로고를 고려해 볼 수 있습니다.

팔각형(Octagon)

팔각형은 사각형과 원의 중간 형태로, 완전함과 조화로움을 갖춘 도형입니다. 완전, 조화, 신뢰, 안전, 행운, 보호, 인간 등을 상징합니다.

다각형은 각의 수가 많아질수록 원에 가까워지며, 정팔각형은 원과 유사하면서도 명확하게 형태를 구분할 수 있는 안정적인 도형입니다. 상하좌우 대칭을 이루며, 전 세계적으로 팔각정, 석탑, 정지 교통 표지판, UFC 경기장인 옥타곤 등에서 널리 사용되고 있습니다. 특히 숫자 8은 동서양에서 모두 특별한 의미를 지닙니다.

우리 선조들은 팔각형을 사각형과 원의 중간, 즉 하늘과 땅을 잇는 도형으로 보았으며, 전통 문양에서도 팔각을 자주 사용했습니다. 동양철학에서 숫자 8은 땅과 인간을 상징하며, 불교에서는 완전한 경지에 이르는 의미를 지녔습니다. 중국에서는 8의 발음이 '부'와 비슷해 행운을 뜻하기도 합니다.

서양에서도 가톨릭 성전이나 세례대에서 팔각형이 사용되며, 이는 땅, 물, 불, 공기와 정의, 용기, 절제, 예지의 조화를 상징합니다. 일부는 팔각형을 예수의 부활과 관련지어 재생과 부활을 상징하기도 합니다.

별(Star)

별은 원래 구형이지만, 빛을 낸다는 상징성이 더해져 뿔이 있는 도형으로 표현됩니다. 우리나라에서는 보통 오각별(☆)을 떠올리지만, 이스라엘 국기의 육각별(다윗의 별), 메르세데스-벤츠의 삼각별, 컴퓨터 키보드의 *(애스터리스크)도 모두 별의 형태입니다.

별은 기원전 3천 년부터 인류 역사에서 사용되었으며, 종교적 의미와 신성함, 완전함, 절대적인 것을 상징해왔습니다. 현재는 여러 나라의 국기, 로고, 군 계급, 평가 기준, 인기, 동경의 대상, 즐겨찾기 등 다양한 의미로 쓰이고 있습니다. 다만, 상황에 따라 별의 의미는 달라질 수 있는데, 예를 들어 붉은 별은 공산주의와 사회주의를 의미합니다.

오늘날 별은 종교적 신성함을 넘어 최고, 완전함, 행운, 성공, 인기, 빛나는 것을 상징하며, 하이네켄, 메르세데스-벤츠, 스타벅스 등 다양한 로고에서 사용되고 있습니다.

오각형 별꼴(Pentagram)

오각형 별꼴(☆)은 한붓그리기가 가능한 다섯 꼭짓점의 별입니다. 사실 10각형이지만, 튀어나온 다섯 꼭짓점을 연결하면 오각형이 됩니다. 이 도형은 사람이 머리와 팔다리를 뻗은 모습과 유사해 인간과 인간성을 상징합니다. 다섯 꼭짓점은 각각 영, 공기, 불, 물, 땅을 의미합니다. 펜타그램은 음모론에서도 자주 등장하며, 두 개의 뿔이 위로 향한 뒤집어진 오각별은 '악마의 별'로 인식됩니다.

2) 기호

점(Dot)

수학에서 점은 부피가 없는 한 지점을 의미하지만, 시각적으로 표현하기 어려워 일상에서는 작은 원으로 그립니다. 피부에 생긴 작은 얼룩이나 문장 부호도 점이라고 부르며, 절대적인 크기 기준은 없지만 일반적으로 속이 꽉 찬 작은 원을 점이라고 합니다. 그러나 크기가 커지면 더 이상 점이 아닌 원으로 인식됩니다.

로고 디자인에서 점은 다양한 의미와 형태로 활용됩니다. 원이 큰 형태로 테두리나 배경으로 사용된다면, 점은 작지만 생동감과 움직임을 표현하며 심벌이나 워드마크의 요소로 사용됩니다.

한 개의 점은 시작과 끝, 구분의 역할을 하며, 사람, 별, 태양 등을 상징할 수 있습니다. 두 개 이상의 점은 방향, 변화, 움직임, 다양성, 핵심 가치를 나타낼 수 있으며, 점의 개수, 위치, 크기, 색상에 따라 다양한 의미를 담을 수 있습니다

우주에서 지구를 보면 작은 점처럼 보이듯, 모든 대상을 가장 작게 표현하면 결국 점이 됩니다. 따라서 점에는 우리가 부여하고자 하는 다양한 상징적 의미를 담을 수 있습니다.

또한, 영문 알파벳 i(아이), j(제이)와 한글의 ㅂ(비읍), ㅊ(치읓), ㅋ(키읔), ㅌ(티읕), ㅍ(피읖), ㅎ(히읗), ㅏ(아), ㅑ(야), ㅓ(어), ㅕ(여), ㅗ(오), ㅠ(유) 등의 문자에서도 점이 사용됩니다.

화살표(Arrow)

화살표는 일상에서 가장 자주 접하는 기호 중 하나입니다. 집을 나서면서 비상구, 엘리베이터, 주차장 출구, 도로 표지판 등 여러 곳에서 화살표를 따라 이동하게 됩니다. 화살표는 주로 방향을 나타내는 기호입니다.

화살 모양을 닮아 '화살표'라는 이름이 붙었으며, 한 방향, 양방향, 네 방향 등 다양한 형태가 있습니다. 직선뿐만 아니라 곡선 형태의 화살표도 있습니다.

일반적으로 화살표는 검지 손가락처럼 방향을 가리키지만, 다른 의미로도 사용됩니다. 예를 들어, 꼬불꼬불한 화살표는 삭제를, 둥근 화살표는 시간, 새로고

침, 재활용을 나타냅니다. 양방향 화살표는 구간이나 거리, 상대적인 개념을 표현하며, 두 개를 겹쳐 놓으면 대상을 바꾸는 의미를 가집니다. 또한, 업로드, 다운로드, 공유, 위치 표시 등에도 사용됩니다.

화살표가 상징하는 것은 방향, 움직임, 상승, 속도감 등입니다.

하트(Heart)

하트는 전 세계적으로 사랑을 상징하는 공통된 기호입니다. 영어에서 heart는 신체 기관인 심장을 의미하며, 서양에서는 오래전부터 사랑과 감정을 심장과 연결지어 생각해 왔습니다. 이 때문에 하트 기호가 심장에서 유래했다는 설이 있지만, 실제 심장 모양과는 다르고 신체 장기를 기호로 표현했다는 점에서 설득력이 부족합니다.

대신, 하트의 기원으로는 멸종된 식물인 실피움(silphium)에서 유래했다는 설이 유력합니다. 그리스와 로마 시대에 실피움은 귀한 향수와 향신료로 사용되었으며, 최음제와 피임약 같은 성적 용도로도 활용되었습니다. 하트 모양의 실피움 열매는 당시 주화에 새겨졌고, 오늘날까지 전해지고 있습니다. 과거에는 하트가 위아래가 뒤집힌 형태로도 표현되었으며, 이후 사랑을 의미하는 심장 개념이 결합되면서 현재의 하트 모양으로 변했다고 추정됩니다.

하트는 강한 상징성을 지니며, 사랑, 감정, 심장을 표현합니다.

물음표(Question mark)

물음표는 의문, 의심, 빈정거림을 표현하거나 불확실한 내용, 적절한 말을 찾기 어려울 때 사용하는 문장 부호입니다. 물음표의 기원으로는 라틴어 'Quæstio'의 약자인 'Qo'가 세로로 배열되어 변형된 것이라는 설과, 점 뒤에 의문을 나타내는

'~'를 적은 것이 변화한 것이라는 설이 있습니다.

물음표는 호기심과 궁금증을 상징하지만, 불확실성과 의심 같은 부정적인 의미도 있어 로고 디자인에서는 자주 사용되지 않습니다.

느낌표(Exclamation mark)

느낌표는 감탄문이나 감탄사의 끝에 쓰이며, 명령문이나 청유문에 강한 느낌을 더하거나, 놀람이나 항의를 표현할 때, 감정을 담아 대답하거나 사람을 부를 때 사용됩니다. 느낌표는 기쁨을 의미하는 라틴어 'Io'에서 유래했으며, 이 글자를 세로로 겹쳐 쓰면서 탄생했다고 합니다. 교통 표지판이나 안내문 등에서는 주의나 경고의 의미로도 사용됩니다.

느낌표는 감탄, 감동, 이해를 상징하며, 로고 디자인에도 자주 활용됩니다. 특히 알파벳 소문자 'i'를 뒤집어 느낌표로 대체하는 경우가 많습니다.

쉼표(Comma)

쉼표는 문장 부호로, 과거에는 '반점'이라고도 불렸습니다. 다양한 용도로 사용되지만, 주로 나열할 때, 강조할 때, 또는 문장이 자연스럽게 이어지지 않을 때 사용됩니다. '쉼표'라는 이름은 문장의 흐름을 잠시 멈추게 하기 때문에 붙여졌습니다. 쉼표는 휴식을 떠올리게 하며, 기호를 확대하면 말풍선처럼 보여 말이나 대화를 의미하기도 합니다.

쉼표와 모양이 비슷하지만, 문자의 오른쪽 위에 사용하는 기호는 아포스트로피(apostrophe)입니다. 아포스트로피는 원래 소유격, 축약, 음절 구분 등에 사용되며, 워드마크에서도 종종 활용됩니다.

괄호(Brackets)

괄호에는 ( ) 소괄호, { } 중괄호, [ ] 대괄호가 있으며, 각각 용도에 맞게 사용됩니다. 하지만 로고 등에서 시각적으로 표현할 때는 부호의 원래 의미와는 상관없이, 괄호 안의 대상을 강조하거나 구분하고 묶기 위해 사용되기도 합니다. 괄호는 안전함이나 보호의 이미지를 전달하기도 합니다. 소괄호는 그 형태가 알파벳 'O'와 비슷하고, 중괄호는 사람의 얼굴을, 대괄호는 문이나 창문을 연상시킵니다.

#(Sharp) 또는 #(Hash)

우리가 '샵'이라고 부르는 특수문자 #는 과거 유선 전화기에서 유래했으며, 영어로는 crosshatch, number, pound, hash, sharp sign 등 여러 명칭이 있습니다. 한글로는 한자 '우물 정(井)'과 비슷해서 '우물정'이라고도 부릅니다. 엄밀히 따지면 음악에서 사용하는 샤프(sharp) 기호와는 다르지만, 형태가 비슷해 '샵'이라는 명칭이 통용되고 있습니다. 음악 기호 #는 음을 반음 올리는 의미로, ♭로 표시되는 플랫(flat)과 반대되는 개념입니다. 샵 기호는 세로 줄이 11자 모양으로 평행하며, 가로 줄은 오른쪽으로 올라가며 평행합니다.

샵 기호는 음악에서 반올림의 의미를 가지며, SNS에서는 해시태그로 사용되어 게시물을 편리하게 분류하고 묶어 연관된 내용을 쉽게 찾을 수 있도록 합니다. 이 기호는 가로와 세로가 교차되어 공간을 만들고 서로 연결된다는 점에서 네트워크와 연결의 의미도 담고 있습니다.

&(Ampersand)

앤드(and) 기호의 정식 명칭은 앰퍼샌드이며, 우리나라에서는 별칭으로 '꽈배기', '만두표' 등으로도 불립니다. &는 라틴어에서 유래했으며, 과거에는 문자로 사용되었으나 19세기 후반부터 기호로 사용되기 시작했습니다. 브랜드 이름을 한글로 표기할 때는 보통 '앤'이나 '앤드'로 표기합니다. 앰퍼샌드는 모양이 숫자 8과 비슷합니다.

앰퍼샌드는 영문 and와 동일한 의미로 사용되기 때문에 그리고, ~와, 더하기, 함께 등의 의미가 있으며, 무엇인가 더 있다는 의미로 사용됩니다.

+(Plus)

'+'는 셈에서 더하기를 의미합니다. 이 기호는 '~과'를 의미하는 라틴어 et의 필기체에서 유래했다고 합니다. '+'의 영문 명칭은 plus 외에도 cross가 있으며, 십자의 의미도 내포하고 있습니다.

십자 형태는 종교적 이미지가 강해서 잘못 표현하면 종교적인 연상을 줄 수 있습니다. 특히 선의 굵기가 얇거나 세로선이 가로선보다 긴 경우, 십자가 느낌이 강하게 나타납니다. 또한, 적십자를 의미하는 빨간색 십자는 법적으로 보호되기 때문에 단독으로 사용할 수 없습니다.

십자 마크는 더하기(플러스), 병원, 의사, 치료, 치유, 교회 등의 이미지를 떠올리게 합니다. 형태와 색상, 맥락에 따라 다르게 해석될 수 있습니다.

특히 십자 마크는 로고에서 병원이나 의사를 상징하는 요소로 자주 사용됩니다.

:(Colon)

콜론은 문장 부호의 하나로, 단어에 대한 설명, 시간 표시, 몇 대 몇, 앞 뒤를 구분할 때, 대비되는 것을 표시할 때 등에 사용합니다. 쌍점이라고 합니다.

;(Semicolon)

세미콜론은 주로 영어에서 예를 들어 설명하거나 내용을 추가할 때 사용되며, '쌍반점'이라고도 불립니다. 콜론과 세미콜론은 로고타입에서 다양하게 활용될 수 있는데, 이 기호들은 뒤에 더 많은 내용이 이어질 것을 암시합니다. 따라서 문장의 끝에 사용하면 추가적인 의미를 암시할 수 있습니다. 문자 사이에 콜론을 삽입하면 문자를 구분하여 새로운 의미를 부여하는 데 활용할 수 있습니다.

3) 금기 시 되는 상징

하켄크로이츠(Hakenkreuz) 흔히 '갈고리 십자'라고 불리는 이 기호는 전 세계적으로 나치의 상징으로 알려져 있습니다. 불교에서 사용하는 만(卍)과 모양은 비슷하지만, 갈고리 방향으로 구분하기도 합니다. 다만, 불교에서도 하켄크로이츠와 같은 방향으로 사용되는 경우가 있어 완전히 구분하기는 어렵습니다. 또한, 하켄크로이츠는 45도 기울어진 모양이지만, 보는 각도에 따라 비슷해 보일 수 있어 큰 차이가 없을 때도 있습니다. 대부분 불교 관련 로고에 사용되는 경우가 많아 나치와 연결될 가능성은 낮지만, 해외에서 사용할 때는 주의가 필요합니다.

욱일(旭日)은 아침에 떠오르는 태양을 뜻하지만, 욱일 문양과 욱일기는 일본 군국주의의 상징으로 인식됩니다. 따라서 이와 비슷한 디자인, 특히 퍼져 나가는 빨간 선이 포함된 디자인은 피하는 것이 좋습니다. 성적이거나 차별적, 욕설이나 모욕적, 정치적, 종교적 의미를 담은 요소들은 디자인에서 사용하지 않는 것이 바람직합니다.

3. 서체 활용하기

1) 서체의 종류

수많은 서체 중에서 적합한 서체를 선택하는 것은 쉽지 않은 일입니다. 이때, 서체의 스타일을 이해하면 선택에 도움이 될 수 있습니다. 서체 전문가가 아니더라도 영문 서체를 살펴보면, 가는 장식 선, 필기체, 장식적인 요소 등의 몇 가지 특징을 쉽게 구분할 수 있습니다.

일반적으로 영문 서체는 네 가지 주요 스타일로 분류됩니다: 세리프(Serif), 산세리프(Sans Serif), 스크립트(Script), 장식체(Decorative)입니다. '세리프'는 문자 끝에 덧붙여진 '가는 장식 선'을 의미하며, 이러한 특징을 가진 서체를 세리프 서체라고 합니다. 이는 한글 서체 중 바탕체(명조체)와 유사합니다. 세리프 서체는 세부적으로 올드 스타일(Old Style), 과도기(Transitional), 신고전주의(Neoclassical), 디돈(Didone), 슬랩(Slab), 클래런던(Clarendon), 글리픽(Glyphic) 등 다양한 스타일로 나뉩니다. 세리프 서체는 책 등 인쇄물의 본문에서 자주 사용되며, 가독성이 뛰어나다는 점이 특징입니다.

Brand

슬랩 세리프(Slab Serif)는 세리프와 별도로 언급될 정도로 독특한 스타일을 가지고 있습니다. 세리프의 각진 형태로 인해 이집트 스타일이라고도 불리며, 과거 포스터에 주로 사용되었습니다.

Brand

산세리프(Sans Serif)에서 'sans'는 '~이 없는'이라는 뜻으로, 가는 장식 선이 없는 서체 스타일을 의미합니다. 획 끝이 깔끔한 스타일로, 한글 서체의 돋움체(고딕체)와 유사합니다. 산세리프는 그로테스크(Grotesque), 스퀘어(Square), 휴머니스트(Humanist), 지오메트릭(Geometric) 등으로 구분됩니다.

Brand

스크립트(Script) 서체는 직접 손으로 쓴 것처럼 보이는 필기체 스타일을 의미합니다. 이 스타일은 포멀(Formal), 캐주얼(Casual), 캘리그래피(Calligraphic), 블랙레터(Blackletter), 롬바르디아(Lombardic) 등으로 구분됩니다. 블랙레터(Blackletter)는 종교 서적 등에 사용된 필기체에서 유래된 서체로, 큰 획 대비와 각이 진 커브가 특징입니다.

그 밖에 디스플레이(Display) 서체는 제목이나 헤드라인에서 주목을 끌기 위해 사

용되는 크고 대담한 스타일입니다. 모노스페이스(Monospace) 서체는 각 문자가 동일한 폭을 갖는 고정폭 글꼴로, 가변폭 서체와 달리 컴퓨터 프로그래밍 같은 특수 목적에 쓰일 수 있도록 제작되었습니다.

가변(Variable) 서체는 하나의 폰트 파일에서 두께, 너비, 기울기 등을 자유롭게 조정해 다양한 스타일을 구현할 수 있는 서체입니다. 이는 별도로 Regular, Bold, Italic 등의 개별 폰트 파일을 만드는 대신, 설정에 따라 스타일이 변하는 기능을 제공합니다.

한글 서체의 대표적인 예로는 명조체와 고딕체가 있습니다. 정확한 명칭은 각각 바탕체와 돋움체로 변경되었으나, 여전히 나눔명조, 나눔고딕, 열린명조, 열린 고딕 등의 이름으로 널리 사용됩니다. 또한, 부드러운 곡선이 특징인 라운드 계 열의 굴림체, 붓글씨 느낌의 궁서체, 손글씨 스타일의 필기체, 받침과 관계없이 동일한 형태를 유지하는 탈네모체 등이 있습니다. 바탕체는 영문의 세리프 서체 와 유사하며, 돋움체는 산세리프 서체와 유사한 스타일을 가지고 있습니다.

2) 서체 선택하기

서체를 사용할 때는 유료 서체의 경우 라이선스를 구매해야 합니다. 무료 서체는 사용 가능한 범위를 잘 확인한 후 사용해야 하며, 특히 로고 디자인에 사용할 때 는 BI/CI에 적용 가능한지 확인하는 것이 중요합니다. 유료 서체의 경우에도 BI/ CI 사용이 라이선스에 포함되지 않을 수 있으므로 꼭 확인이 필요합니다.

무료 서체 중에는 개인적인 용도로만 사용이 가능하고 상업적 용도로는 사용할 수 없는 서체도 있습니다. 상업적 이용이 가능한 무료 서체도 특정 용도에 제한이 있을 수 있으므로, 라이선스 범위를 반드시 확인해야 합니다.

무료 폰트 파일을 다운로드할 수 있는 사이트로는 구글 폰트(fonts.google.com), 다폰트(dafont.com), 1001폰트(1001freefonts.com), 폰트 스퀴럴(fontsquirrel.com) 등이 있으며, 영문뿐만 아니라 일본어, 중국어, 베트남어 등 다양한 언어의 폰트도 다운로드할 수 있습니다.

한글 서체를 다운로드할 때는 눈누(noonnu.cc), 공공누리 안심글꼴(kogl.or.kr), 공유마당(gongu.copyright.or.kr), 산돌구름 무료폰트(sandollcloud.com/openfonts) 등의 사이트를 활용할 수 있습니다. 특히, 눈누 사이트가 대표적인 사이트입니다.

모든 무료 서체를 다운로드하여 필요할 때 사용하는 것이 좋지만, 너무 많은 폰트를 설치하면 PC가 느려지거나 폰트를 찾기 어려울 수 있습니다. 따라서 자주 사용하는 폰트는 기본적으로 설치하고, 나머지는 필요할 때 설치하는 것이 효율적입니다.

폰트 다운로드 사이트에서는 미리 확인하고 설치하는 것이 좋습니다. 대부분의 사이트에서는 미리보기 기능을 제공하므로, 브랜드 이름 등 원하는 문구를 입력해 마음에 드는 서체를 선택할 수 있습니다. 서체가 너무 많아 선택이 어려울 경우, 스타일이나 사용 범위 등의 필터를 사용해 선택 범위를 좁히는 것이 도움이됩니다. 예를 들어, 구글 폰트에서 원하는 문구를 입력하고 '슬랩(Slab)' 스타일로 범위를 좁히면, 30개의 서체를 미리보기로 볼 수 있습니다.

마음에 드는 서체인 '로보토 슬랩(Roboto Slab)'을 클릭하면 다양한 스타일을 확인할 수 있으며, 미리보기 텍스트의 크기를 조절하여 더 크게 확대해서 볼 수도 있습니다. 스타일은 Thin, ExtraLight, Light, Regular, Medium, SemiBold, Bold,

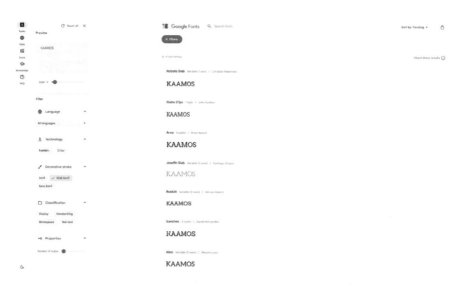

[그림] 구글 폰트 사이트

ExtraBold, Black 순으로 획이 두꺼워지고, 이탤릭체는 제공되지 않습니다. 'About & license'를 클릭하면 서체에 대한 정보와 라이선스 내용을 확인할 수 있습니다. 라이선스는 대부분 OFL(Open Font License) 또는 아파치 라이선스 버전 2.0(Apache License, Version 2.0)으로 표시됩니다. 이는 폰트 자체를 판매하지 않는 한 개인

License

These fonts are licensed under the Open Font License.

You can use them in your products & projects – print or digital, commercial or otherwise.

This isn't legal advice, please consider consulting a lawyer and see the full license for all details.

License

These fonts are licensed under the Apache License, Version 2.0.

You can use them in your products & projects – print or digital, commercial or otherwise.

This isn't legal advice, please consider consulting a lawyer and see the full license for all details.

[그림] OFL과 아파치 라이선스 2.0

및 상업적 용도로 자유롭게 사용이 가능하다는 의미입니다.

다폰트 사이트에서는 다운로드 버튼 위에 라이센스 종류가 표시됩니다. 'Donationware(도네이션웨어)'는 개발자에게 기부하면 상업적 용도로 사용할 수 있는 서체를 의미합니다. '100% Free(완전 무료)'는 개인용 및 상업용으로 모두 무료로 사용할 수 있는 시체입니다. 'Free for personal use(개인용 무료)'는 개인적인 용도로만 무료로 사용할 수 있으며, 상업적 용도로 사용하려면 별도로 구매해야 하는 서체입니다.

[그림] 다폰트의 폰트 다운로드 페이지　　　　　　출처: DaFont(dafont.com)

아래는 한글 무료 폰트 사이트 눈누(noonnu.cc)에서 상단 메뉴의 '모든 폰트'로 들어가서 미리보기를 할 문구를 입력하고, 허용 범위를 BI/CI로 설정하며 폰트 형태를 고딕으로 필터링한 화면입니다. 리스트는 기본적으로 인기순으로 정렬되어 있으며, 조회순, 최신순, 이름순으로도 재배열할 수 있습니다. 미리보기의 크기를 확대하여 볼 수도 있으며, 찾는 폰트의 이름을 알고 있다면 직접 입력하여 검색할 수도 있습니다.

[그림] 눈누 사이트

눈누에서는 사용 범위에 대해서 아래와 같이 명시되어 있습니다.

라이선스 요약표

카테고리	사용 범위	허용여부
인쇄	브로슈어, 포스터, 책, 잡지 및 출판용 인쇄물 등	O
웹사이트	웹페이지, 광고 배너, 메일, E-브로슈어 등	O
영상	영상물 자막, 영화 오프닝/엔딩 크레딧, UCC 등	O
포장지	판매용 상품의 패키지	O
임베딩	웹사이트 및 프로그램 서버 내 폰트 탑재, E-book 제작	O
BI/CI	회사명, 브랜드명, 상품명, 로고, 마크, 슬로건, 캐치프레이즈	X
OFL	폰트 파일의 수정/복제/배포 가능. 단, 폰트 파일의 유료 판매는 금지	X

[그림] 폰트 라이선스 요약표   출처: 눈누 사이트(noonnu.cc)

이 서체는 상업적 사용은 가능하지만 BI/CI에는 사용할 수 없으며, OFL(Open Font License)에도 해당하지 않습니다. 따라서 로고 디자인에 사용해서는 안 됩니다. BI/CI에 사용이 금지된 이유 중의 하나는, 서체를 공개한 기업의 BI/CI와 유사한 느낌의 타사 BI/CI가 만들어지면 해당 기업의 아이덴티티에 부정적인 영향을 줄 수도 있기 때문입니다.

서체를 컴퓨터에서 사용하려면 폰트 파일을 PC에 설치해야 합니다. 폰트 파일을 다운로드한 후 압축이 되어 있다면 압축을 풀고 설치하거나, OTF 또는 TTF 파일은 윈도우 폴더의 폰트(Fonts) 폴더에 직접 복사하면 됩니다.

폰트를 다운로드할 때 TTF와 OTF 형식을 선택할 수 있습니다. TTF(TrueType Font)는 1980년대 애플이 개발했으며, 마이크로소프트에 무료 라이선스를 제공하면서 널리 사용되기 시작했습니다. 주로 문서 작업에 많이 사용됩니다. OTF(OpenType Font)는 1990년대 마이크로소프트와 어도비가 공동 개발한 형식으로, 곡선 처리와 아웃라인이 더 정교하게 구현되어 그래픽 디자인이나 고해상도 출력 작업에 적합합니다.

가끔 윈도우용(TTF)과 맥용(OTF) 서체에 대한 안내가 있지만, 일반적으로 호환성 문제가 크지 않으며, 다른 파일을 설치해도 치명적인 문제는 발생하지 않습니다. 폰트를 사용하는 과정에서 오류가 발생할 수 있지만, 대부분 무시해도 될 정도입니다. 사용 용도에 맞게 적절한 파일 형식을 선택하면 됩니다.

앞서 설명한 바와 같이, 로고 디자인에 무료로 사용할 수 있는 서체는 많이 있지만, 서체마다 상업적 사용, 로고 사용 가능 여부 등 사용 범위가 다를 수 있습니다. 이를 꼼꼼히 확인하여 준수하지 않으면 법적 문제가 발생할 수 있으므로 주의해야 합니다.

폰트에는 저작권이 없다'는 말이 있을 수 있지만, 사실은 조금 다릅니다. 서체의 디자인 자체는 저작권으로 보호되지 않지만, 등록된 디자인은 '디자인보호법'에 의해 보호받습니다. TTF나 OTF 같은 폰트 파일은 '저작권법'의 보호를 받으며, 서체의 도안은 '디자인보호법'의 보호를 받습니다.

따라서, 유료 폰트를 구매해 사용하고 인쇄하는 것은 문제가 없지만, 다른 사람의 PC에 그 폰트를 복사해서 사용하는 것은 저작권법 위반입니다. 만약 불법으로 다운로드한 유료 폰트로 로고를 제작하면 저작권법에 따라 처벌받을 수 있으며, 유료 폰트를 따라 만든 디자인은 디자인보호법 위반으로 처벌될 수 있습니다. 또한, PC나 워드 프로세서에 기본으로 설치된 서체를 상업적 디자인에 사용할 때도 문제가 될 수 있으니, 사용 전에 라이선스를 꼭 확인해야 합니다.

아래는 로고 디자인에 활용할 수 있는 영문 및 국문 무료 서체의 예시입니다.

영문 세리프(Serif) 스타일의 글꼴 예시입니다.

BRAND design	BRAND DESIGN	BRAND design	BRAND design	BRAND design
Bodoni Moda	CINZEL	Cormorant	Libre Baskerville	Nixie One

영문 산세리프(San-Serif) 스타일의 글꼴 예시입니다.

BRAND design	BRAND design	BRAND design	BRAND design	BRAND design
Raleway	Roboto	Open Sans	Urbanist	Josefin Sans

영문 장식체 등 독특한 스타일의 글꼴 예시입니다.

BRAND DESIGN	BRAND design	BRAND DESIGN	BRAND design	BRAND DESIGN
MONOTON	Plaster	CODYSTAR	Fredericka the Great	EATER

영문 스크립트(Script) 스타일의 글꼴 예시입니다.

BRAND design	BRAND design	BRAND design	BRAND design	BRAND design
Dancing Script	Great Vibes	Italianno	Arizonia	Princess Sofia

다음은 한글 명조(바탕체) 스타일의 글꼴 예시입니다.

브랜드 디자인	브랜드 디자인	브랜드 디자인	브랜드 디자인	브랜드 디자인
본명조 (Noto Serif KR)	열린명조	서울한강체	제주명조	부크크 명조

한글 고딕(돋움체) 스타일의 글꼴 예시입니다.

브랜드 디자인	브랜드 디자인	브랜드 디자인	브랜드 디자인	브랜드 디자인
본고딕 (Noto Sans KR)	열린고딕	프리텐다드 (Pretendard)	고딕 A1 (Gothic A1)	에스코어 드림 (S-Core Dream)

한글 장식체, 라운드 등 독특한 스타일의 글꼴 예시입니다.

한글 필기체, 캘리그래피 스타일의 글꼴 예시입다.

4. 컬러 활용하기

1) 컬러의 이해

컬러의 중요성

로고 디자인과 브랜드에서 컬러가 중요한 이유는 소비자들이 색상에 민감하게 반응하기 때문입니다. 컬러는 소비자에게 감정을 일으키고, 특정 이미지를 떠올리게 하며, 행동을 유발할 수 있습니다. 이러한 효과는 여러 연구에서 확인되었습니다.

또한, 컬러를 통해 우리가 원하는 의미를 담아 소비자와 비언어적인 대화를 할 수 있습니다. 사람들의 색상에 대한 반응은 모두 다르지만, 일반적으로 특정 컬러가 특정한 감정을 불러일으킨다고 알려져 있습니다. 또한, 컬러를 통해 브랜드의 정체성을 표현할 수 있습니다. 예를 들어, 빨간색은 보통 불이나 열정을 떠올리게 하지만, 코카콜라의 빨간색은 시원하고 청량한 느낌을 줍니다. 이는 코카콜라가 상쾌함을 전달하는 방법 중 하나입니다.

따라서 로고와 브랜드 컬러를 선택할 때는 색상이 주는 이미지뿐 아니라, 브랜드의 성격, 타깃 고객, 경쟁 브랜드 등을 종합적으로 고려해 전략적으로 결정하는 것이 중요합니다.

브랜드 개발에서 좋은 컬러의 조건은 C.O.L.O.R의 다섯 가지로 설명할 수 있습니다. 첫 번째는 C(Characteristic)로, 브랜드의 개성이 반영된 컬러입니다. 브랜드를 개발할 때 종종 개인의 취향에 따라 컬러를 선택하기도 하지만, 중요한 것은 개인의 취향이 아니라 브랜드의 정체성입니다. 따라서 자신이 좋아하는 컬러가 아닌, 브랜드에 가장 잘 어울리는 컬러를 선택하는 것이 중요합니다. 브랜드의 개성을 반영하는 컬러가 가장 핵심입니다.

[그림] 좋은 컬러의 조건

두 번째는 O(Outstanding)로, 경쟁 브랜드들 사이에서 두드러지고 주목받을 수 있는 컬러입니다. 일반적으로 업종마다 상징적인 컬러가 있으며, 많은 브랜드들이 같은 컬러를 사용하는 경향이 있습니다. 예를 들어, 신선식품 관련 브랜드는 초록색, 커피 관련 브랜드는 갈색을 자주 사용합니다. 이런 컬러 선택에는 나름의 이유가 있지만, 치열한 경쟁에서 눈에 띄려면 흔히 사용되는 컬러에서 벗어나야 합니다. 중요한 것은 단순히 다른 것이 아니라, 근거 있는 차별화를 만드는 것입니다. 즉, 남들과 차별화된 컬러를 선택할 때는 명확한 이유가 있어야 합니다. 예를 들어, 스타벅스의 초록색은 특별한 의미를 담고 있으며, 많은 커피 브랜드

중에서도 확연히 눈에 띕니다. 경우에 따라 업종의 상징 컬러를 포기할 수 없는 상황도 있을 수 있습니다. 이럴 때는 컬러의 톤을 조정하거나 다른 컬러와의 배색을 통해 차별화를 시도할 수 있습니다.

세 번째는 L(Link)로, 소비자와 정서적으로 연결되는 컬러입니다. 색상은 특정 이미지를 떠올리게 하거나, 추상적인 개념을 상기시키는 등 소비자와 감정적인 유대감을 형성할 수 있습니다. 소비자는 색상을 보고 호감을 느끼거나, 좋은 기억을 떠올릴 수 있습니다. 따라서 색상을 선택할 때는 소비자와 구매자의 성향을 고려해야 합니다.

네 번째는 O(On/Off-Line)로, 온라인과 오프라인에서 모두 효과적인 컬러를 의미합니다. 이는 두 가지 측면이 있습니다. 첫째, 선택한 색상이 온라인과 오프라인 모두에서 잘 보여야 한다는 것입니다. 온라인 중심의 사업이라도 명함이나 카탈로그는 필요하고, 오프라인 중심의 사업이라도 홈페이지와 SNS는 운영되기 마련입니다. 그래서 한 채널에서만 잘 보이는 색상은 피하는 것이 좋습니다. 둘째, 온라인과 오프라인에서 일관된 경험을 제공하기 위해 색상 코드를 미리 지정하고 관리해야 합니다. 예를 들어, 웹사이트의 로고는 RGB 값으로, 간판의 로고는 CMYK 값으로 처리해도, 두 색상이 최대한 비슷하게 보이도록 조정해야 합니다.

마지막으로 R(Recognition & Recall)은 소비자가 쉽게 기억하고 회상할 수 있는 컬러입니다. 많은 앱 가운데 어떤 앱을 찾기 위해 특정 색상으로 된 아이콘을 찾았던 경험이 있을 것입니다. 색상은 브랜드 네임이나 로고와 함께 기억되며, 때로는 브랜드 네임이나 로고 없이도 색상만으로 브랜드를 인식할 수 있습니다. 흔한 색상이라도 색상의 조합에 따라 완전히 다른 느낌으로 구별되어 기억될 수 있습니다.

컬러의 연상

컬러는 우리가 자연이나 일상에서 쉽게 접하는 것들을 떠올리게 하는 힘이 있습니다. 각 색이 주는 이미지는 시간이 지나면서 더 많은 것들과 연결될 수 있고, 주변 환경에 따라 달라질 수 있습니다. 또한, 같은 문화권에서는 색에 대한 표현이 더욱 고정되기도 합니다.

예를 들어, 빨간색은 전 세계적으로 피나 불과 비슷한 느낌을 줍니다. 피나 불을 볼 때 느끼는 감정이 비슷하기 때문입니다. 하지만 빨간색이 주는 느낌은 사람마다 다를 수 있습니다. 어떤 사람은 열정을, 다른 사람은 위험이나 경고를, 또 어떤 사람은 사랑을 떠올릴 수 있습니다.

색을 보고 떠올리는 이미지를 '연상'이라고 합니다. 연상은 색을 보면서 개인의 경험과 심리에 따라 눈에 보이는 구체적인 대상이나, 감정 같은 추상적인 것들을 떠올리는 과정입니다. 연상은 긍정적일 수도 있고, 부정적일 수도 있습니다. 예를 들어, 빨간색은 열정과 에너지를 떠올리게 할 수 있지만, 동시에 피나 죽음을 생각나게 할 수도 있습니다.

색에 대한 연상은 국가나 문화권에 따라 달라질 수 있고, 언어의 영향을 받기도 합니다. 예를 들어, 한국에서는 '푸른'이라는 표현이 파란색뿐 아니라 초록색을 포함하는 의미로 쓰여 왔습니다. 그래서 '푸른 소나무'나 '파란 잔디' 같은 표현이 있습니다. 과거에는 파랑이 우울함과 연결되지 않았지만, 지금은 '블루'라는 단어가 우울함을 떠올리게 하기도 합니다. 같은 문화권에서도 개인의 경험과 상황에 따라 색에 대한 느낌은 달라질 수 있습니다.

아래는 컬러의 구체적 연상과 추상적 연상을 다양한 키워드로 정리한 것입니다.

[표] 컬러의 구체적 연상과 추상적 연상

컬러	구체적 연상	추상적 연상
파랑 (Blue)	하늘, 바다, 물, 새벽, 사파이어, 코발트, 청바지, 블루 칼라, 남성	신뢰, 성실, 충성, 권위, 명예, 전문성, 평화, 희망, 이상, 진리, 영원, 젊음, 힘, 건강, 자신감, 안정, 안전, 조화, 명상, 차분한, 조용한, 상쾌한, 깨끗한, 시원한, 순수한, 보수적, 깊은, 냉정한, 차가운, 추운, 우울한, 공포
빨강 (Red)	불, 태양, 피, 심장, 입술, 사과, 토마토, 딸기, 수박, 고추, 꽃, 고기, 루비, 소방차, 십자가, 신호등, 일출, 일몰, 여성	열정, 정열, 에너지, 강렬한, 힘, 용기, 뜨거운, 대담한, 중요한, 생명, 사랑, 순정, 기쁨, 행복, 유혹, 흥분, 충동, 매운, 식욕, 야한, 욕망, 혁명, 경고, 금지, 위험, 정지, 과격한, 사나운, 부끄러움, 거짓말, 갈등, 증오, 분노, 공포, 전쟁, 순교, 자선
주황 (Orange)	오렌지, 귤, 당근, 감, 노을, 햇빛, 가을, 단풍, 불꽃	따뜻한, 밝은, 에너지, 식욕, 맛있는, 낙관주의, 희망적인, 창의성, 희열, 기쁨, 자신감, 활력, 활기찬, 열정, 친근한, 화려한, 애정, 활동적, 명랑한, 재미있는, 장난스러운, 성공, 풍요, 아늑한, 효율적인, 중후한, 새로운, 출발, 모험, 안전, 주의, 경고, 요란함, 사치, 경박함
노랑 (Yellow)	황금, 바나나, 병아리, 개나리, 유채꽃, 은행잎, 호박꽃, 참외, 햇살, 대지, 곡식, 금발, 어린이, 호박, 황제	귀여운, 밝은, 어린, 젊은, 명랑한, 따뜻한, 쾌활한, 기쁜, 낙관적인, 낙천적인, 긍정적인, 평온한, 희망, 기대, 광명, 환희, 행복, 격려, 활발한, 부와 번영, 풍요로운, 신비, 주목, 안전, 발전, 팽창, 비옥, 질투, 경박, 위험, 경고, 주의, 변덕, 겁쟁이, 미숙한, 유치한, 게으른, 싸구려, 연약한, 외로운
초록 (Green)	식물, 초목, 전원, 숲, 밀림, 자연, 지구, 농업, 비상구, 신호등, 에메랄드	친환경, 무공해, 생명, 성장, 번영, 재생, 평화, 안전, 안정, 젊은, 건강, 치료, 휴식, 회복, 희망, 기쁨, 활기찬, 상쾌한, 상큼한, 산뜻한, 깨끗한, 청순한, 시원한, 건전한, 조화, 공포, 독성
보라 (Purple)	포도, 와인, 제비꽃, 라일락, 나팔꽃, 가지, 자수정	고귀한, 우아한, 고급스러운, 귀족의, 신비한, 신성함, 근엄, 창조, 상상력, 창의적, 진실한, 권력, 충성, 여성스러운, 인내, 정교한, 차분한, 질투, 사치, 퇴폐, 광기, 공포, 불안, 고독
갈색 (Brown)	흙, 대지, 나무, 커피, 초콜릿, 맥주	차분한, 안정적인, 믿음직한, 견고한, 강인한, 고풍스러운, 빈티지의, 성숙한, 안전한, 자연스러운, 남성적, 현실적인, 정직한, 건전한, 고민, 우울한, 따분한, 둔한, 값싼
핑크 (Pink)	여성, 장미, 벚꽃, 카네이션	여성적인, 대담한, 아름다운, 로맨틱한, 밝은, 기대되는, 젊은, 유쾌한, 현대적인, 행복한, 건강한, 활기찬, 감성적인, 친밀감, 명랑한, 흥분, 환상적인, 에로틱한, 진보적인, 순수한, 미숙한, 장난기의, 공산주의

하양 (White)	눈, 구름, 설탕, 소금, 우유, 밀가루, 솜, 종이, 웨딩드레스, 의사, 간호 사, 화이트 칼라, 국화, 백합, 치아, 백발, 물보 라, 연기, 수증기, 물거 품, 성에, 백조, 북극곰, 갈매기, 나비	순결한, 청순한, 착한, 성실한, 좋은, 결백한, 정직한, 진 실, 순수, 건강, 미니멀한, 깨끗한, 위생적인, 깔끔한, 안 전한, 소박한, 편안한, 평화, 영적인, 신성의, 종교의, 차 가움, 냉기, 단순한, 텅 빈, 무(無), 유령, 항복, 실패, 허 무한
검정 (Black)	밤, 눈동자, 머리카락, 먹구름, 연탄, 그림자, 까마귀, 상복, 글씨	중후한, 장엄한, 정숙한, 안정적인, 진지한, 클래식한, 고 급스러운, 깔끔한, 세련된, 우아한, 신비로운, 단순한, 무 거운, 강한, 권위, 권력, 대담한, 정교한, 섹시한, 유혹, 침묵, 정지, 어둠, 슬픔, 애도, 반항, 저항, 절망, 부정적, 나쁜, 악, 불안, 죽음, 공포
회색 (Grey)	흐린 하늘, 재, 안개, 콘 크리트, 바위, 먹구름, 쥐, 노인	모던함, 균형, 조화, 어울림, 중립적, 침착한, 차분한, 안 정적, 진지한, 전문적, 기술적인, 세련된, 고상한, 신비 로운, 성숙한, 보수적, 엄격한, 겸손의, 권위, 전통, 평범 한, 수수한, 종교의, 차가운, 우울한, 기회주의적, 무기력, 쓸쓸한, 외로운, 소극적, 고난

컬러 기초 이해하기

컬러는 색상(hue), 채도(saturation 또는 chroma), 명도(brightness 또는 value)의 세 가지 속성으로 표현됩니다. 색상은 빨강, 노랑, 파랑과 같이 서로 다른 색의 기본 특성을 의미합니다. 색상환은 색상을 원형으로 배열한 것으로, 대표적인 예가 먼셀 색상환입니다.

먼셀 색상환의 기본 원리는 색상의 주요 원색을 빨강(R), 노랑(Y), 초록(G), 파랑(B), 보라(P)로 설정하고, 이들 사이에 중간색을 추가하여 색상환을 구성하는 것입니다. 예를 들어, 빨강과 노랑 사이에는 주황(YR), 노랑과 초록 사이에는 연두(GY), 초록과 파랑 사이에는 청록(BG), 파랑과 보라 사이에는 남색(PB), 보라와 빨강 사이에는 자주(RP) 등의 중간색이 들어갑니다. 이 원리를 바탕으로 기본적으로 10개의 주요 색상과 10개의 중간색으로 구성된 색상환이 만들어집니다. 이론적으로는 수천 가지 색상이 가능하지만, 눈으로 구별 가능한 색상은 약 200개 정도입니다. 채도와 명도까지 고려하면 수만 가지의 컬러를 만들 수 있습니다.

아래 이미지는 먼셀 색상환을 기본으로 한 우리나라 KS 표준 색상환을 변형한 예입니다.

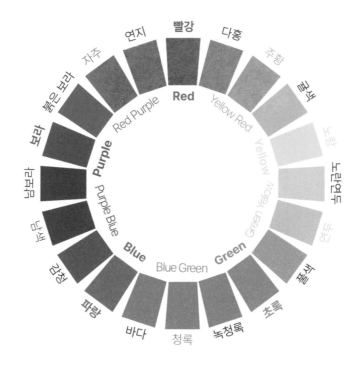

[그림] 20색상환　　　　　　　* 기본 10색의 국문, 영문 명칭은 KS 색채표준정보에 따름

위에서 시계방향으로 빨강부터 노랑까지는 따뜻한 색(난색)으로 분류되며, 청록부터 남색까지는 차가운 색(한색)으로 구분됩니다. 노란 연두부터 녹청색, 남보라부터 연지까지는 중성색으로 간주됩니다. 로고나 브랜드 컬러를 선택할 때, 브랜드의 성격에 따라 색상을 따뜻한 느낌과 시원한 느낌으로 구분하여 적합한 컬러 범위를 좁힐 수 있습니다.

채도(彩度)는 색의 선명함을 의미하며, 다른 색이 섞이지 않은 순색이 가장 높은 채도를 가지고 있습니다. 여러 색을 섞을수록 채도는 낮아집니다. 하양과 검정은 채도가 없는 무채색입니다. 명도(明度)는 색상의 밝고 어두운 정도를 나타내며, 하양을 많이 섞으면 명도가 높아지고, 검정을 많이 섞으면 명도가 낮아집니다. 색상을 밝게 하고 채도를 낮추는 것을 틴트(tint), 회색을 섞어 채도를 흐리게 하는 것을 톤(tone), 검정을 섞어 명도가 낮은 어두운 색상을 만드는 것을 쉐이드(shade)라고 합니다.

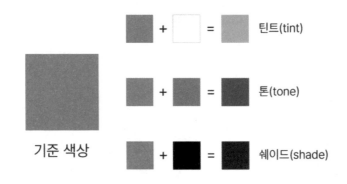

[그림] 틴트(tint), 톤(tone), 쉐이드(shade)의 원리

아래는 IRI 색채연구소에서 만든 컬러 단색 이미지 스케일입니다. 이 스케일은 정적인 것과 동적인 것, 부드러운 것과 딱딱한 것의 두 가지 기준으로 컬러를 4분면에 배치하였습니다. 로고 컬러를 선택할 때는 이러한 컬러의 이미지를 고려하여 적합한 색상을 선택할 수 있습니다.

그 아래는 명도와 채도를 결합하여 표현한 색조 맵(Tone Map)입니다. 명도와 채도의 수준에 따라 12개로 구분되며, 이를 선명한(vivid), 밝은(bright), 진한(deep) 등의 명칭으로 구분하였습니다.

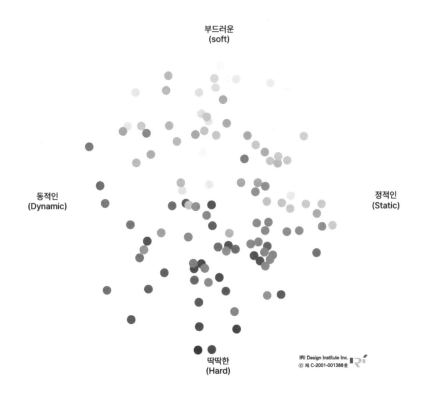

부드러운
(soft)

동적인
(Dynamic)

정적인
(Static)

딱딱한
(Hard)

IRI Design Institute Inc.
ⓒ 제 C-2001-001368호

[그림] 컬러 단색 이미지 스케일 IRI Design Institute Inc.(IRI색채연구소)

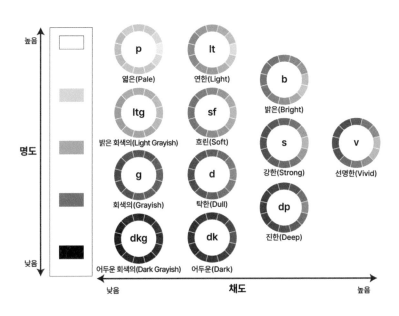

높음

명도

낮음

p
엷은(Pale)

lt
연한(Light)

b
밝은(Bright)

ltg
밝은 회색의(Light Grayish)

sf
흐린(Soft)

s
강한(Strong)

v
선명한(Vivid)

g
회색의(Grayish)

d
탁한(Dull)

dp
진한(Deep)

dkg
어두운 회색의(Dark Grayish)

dk
어두운(Dark)

낮음 채도 높음

[그림] PCCS 색조 맵(Tone Map)

위의 PCCS 색조 맵은 브랜드 컬러를 결정할 때 유용하게 활용할 수 있습니다. 색조 맵은 명도와 채도의 변동에 따라 색상이 달라지며, 같은 톤의 색상은 서로 다른 색이지만 비슷한 느낌을 줍니다.

하나의 색상만 사용할 경우 문제가 없지만, 두 가지 이상의 색상을 조합할 때는 배색 문제가 발생할 수 있습니다. 단색 배색(monochromatic)에서는 동일한 색상에서 톤만 다르게 하여 활용할 수 있습니다. 이 경우, 색상에 하양, 검정, 회색을 추가하여 색상을 밝거나 어둡게 조절하는 방식으로 심플한 브랜드 컬러를 표현할 수 있습니다.

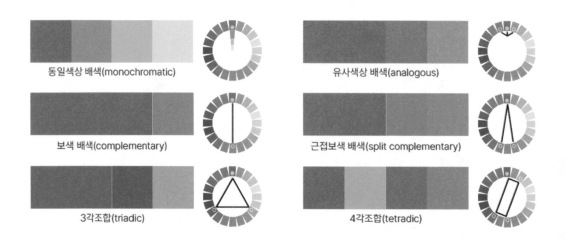

[그림] 기초 컬러 배색

유사색상 배색(analogous)은 색상환에서 인접한 색상을 사용하는 방법입니다. 예를 들어, 빨간색의 경우 연지색과 다홍색이 이에 해당합니다. 이들 색상은 서로 조화를 이루어 유사한 느낌을 전달합니다.

보색 배색(complementary)은 색상환에서 서로 정반대에 위치한 색상을 조합하는 방법입니다. 예를 들어, 빨간색과 청록색이 보색 관계에 있습니다. 보색 배색은 강한 대비를 만들어 동적이고 강렬한 인상을 주며 강조 효과를 제공합니다.

근접보색 배색(split complementary)은 보색 대신 보색의 양옆에 위치한 두 가지 색상을 사용하는 방법입니다. 예를 들어, 빨간색의 경우 바다색과 녹청색이 이에 해당합니다. 이 배색은 보색 배색과 유사한 느낌을 주지만 대비 강도가 다소 약해집니다.

3각조합(triadic)은 색상환에서 정삼각형을 형성하는 세 가지 색상을 사용하는 방법입니다. 이 조합은 다채롭고 활동적인 느낌을 줍니다. 또한, 4각조합(tetradic)에서는 직사각형(rectangle)이나 정사각형(square) 형태로 배색할 수 있습니다.

2) 브랜드 컬러 결정하기

로고 디자인이나 브랜드 컬러 선택에서 가장 중요한 것은 브랜드를 대표하는 메인 컬러를 결정하는 것입니다. 메인 컬러는 로고에서 중심이 되는 색상으로, 브랜드를 상징하며 소비자에게 색상만으로도 브랜드를 연상하게 합니다. 이는 많은 브랜드 사이에서 우리 브랜드를 인식하는 데 도움을 줍니다. 일반적으로 메인 컬러는 한 가지로 정하는 것이 일반적이지만, 경우에 따라 두 가지 색상을 사용할 수도 있습니다.

브랜드 컬러를 결정할 때는 고려해야 할 요소가 많습니다. 브랜드를 대표하고, 사업 분야와 경쟁 브랜드를 염두에 두며, 컬러의 연상 효과와 소비자의 반응을 고려해야 합니다. 또한, 온라인과 오프라인 채널에서의 사용 여부, 제품이나 박스에 인쇄 시 가시성, 회사의 포트폴리오 내에서의 조화 등도 중요합니다.

메인 컬러를 결정할 때는 앞서 설명한 좋은 컬러의 조건을 참고하는 것이 유익합니다.

C (Characteristic): 브랜드의 개성을 잘 표현하는 컬러

O (Outstanding): 경쟁 브랜드 사이에서 두드러지고 주목받을 수 있는 컬러

L (Link): 소비자와 정서적으로 연결되는 컬러

O (On/Off-Line): 온라인과 오프라인에서 모두 효과적인 컬러

R (Recognition & Recall): 소비자가 쉽게 기억하고 회상할 수 있는 컬러

메인 컬러를 결정할 때는 여러 요소를 고려해야 하지만, 모든 조건을 완벽하게 만족하는 색상을 찾기는 어렵습니다. 그래서 상황에 따라 우선순위를 정하는 것이 좋으며, 이때 브랜드의 콘셉트와 전략이 가이드가 됩니다. 예를 들어, 경쟁 브랜드와 차별화된 혁신적인 브랜드라면, 의도적으로 경쟁사와 반대되는 색상을 선택할 수 있습니다. 이런 경우, 그 색상이 사업 분야와 꼭 맞지 않더라도 효과적일 수 있습니다.

메인 컬러를 선택하는 과정에서 제약이 많아 어려움을 겪을 수 있지만, 톤과 색의 조합을 잘 활용하면 사업 분야에 어울리면서도 경쟁 브랜드와 차별화된 독특한 컬러를 만들 수 있습니다. 예를 들어, 사업 분야에 적합한 컬러를 유지하면서도 톤을 조절하거나 서브 컬러와 다채로운 조화를 구성하여 경쟁 브랜드와 다른 독특한 느낌을 줄 수 있습니다.

서브 컬러 선택도 중요합니다. 메인 컬러와 잘 어울리는지를 고려해 여러 조합을 시도해 보는 것이 좋습니다. 메인 컬러는 브랜드의 의미를 담고 있는 반면, 서브 컬러는 메인 컬러와의 조화를 우선적으로 생각해 결정하는 것이 일반적입니다.

메인 컬러를 산업의 특성을 반영해 정했다면, 서브 컬러를 통해 브랜드의 개성과 가치를 표현할 수 있습니다. 이렇게 하면 메인 컬러와 조화를 이루면서 브랜드만의 독특한 색상을 완성할 수 있습니다.

또한, 컬러를 선택할 때 주로 사용하는 매체도 고려해야 합니다. 온라인(웹사이트), 모바일(앱), 오프라인(간판) 등 매체에 따라 적합한 색상이 다를 수 있기 때문에, 소비자에게 가장 많이 노출되는 채널을 중심으로 색상을 선택하는 것이 중요합니다.

브랜드 컬러 팔레트 구성

컬러 팔레트는 브랜드에서 사용할 색상의 조합을 미리 지정해, 다양한 매체에서 브랜드가 노출될 때 일관된 느낌을 전달하는 역할을 합니다. 컬러 팔레트는 로고, 웹사이트, SNS, 모바일 앱, 패키지, 카탈로그, 인테리어, 간판, 명함 등 다양한 곳에 적용될 수 있습니다.

로고 디자인이나 브랜드 컬러를 선택할 때 가장 중요한 것은 브랜드를 대표하는 메인 컬러를 정하는 것입니다. 메인 컬러는 로고에서 중심이 되는 색상으로, 브랜드를 상징하며 소비자에게 색상만으로도 브랜드를 떠올리게 합니다. 이는 여러 브랜드 사이에서 우리 브랜드를 쉽게 인식하도록 도와줍니다. 일반적으로 메인 컬러는 한 가지 색상을 사용하지만, 상황에 따라 두 가지 색상을 사용할 수도 있습니다.

컬러 사용에는 '60:30:10 법칙'이 있습니다. 이 법칙은 중심이 되는 컬러를 60%, 서브 컬러를 30%, 포인트 컬러를 10% 비율로 사용하는 원칙입니다. 로고 디자인뿐만 아니라 웹사이트, 인쇄물, 인테리어 디자인 등에서도 널리 적용됩니다. 예를 들어, 인테리어 디자인에서 중립 컬러를 60%, 서브 컬러나 포인트 컬러의 비중을 30%, 브랜드의 메인 컬러의 비중을 10% 비율로 사용하는 방식입니다.

컬러 선택과 조합에는 정답이 없습니다. 여러 번의 고민과 시도를 통해 브랜드에 최적화된 컬러 조합을 찾아야 합니다. 세계적으로 유명한 브랜드의 컬러를 그대로 사용한다고 해서 반드시 좋은 결과를 얻는 것은 아닙니다. 오히려 그 브랜드가 너무 강렬하다면, 소비자들은 해당 컬러를 볼 때 그 브랜드를 떠올리게 될 수도 있습니다.

아래는 IRI 색채연구소에서 만든 컬러 배색 이미지 스케일입니다. 이 스케일은 정적, 동적, 부드러움, 딱딱함으로 나뉜 4분면에 배색 사례와 관련된 형용사 키워드를 배치한 것입니다. 로고 컬러와 브랜드 팔레트를 구성할 때 색상 선택에 참고할 수 있습니다.

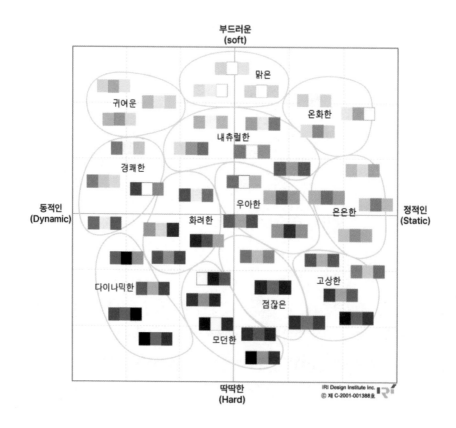

부드러운
(soft)

가벼운
아기자기한   밝은   상쾌한   맑은   섬세한   투명한
즐거운   상심한   신선한   맑은   얕은   깔끔한   순수한   연약한
귀여운   사랑스러운   여성적인   정다운   유연한   온화한   약한
재미있는   향기로운   친근한   자연적인   매끄러운   잔잔한
달콤한   감성적인   내츄럴한   소박한
쾌활한   감미로운   포근한   전원적인   안정된
젊은   새로운   환상적인   풍성한   편안한   가지런한
경쾌한   창식적인   편리한   간편한   단정한
스포티한   자유로운   여유있는   넉넉한   감각적인   정돈된   그윽한
(활)동적인   율동적인   한국적인   멋진   우아한
동적인   선명한   다양한   매력적인   성숙한   동양적인   심플한   은은한   정적인
(Dynamic)   돋보이는   복잡한   화려한   고급스러운   단순한   정적인   (Static)
뛰어난   시원한   클래식한
차가운   세련된   품위있는   조용한
개성적인   하이테크한   이성적인   격식있는   보수적인   수수한
안공적인   고상한
다이나믹한   실용적인   지적인   전통적인   차분한
혁신적인   신보적인   도시적인   점잖은   나이트
기운찬   서양적인   남성적인   견실한   오렌지   우울한
강인한   모던한   증후한   탁한
강한   거친   기능적인   견고한
와일드한   딱딱한   깊은   무거운
어두운

딱딱한
(Hard)

IRI Design Institute Inc.
© 제 C-2001-001388호

[그림] 컬러 배색 이미지 스케일   IRI Design Institute Inc.(IRI색채연구소)

아래는 컬러 선택이나 팔레트 구성 시 활용할 수 있는 사이트들입니다. 대표적으
로 어도비 컬러와 캔바가 있습니다.

— 캔바(Canva) : canva.com/colors/color-palette-generator

— 어도비 컬러(Adobe Color) : color.adobe.com

— 컬러 스페이스(ColorSpace) : www.mycolor.space

– 크로마(Khroma：：www.khroma.co

– 컬러 헌트(Color Hunt)：www.colorhunt.co

– 쿨러스(Coolors)：www.coolors.co

아래는 캔바 사이트의 컬러 휠을 사용해 색상을 지정하고, 배색 스타일로 3각 조합을 선택하여 구성한 팔레트입니다.

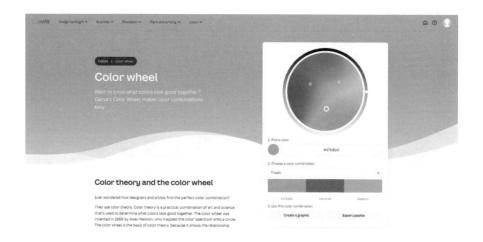

[그림] 캔바 사이트의 컬러 휠을 이용한 팔레트 구성

각 컬러의 값이 헥스(hex) 코드로 표시되며, 팔레트를 내보내면 헥스, RGB, CMYK 값이 포함된 PDF를 다운로드할 수 있습니다.

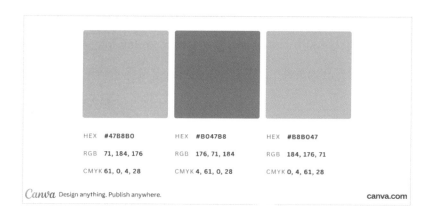

HEX #47B8B0
RGB 71, 184, 176
CMYK 61, 0, 4, 28

HEX #B047B8
RGB 176, 71, 184
CMYK 4, 61, 0, 28

HEX #B8B047
RGB 184, 176, 71
CMYK 0, 4, 61, 28

Canva Design anything. Publish anywhere.

canva.com

[그림] 캔바 사이트에서 팔레트 내보내기

'아래는 어도비 컬러(color.adobe.com)에서 사진을 활용해 구성한 팔레트입니다.
원하는 사진을 직접 업로드하여 팔레트를 추출할 수 있습니다.

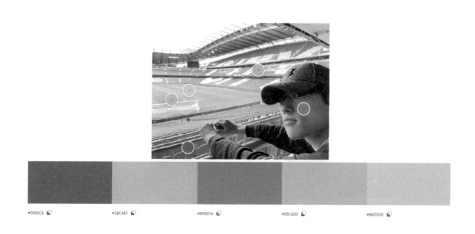

#0066C6   #58C4FF   #9F807A   #98C600   #86DD0E

[그림] 어도비 컬러에서 사진을 통한 컬러 팔레트 추출

스마트폰에서는 안드로이드와 아이폰 모두에서 사용할 수 있는 어도비 캡처 (Adobe Capture) 앱을 설치하고, '색상' 메뉴를 활용하면 됩니다. 마음에 드는 자연 풍경이나 좋은 배색을 발견하면, 즉시 사진을 촬영해 유사한 팔레트를 구성하고 활용할 수 있습니다.

아래는 어도비 캡처를 사용해 꽃 사진을 촬영하고 팔레트를 추출한 예시입니다.

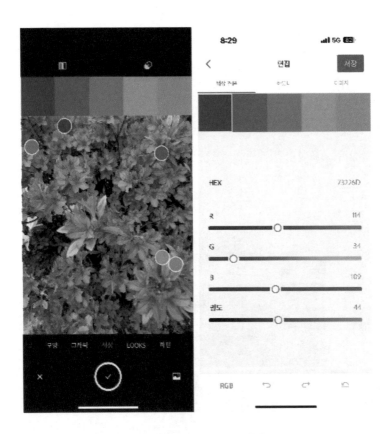

[그림] 어도비 컬러에서 사진을 통한 컬러 팔레트 추출

3) RGB와 CMYK의 컬러 시스템

컴퓨터에서 컬러와 관련된 작업을 하거나 인쇄할 때 RGB 또는 CMYK를 자주 접하게 됩니다. 파워포인트나 워드에서 컬러를 지정할 때, 미리 정의된 색상 중에서 선택하거나 직접 값을 입력하여 원하는 색을 설정할 수 있습니다. RGB 모드에서는 빨강(R), 녹색(G), 파랑(B)의 값을 0에서 255 사이의 숫자로 입력하여 색상을 혼합합니다. 예를 들어, 워드에서 R에 255, G에 255, B에 0을 입력하면 노란색이 됩니다. 이는 RGB 모드에서 빨강과 녹색을 혼합하면 노란색이 된다는 것을 의미합니다.

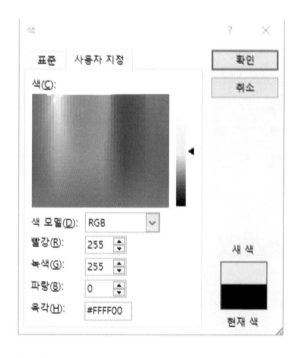

[그림] MS Word에서 RGB 컬러 지정

PC 모니터, TV, 스마트폰 등에서 사용하는 RGB 방식은 빛을 통해 색상을 구현합니다. RGB 값이 모두 0일 때는 검정색이 되고, 값이 모두 최대인 255일 때는 하얀색이 됩니다. RGB 색상 모드는 색을 혼합할수록 밝아지는 가산 혼합 방식입니다.

반면, 프린터는 시안(Cyan), 마젠타(Magenta), 노랑(Yellow), 검정(Black) 잉크를 사용해 색상을 표현합니다. 시안, 마젠타, 노랑의 CMY에 검정(K는 Key를 의미)을 추가해 CMYK라고 부릅니다. 그래서 인쇄 작업은 CMYK 모드로 진행됩니다. 예를 들어, 일러스트레이터에서 시안(C)과 노랑(Y)을 각각 100으로 설정하면 녹색이 됩니다. 이는 CMYK 모드에서 시안과 노랑을 섞으면 녹색이 된다는 뜻입니다.

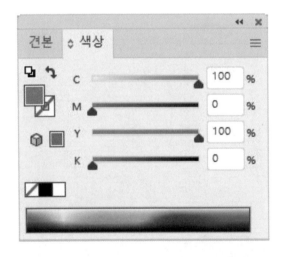

[그림] 일러스트에서의 CMYK 컬러 지정

CMY 값에 모두 100을 입력하면 색이 어두워져 검정에 가까워지기 때문에 이를 감산 혼합이라고 합니다. 그러나 CMY 혼합만으로 정확한 검정을 구현하기 어려워, 별도로 검정 잉크를 추가로 사용합니다.

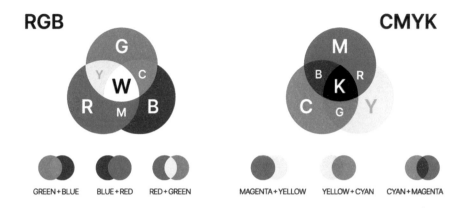

[그림] RGB와 CMYK 컬러 시스템

RGB와 CMYK는 색을 혼합하는 방식에서 차이가 있습니다. RGB 모드에서는 녹색(G)과 파랑(B)을 섞으면 시안(C), 파랑(B)과 빨강(R)을 섞으면 마젠타(M), 빨강(R)과 녹색(G)을 섞으면 노랑(Y)이 됩니다. 반대로, CMYK에서는 마젠타(M)와 노랑(Y)을 섞으면 빨강(R), 노랑(Y)과 시안(C)을 섞으면 녹색(G), 시안(C)과 마젠타(M)를 섞으면 파랑(B)이 됩니다.

RGB와 CMYK의 차이를 이해하는 것은 로고 컬러 작업에서 필수적입니다. 모니터는 RGB 모드로 색상을 표현하는 반면, 인쇄는 CMYK 모드를 사용하므로, 화면에서 보이는 색상과 실제 인쇄된 색상이 다를 수 있습니다. 또한, 동일한 RGB 값이라도 디스플레이 장치에 따라 색상이 다르게 보일 수 있으며, 동일한 CMYK 값이라도 프린터나 인쇄 장비의 특성에 따라 색상이 다르게 출력될 수 있습니다. 이러한 색상 차이를 최소화하기 위해, 팬톤(Pantone) 코드를 활용하여 색상을 표준화함으로써 일관된 인쇄 품질을 유지하는 것이 중요합니다.

6부

상표
등록
더 잘하기

brand

1. 상표 기본기 다지기

1) 상표와 상호

상호와 상표는 종종 혼동되기 쉬운 개념입니다. 예를 들어, 일부 사람들은 사업자등록이나 상호 등기를 마치면 상호도 상표처럼 전국적으로 독점적으로 사용할 수 있으며, 타인이 유사한 상호를 등록하거나 사용하는 것을 막을 수 있다고 오해합니다. 그러나 상호와 상표는 그 개념, 법적 근거, 관리 기관, 법적 지위, 그리고 권리 행사 범위가 각각 다릅니다.

상호는 사업체의 명칭을 의미하며, 본사 소재지의 관할 등기소(특별시, 광역시, 시, 군)에서 등기하여 등록합니다. 등록된 상호는 해당 지역 내에서만 동일한 상호의 사용을 방지할 수 있습니다. 예를 들어, 서울에서 'A'라는 상호를 등록하더라도 천안에서 동일한 상호를 등록하는 것을 막을 수 없으며, 심지어 서울 내에서도 'A'와 유사한 'Aa'라는 상호가 등록될 수 있습니다. 이러한 이유로 인터넷 등기소에서 흔한 상호를 검색하면 전국적으로 동일한 상호가 여러 개 등록된 사례를 확인할 수 있습니다.
반면, 상표는 상품이나 서비스를 다른 경쟁업체와 구별하기 위한 문자, 기호, 로고, 도안 등으로 구성된 표지를 의미합니다. 상표는 특허청에 출원하여 등록해야 하며, 등록된 상표는 전국적으로 보호받을 수 있는 독점적인 권리를 갖습니다.

따라서 상호에 대해 보다 강력한 독점적 권리를 확보하려면 상표(또는 서비스표)를 출원하여 등록하는 것이 필요합니다.

[표] 상호와 상표의 구분

구분	상호	상표
의미	商號(company name)는 상업 활동을 영위하는 회사명 또는 자기를 표시하기 위해 사용하는 이름	商標(trademark)는 상품의 식별력을 나타내기 위해 사용하는 기호, 문자, 도형 등의 표시
관할기관	관할 등기소(특별시/광역시/시/군)	특허청
대상	상인	상품 또는 서비스
형태	문자형	문자, 기호, 도형, 색채, 홀로그램형 등
등록 의무	– 사업자등록에는 법인, 개인 모두 상호 필수 – 법인은 반드시 등기해야 하지만, 개인사업자는 등기 의무 없이 상호 사용	– 상표등록 의무 없음 – 상표등록 시 강력한 권리 획득
등록 요건	간단 (지역 내 독점상호권)	엄격 (전국적 독점적 상표권 행사 가능)
처리 기간	1~2일	심사 약 1년, 등록까지 약 1년반 이상
효력의 범위	등기한 상호만 보호되며, 등록된 관할 구역 내에서만 독점적으로 사용 가능 ex) 서울 전지역, 용인시 전지역	전국에 걸쳐 상표권 행사 가능, 동일 상표를 타인이 등록/사용할 수 없음
효력	– 지역 내 동일한 상호 등기 금지 – 지역 내 동종 영업으로 타인이 등기한 동일상호 사용 못함	– 등록상표의 독점적 사용 – 유사상표 사용 금지
효력의 발생	등기 완료 즉시	상표 등록이 결정된 후 등록료를 납부한 시점부터 효력 발생
관련법	상법 및 부정경쟁방지법	상표법, 부정경쟁방지법
존속 기간	별도의 존속 기간 없음	등록일로부터 10년, 갱신으로 연장 가능

앞서 설명한 바와 같이, 상호와 상표는 개념적으로 구별되지만, 경우에 따라 상호가 상표처럼 사용될 수 있습니다. 이 경우 동일 또는 유사한 상표가 타인에 의해 이미 유사 업종에 등록되어 있다면 상표권 침해로 간주될 수 있으므로 주의가 필요합니다.

2) 상표가 뭘까?

상표에 대해 자세히 살펴보겠습니다. 우리나라 상표법에 따르면, 상표란 "상품을 생산, 가공, 증명 또는 판매하는 자가 자신의 상품을 타인의 상품과 구별하기 위해 사용하는 기호, 문자, 도형, 입체적 형상, 색채, 홀로그램, 동작, 또는 이들을 결합한 것과 그 외 시각적으로 인식할 수 있는 것"을 의미합니다. 정의는 다소 복잡해 보일 수 있지만, 쉽게 말하면 "자신의 상품을 타인의 상품과 구별하여 상품의 출처를 나타내는 표시"입니다. 상표는 등록 여부에 관계없이 사용되는 모든 표지를 포함하며, 등록된 상표는 '등록상표'라고 합니다.

서비스표는 서비스업자가 자신의 서비스를 타인의 서비스와 구별하기 위해 사용하는 표지를 의미합니다. 즉, 상표는 '상품'을 식별하고, 서비스표는 '서비스업'을 식별합니다. 그러나 상표는 넓은 의미에서 상품을 식별하는 상표뿐만 아니라 서비스표와 단체표장까지 포함하는 개념으로 인식됩니다.

상표법의 목적은 "상표를 보호하여 상표 사용자의 신용을 유지하고, 산업 발전에 기여하며, 수요자의 이익을 보호하는 것"입니다. 이는 상표 사용자, 산업, 그리고 소비자를 보호하기 위한, 모두를 위한 법이라는 의미입니다.

상표의 기능에는 자타 상품의 식별, 출처 표시, 품질 보증, 광고 및 홍보, 그리고 재산적 가치가 포함됩니다. '식별 기능'은 상표를 통해 자신의 상품을 타인의 상품과 구별할 수 있게 해줍니다. '출처 표시 기능'은 동일한 상표를 가진 상품이 동일한 출처에서 나왔다는 것을 소비자에게 알리는 역할을 합니다. '품질 보증 기능'은 동일한 상표가 붙은 상품이 일정한 품질을 유지하고 있음을 보증하는 역할을 합니다. '광고 및 홍보 기능'은 상표가 마케팅 수단으로 사용되는 것을 의미하며, '재산적 기능'은 상표가 가지는 재산적, 경제적 가치를 나타냅니다.

상표법에서는 '상표의 사용'에 대해 명확하게 규정하고 있습니다. 상표법 제2조 제1항 제11호에 따르면, 상표의 사용에는 다음과 같은 행위가 포함됩니다:

- 상품 또는 그 포장에 상표를 표시하는 행위

- 상표가 부착된 상품을 양도하거나 인도하는 행위

- 전기통신회선을 통해 상표가 표시된 상품을 제공하는 행위

- 상품을 전시하거나 수출입하는 행위

- 상품 광고, 정가표, 거래서류 등에 상표를 표시하여 널리 알리는 행위

즉, 상품에 상표를 부착하여 판매하거나, 이를 광고하거나, 홈페이지에 상표를 표시하는 등의 모든 행위가 상표 사용으로 간주됩니다.

상표 사용이 중요한 이유는, 상표가 최근 3년간 사용되지 않은 경우 제3자가 상표 등록 취소 심판을 청구할 수 있기 때문입니다. 상표법 제119조 제1항 제3호에 따르면, '상표권자, 전용사용권자 또는 통상사용권자가 정당한 사유 없이 등록된 상표를 지정 상품에 대해 취소 심판 청구일 이전 3년 이상 국내에서 사용하지 않은 경우, 상표 등록의 취소 심판을 청구할 수 있다'고 규정하고 있습니다.

따라서, 브랜드를 개발하고 상표 등록을 완료한 이후에도, 사업 개시가 지연될 경우 상표 사용 기준과 미사용에 따른 등록 취소 심판에 대비해야 합니다. 또한, 상표를 사용하더라도 지정 상품과 다른 분야에서 사용하거나, 등록된 상표와 다르게 사용할 경우, 미사용으로 간주될 수 있으므로 이에 주의가 필요합니다.

우리나라 상표 제도의 특징

우리나라는 상표권 취득에 있어 '등록주의'를 채택하고 있습니다. 등록주의는 상표를 먼저 등록한 자에게 우선권을 부여하는 제도로, 상표권을 취득하기 위해서

는 상표를 선등록해야 한다는 원칙입니다. 이 제도는 우리나라를 포함한 많은 국가에서 채택하고 있습니다. 반면, 미국은 '사용주의'를 채택하여, 상표권 취득 시 먼저 상표를 사용한 자에게 우선권을 부여하는 방식을 따르고 있습니다.

그러나 등록주의에서는 단순히 먼저 출원한다고 해서 상표가 자동으로 등록되는 것은 아닙니다. 만약 타인이 이미 사용 중이며 널리 알려진 상표를 부정한 의도로 자신의 명의로 먼저 출원하여 상표권을 획득하려는 경우, 상표의 등록이 거절될 수 있습니다.

3) 왜 상표를 등록해야 할까?

상표를 등록하는 주요 목적은 자신의 상표를 법적으로 보호받고, 자유롭게 사용할 수 있는 권리를 확보하는 데 있습니다. 또한, 등록된 상표는 타인이 동일하거나 유사한 상표를 사용하는 것을 방지하는 효과를 가집니다.

상표 등록을 통해 독점적으로 상표를 사용할 법적 권리를 얻으며, 타인이 동일하거나 유사한 상표를 무단으로 사용하는 것을 법적으로 막을 수 있습니다. 상표권은 최초 등록일로부터 10년간 유효하며, 매 10년마다 갱신이 가능하여 사실상 사용 기한에 제한이 없습니다.

상표가 등록되면, 동일하거나 유사한 상품에 대해 유사한 상표가 등록되는 것을 막는 방어 효과를 발휘합니다. 또한, 상표가 출원된 경우 제3자가 이를 검색하여 유사성을 인지하고 출원을 포기하는 경우도 발생할 수 있습니다. 상표 등록이 상표권 침해로부터 완전한 면책을 보장하지는 않지만, 타인에 의한 상표권 침해 소송의 가능성을 크게 줄여줍니다.

반면, 상표 등록을 하지 않으면 여러 가지 문제가 발생할 수 있습니다. 먼저, 내가 사용하는 상표가 이미 등록된 타인의 상표와 동일하거나 유사할 경우, 상표권 침해에 해당할 수 있습니다. 비록 내가 먼저 사용했더라도, 타인이 동일하거나 유사한 상표를 먼저 등록한 경우, 내 상표는 등록되지 않을 수 있으며, 심지어 사용을 지속하기 위해 추가 비용을 지불해야 하는 상황이 생길 수 있습니다.

따라서 브랜드나 상호를 개발할 때는 상표(상표 및 서비스표)를 가능한 한 빨리 등록하는 것이 바람직합니다. 상표 등록 가능성을 고려하며 상호나 브랜드를 개발하는 것이 좋습니다. 만약 상표 등록을 하지 않더라도, 등록된 유사 상표에 대한 사전 검토는 반드시 필요합니다.

상표 등록이나 검토 없이 사업을 시작하는 경우가 종종 있지만, 이는 위험천만한 일입니다. 작은 동네 가게를 운영한다고 해도 상표와 관련된 법적 문제는 큰 위험을 초래할 수 있습니다.

상표권 침해 위험을 줄이는 한 가지 방법은, 타인이 상표 등록할 수 없는 이름을 선택하는 것입니다. 흔한 이름은 구별성에서 부족함이 있을 수 있지만, 타인이 상표로 등록할 수 없는 이름이라면 법적 분쟁의 가능성이 낮아집니다.

예를 들어, 문자 상표 '맛있는 김치찌개'를 살펴보면, '김치찌개'는 일반적인 음식 명칭으로 식별성이 부족해 단독으로는 상표 등록이 불가능합니다. 또한, '맛있는'과 같은 품질을 표현하는 용어는 상표 등록이 어려울 수 있습니다. 따라서 이와 같이 조합된 상표는 법적 분쟁의 가능성이 적지만, 가능한 한 구별 가능하고 독창적인 상표를 등록해 확실하게 보호받는 것이 최선입니다.

2. 상표 제대로 이해하기

1) 상표의 종류와 구분

상표는 일반상표와 특수상표로 구분할 수 있습니다. 일반상표에는 문자, 심벌, 로고 등이 포함되며, 이는 대중에게 익숙한 형태입니다. 반면, 특수상표는 소리, 냄새, 동작, 홀로그램, 입체적 형상, 색채 상표, 위치상표, 촉감상표 등 특수한 형태의 상표입니다.

[표] 상표의 종류

일반상표	기호나 문자, 도형 또는 이들을 서로 결합한 상표
특수상표	소리, 냄새, 홀로그램, 동작, 입체적 형상, 색채만으로 된 상표 등

일반상표는 문자, 기호, 도형 또는 이들의 조합으로 구성된 상표를 의미합니다. 반면, 특수상표 중 색채상표는 색채의 조합만으로 구성된 상표를 말하며, 문자, 기호, 도형에 색채가 더해진 경우는 일반상표로 간주됩니다. 특수상표에 속하는 입체상표는 3차원 형상으로 구성된 상표를 뜻하며, 그라데이션 효과 등 입체적으로 보이는 이미지는 입체상표가 아닌 일반상표에 해당합니다.

[표] 특수상표의 종류

특수상표	설명
소리상표	소리만으로 이루어진 상표
냄새상표	냄새만으로 이루어진 상표

홀로그램상표	두 개의 레이저광이 서로 만나 일으키는 빛의 간섭효과를 이용하여 사진용 필름과 유사한 표면에 3차원적 이미지를 기록한 상표
동작상표	일정한 시간의 흐름에 따라 변화하는 동작을 나타낸 상표
입체상표	3차원적인 입체적 형상으로 이루어진 상표. 따라서 입체적 형상이 아닌 입체적으로 표현된 도형을 상표로 등록받고자 할 경우에는 '일반상표'로 지정해야 함
색채만으로 된 상표	단일 색채 또는 색채의 조합만으로 이루어진 상표. 따라서 기호나 문자, 도형 등에 색채가 결합된 것은 '색채만으로 된 상표'가 아닌 '일반상표'에 해당함
그 밖에 시각적으로 인식할 수 있는 것으로 된 상표	'일반상표', '입체상표', '색채만으로 된 상표', '홀로그램상표', '동작상표' 외에 기타 시각적으로 인식할 수 있는 것으로 이루어진 상표(예를 들면 위치상표)
그 밖에 시각적으로 인식할 수 없는 상표	소리상표, 냄새상표 외에 기타 시각적으로 인식할 수 없는 것으로 이루어진 상표(예를 들면 촉감상표)

상표의 종류를 설명하는 이유는 상표 출원 시 '상표 유형'을 정확히 선택해야 하기 때문입니다. 상표 출원에 대한 자세한 내용은 뒤에서 더욱 구체적으로 다루겠습니다.

상표의 구분

대부분의 상표 출원은 국내 상표로 구분됩니다. 그러나 가끔 국제등록상표(마드리드)로 표시된 경우가 있습니다. 이는 해외에서 마드리드 국제출원 방식을 통해 국내에 출원된 상표를 의미합니다.

문자로만 구성된 상표는 문자상표라고 하며, 한글, 영문, 한자, 일본어 등 다양한 언어가 포함될 수 있습니다. 또한, ?, !, , , . 등의 문장 부호가 포함된 상표도 문자상표로 분류됩니다.

두 개 이상의 언어가 결합된 상표는 '복합문자상표'라고 합니다. 예를 들어, 국문과 숫자, 국문과 영문이 결합된 경우가 이에 해당합니다. 한 줄에 국문을 표기하고 그 아래에 같은 내용의 영문을 표기한 경우도 복합문자상표로 간주되며, 이는 별도의 상표가 아닌 하나의 복합문자상표로 처리됩니다.

국문과 영문을 별도로 출원하지 않고 한 건으로 묶어 등록하는 경우가 많지만, 이때는 주의가 필요합니다. 국문과 영문을 함께 표기하여 출원한 경우, 해당 상표는 두 언어가 결합된 형태로만 사용되는 것으로 간주될 수 있습니다.

문자상표는 텍스트가 포함된 이미지 파일로 제출되기 때문에 필기체나 특정 서체를 사용할 수 있습니다. 다만, 서체에 디자인적 요소가 많이 포함되거나, 서체가 크게 변형된 경우에는 문자상표가 아닌 '도형복합상표'로 분류될 수 있습니다.

최근 프랜차이즈 브랜드 상표 출원 조사에 따르면, 약 38%가 문자상표 형태로 출원되었습니다. 문자상표는 일단 등록되면 도형복합상표보다 권리 면에서 유리한 점이 있지만, 등록 절차가 까다로운 단점이 있습니다.

상표 출원이 거절되는 주요 이유는 문자의 유사성 때문입니다. 이 때문에 문자상표로 출원했다가 거절될 경우, 도형복합상표로 변경해 출원하거나 처음부터 도형복합상표로 출원하는 사례가 많습니다.

도형이 포함된 상표는 '도형복합상표'와 '도형상표'로 나뉩니다. 도형복합상표는 도형과 문자가 결합된 형태로, 심벌과 로고타입 결합형, 디자인적 요소가 가미된 로고타입(워드마크), 엠블럼 등이 이에 해당합니다. 최근 프랜차이즈 브랜드 상표 출원 조사에 따르면, 약 62%가 도형복합 형태로 출원되었습니다.

도형상표는 문자 없이 도형만으로 구성된 상표를 의미합니다. 문자가 포함되지 않기 때문에 '상표명 정보 없음'으로 표시되며, 도형 검색은 '도형분류(비엔나)코드'를 통해 이루어집니다. 도형상표만을 단독으로 등록하는 경우는 드물며, 일반적으로 문자상표나 도형복합상표를 출원한 후 심벌만을 별도로 출원하는 사례가 많습니다. 또한, 문자를 단순화하거나 결합하여 도형복합상표를 의도했으나, 가독성 문제로 인해 도형상표로 분류되는 경우도 발생할 수 있습니다.

2) 상품류와 지정상품, 그리고 유사군 코드

하나의 상표에 대해 모든 상품이나 서비스 분야에 대한 권리를 인정할 경우, 자금력이 있는 대기업들이 상표를 선점하게 되어 중소기업이나 개인사업자가 원하는 상표를 확보하기 어려워질 수 있으며, 상표 자원의 고갈을 초래할 수 있습니다. 이러한 문제를 방지하기 위해, 상표 출원 시에는 구체적인 지정 상품을 명시해야 하며, 유사한 상품군들은 세분화하여 관리되어야 합니다.

아래는 45개 상품류에 대한 표입니다.

[표] 45개 상품류

구분		설명
상품	제1류	공업/과학 및 사진용 및 농업/원예 및 임업용 화학제; 미가공 인조수지, 미가공 플라스틱; 소화 및 화재예방용 조성물; 조질제 및 땜납용 조제; 수피용 무두질제; 공업용 접착제; 퍼티 및 기타 페이스트 충전제; 퇴비, 거름, 비료; 산업용 및 과학용 생물학적 제제
	제2류	페인트, 니스, 래커; 방청제 및 목재 보존제; 착색제, 염료; 인쇄, 표시 및 판화용 잉크; 미가공 천연수지; 도장용/장식용/인쇄용/미술용 금속박(箔) 및 금속분(紛)
	제3류	비의료용 화장품 및 세면용품; 비의료용 치약; 향료, 에센셜 오일; 표백제 및 기타 세탁용 제제; 세정/광택 및 연마재
	제4류	공업용 오일 및 그리스, 왁스; 윤활제; 먼지흡수제, 먼지습윤제 및 먼지흡착제; 연료 및 발광체; 조명용 양초 및 심지

상품	제5류	약제, 의료용 및 수의과용 제제; 의료용 위생제; 의료용 또는 수의과용 식이요법 식품 및 제제, 유아용 식품; 인체용 및 동물용 식이보충제; 플라스터, 외상치료용 재료; 치과용 충전재료, 치과용 왁스; 소독제; 해충구제제; 살균제, 제초제
	제6류	일반금속 및 그 합금, 광석; 금속제 건축 및 구축용 재료; 금속제 이동식 건축물; 비전기용 일반금속제 케이블 및 와이어; 소형금속제품; 저장 또는 운반용 금속제 용기; 금고
	제7류	기계, 공작기계, 전동공구; 모터 및 엔진(육상차량용은 제외); 기계 커플링 및 전 동장치 부품(육상차량용은 제외); 농기구(수동식 수공구는 제외); 부란기(孵卵器); 자동판매기
	제8류	수동식 수공구 및 수동기구; 커틀러리; 휴대 무기(화기는 제외); 면도기
	제9류	과학, 연구, 항법, 측량, 사진, 영화, 시청각, 광학, 계량, 측정, 신호, 탐지, 시 험, 검사, 구명 및 교육용 기기; 전기 분배 또는 전기 사용의 전도, 전환, 변형, 축 적, 조절 또는 통제를 위한 기기; 음향/영상 또는 데이터의 기록/전송/재생 또는 처리용 장치 및 기구; 기록 및 내려받기 가능한 미디어, 컴퓨터 소프트웨어, 빈 디 지털 또는 아날로그 기록 및 저장매체; 동전작동식 기계장치; 금전등록기, 계산기; 컴퓨터 및 컴퓨터주변기기; 잠수복, 잠수마스크, 잠수용 귀마개, 다이버 및 수영용 노즈클립, 잠수용 장갑, 잠수용 호흡장치; 소화기기
	제10류	외과용, 내과용, 치과용 및 수의과용 기계기구; 의지(義肢), 의안(義眼) 및 의치(義齒); 정형외과용품; 봉합용 재료; 장애인용 치료 및 재활보조장치; 안마기; 유아 수유용 기기 및 용품; 성활동용 기기 및 용품
	제11류	조명용, 가열용, 냉각용, 증기발생용, 조리용, 건조용, 환기용, 급수용, 위생용 장치 및 설비
	제12류	수송기계기구; 육상, 항공 또는 해상을 통해 이동하는 수송수단
	제13류	화기(火器); 탄약 및 발사체; 폭약; 폭죽
	제14류	귀금속 및 그 합금; 보석, 귀석 및 반귀석; 시계용구
	제15류	악기; 악보대 및 악기용 받침대; 지휘봉
	제16류	종이 및 판지; 인쇄물; 제본재료; 사진; 문방구 및 사무용품(가구는 제외); 문방구 용 또는 가정용 접착제; 제도용구 및 미술용 재료; 회화용 솔; 교재; 포장용 플라 스틱제 시트, 필름 및 가방; 인쇄활자, 프린팅블록
	제17류	미가공 및 반가공 고무, 구타페르카, 고무액(gum), 석면, 운모(雲母) 및 이들의 제품; 제조용 압출성형형태의 플라스틱 및 수지; 충전용, 마개용 및 절연용 재료; 비금속제 신축관, 튜브 및 호스
	제18류	가죽 및 모조가죽; 수피; 수하물가방 및 운반용 가방; 우산 및 파라솔; 걷기용 지 팡이; 채찍 및 마구(馬具); 동물용 목걸이, 가죽끈 및 의류
	제19류	건축용 및 구축용 비금속제 건축재료; 건축용 비금속제 경질관(硬質管); 아스팔트, 피치, 타르 및 역청; 비금속제 이동식 건축물; 비금속제 기념물

상품	제20류	가구, 거울, 액자; 보관 또는 운송용 비금속제 컨테이너; 미가공 또는 반가공 뼈, 뿔, 고래수염 또는 나전(螺鈿); 패각; 해포석(海泡石); 호박(琥珀)(원석)
	제21류	가정용 또는 주방용 기구 및 용기; 조리기구 및 식기(포크, 나이프 및 스푼은 제외); 빗 및 스펀지; 솔(페인트 솔은 제외); 솔 제조용 재료; 청소용구; 비건축용 미가공 또는 반가공 유리; 유리제품, 도자기제품 및 토기제품
	제22류	로프 및 노끈; 망(網); 텐트 및 타폴린; 직물제 또는 합성재료제 차양; 돛; 하역물 운반용 및 보관용 포대; 충전재료(고무/플라스틱/종이 및 판지제는 제외); 직물용 미가공 섬유 및 그 대용품
	제23류	직물용 실(絲)
	제24류	직물 및 직물대용품; 가정용 린넨; 직물 또는 플라스틱제 커튼
	제25류	의류, 신발, 모자
	제26류	레이스, 장식용 끈 및 자수포, 의류장식용 리본 및 나비매듭리본; 단추, 훅 및 아이(hooks and eyes), 핀 및 바늘; 조화(造花); 머리장식품; 가발
	제27류	카펫, 융단, 매트, 리놀륨 및 기타 바닥깔개용 재료; 비직물제 벽걸이
	제28류	오락용구, 장난감; 비디오게임장치; 체조 및 스포츠용품; 크리스마스트리용 장식품
	제29류	식육, 생선, 가금 및 엽조수; 고기진액; 보존처리/냉동/건조 및 조리된 과일 및 채소; 젤리, 잼, 콤폿; 달걀; 우유, 치즈, 버터, 요구르트 및 기타 유제품; 식용 유지(油脂)
	제30류	커피, 차(茶), 코코아 및 그 대용물; 쌀, 파스타 및 국수; 타피오카 및 사고(sago); 곡분 및 곡물 조제품; 빵, 페이스트리 및 과자; 초콜릿; 아이스크림, 셔벗 및 기타 식용 얼음; 설탕, 꿀, 당밀(糖蜜); 식품용 이스트, 베이킹 파우더; 소금, 조미료, 향신료, 보존처리된 허브; 식초, 소스 및 기타 조미료; 얼음
	제31류	미가공 농업, 수산양식, 원예 및 임업 생산물; 미가공 곡물 및 종자; 신선한 과실 및 채소, 신선한 허브; 살아 있는 식물 및 꽃; 구근(球根), 모종 및 재배용 곡물종자; 살아있는 동물; 동물용 사료 및 음료; 맥아
	제32류	맥주; 비알코올성 음료; 광천수 및 탄산수; 과실음료 및 과실주스; 시럽 및 비알코올성 음료용 제제
	제33류	알코올성 음료(맥주는 제외); 음료제조용 알코올성 제제
	제34류	담배 및 대용담배; 권연 및 여송연; 흡연자용 전자담배 및 기화기; 흡연용구; 성냥
서비스	제35류	광고업; 사업관리/조직 및 경영업; 사무처리업
	제36류	금융, 통화 및 은행업; 보험서비스업; 부동산업
	제37류	건축서비스업; 설치 및 수리서비스업; 채광업/석유 및 가스 시추업
	제38류	통신서비스업

	제39류	운송업; 상품의 포장 및 보관업; 여행알선업
	제40류	재료처리업; 폐기물 재생업; 공기 정화 및 물 처리업; 인쇄 서비스업; 음식 및 음료수 보존업
	제41류	교육업; 훈련제공업; 연예오락업; 스포츠 및 문화활동업
서 비 스	제42류	과학적, 기술적 서비스업 및 관련 연구, 디자인업; 산업분석, 산업연구 및 산업디자인 서비스업; 품질 관리 및 인증 서비스업; 컴퓨터 하드웨어 및 소프트웨어의 디자인 및 개발업
	제43류	식음료제공서비스업; 임시숙박시설업
	제44류	의료업; 수의업; 인간 또는 동물을 위한 위생 및 미용업; 농업, 수산양식, 원예 및 임업 서비스업
	제45류	법무서비스업; 유형의 재산 및 개인을 물리적으로 보호하기 위한 보안서비스업; 이성(異性) 소개업, 온라인 소셜 네트워킹 서비스업; 장례업; 베이비시팅업

상품류는 총 45개의 카테고리로 구분됩니다. 제1류부터 제34류까지는 상품에 해당하며, 제35류부터 제45류까지는 서비스에 해당합니다. 상품류는 상표 검색과 효율적인 관리를 위해 사용되지만, 상표 출원 시 중요한 것은 상품류 자체가 아닌 '지정상품'입니다.

예를 들어, 피자를 판매하는 음식점이 냉동 피자를 제조·유통하며 프랜차이즈 사업을 시작하는 경우를 가정해 보겠습니다. 이때 관련 지정상품은 여러 상품류에 걸쳐 포함될 수 있습니다. 피자와 관련된 지정상품은 제30류에 속하며, 냉동 피자, 신선한 피자, 조리되지 않은 피자, 조리된 피자 등이 포함됩니다. 피자 소매업, 도매업, 냉동피자 소매 및 도매업 등은 제35류에 해당하며, 피자 배달업은 제39류에 속합니다. 또한, 피자 가게 운영업, 식당 체인업 등은 제43류에 포함됩니다. 피자 배달업을 제외하더라도 최소 3개의 상품류가 관련될 수 있습니다.

상품류와 지정상품 외에도 '유사군 코드'라는 개념이 있습니다. 유사군 코드는 상표 간 유사성을 판단하는 기준으로 활용됩니다. 두 상표의 지정상품이 동일하면 명확히 같은 상품으로 간주되지만, 하나의 상품류에 다양한 지정상품이 포함될 수 있으므로, 동일한 상품류에 속한다고 해서 자동으로 유사하다고 판단되지 않습니다. 경우에 따라서는 상품류가 다르더라도 유사한 상품으로 간주될 수 있기 때문에, 유사군 코드가 중요한 역할을 합니다.

상품 분류는 주기적으로 업데이트되며, 현재 사용되고 있는 분류는 NICE-12판입니다. 상품 조회는 특허청 지식재산 제도의 분류코드 조회를 통해 가능합니다. (https://www.kipo.go.kr/ko/goodsSortMng.do?menuCd=SCD0201115&parntMenuCd2=SCD0201114)

3) 지정상품의 유사성 판단

상표를 출원할 때는 지정상품을 명확하게 지정해야 합니다. 상표가 동일하거나 유사하더라도 지정상품이 다르면 등록이 가능하지만, 지정상품까지 동일하거나 유사할 경우 등록이 거절될 수 있습니다. 이는 소비자가 상표를 혼동할 가능성이 높다고 판단되기 때문입니다.

지정상품의 유사성은 상품류가 아닌, 지정상품 자체와 유사군 코드를 기준으로 판단합니다. 상품류는 상표를 일반적으로 구분하는 기준일 뿐이며, 유사성 판단에 직접적인 영향을 미치지 않습니다.

일부는 브랜드 네이밍을 요청할 때 "43류에 동일한 상표가 없어야 한다"와 같은 구체적인 조건을 제시하기도 합니다. 그러나 이러한 요구는 정확하지 않으며, 효율적이지 않을 수 있습니다. 상표의 유사성은 상품류를 넘어, 세부적인 지정상품과 유사군 코드를 기준으로 정확하게 판단되기 때문입니다.

특허청에서 상표의 동일성과 유사성을 판단할 때 기준이 되는 것은 상품류가 아닙니다. 상품류는 상표를 구분하는 카테고리일 뿐, 동일한 상품류 내에서도 유사성이 인정되는 상품은 제한적입니다. 상품류는 편의상 45개의 카테고리로 나뉘어 있지만, 각 카테고리에는 서로 유사하지 않은 다양한 상품들이 포함되어 있습니다. 따라서 상품류만으로 상표의 유사성을 판단하게 되면, 유망한 상표를 사용할 기회를 놓칠 수 있습니다.

상표는 각기 지정상품을 포함하고 있습니다. 특허청의 상표 검색 사이트인 KIPRIS(kipris.or.kr)에서 상표를 검색한 후 '상표 설명/지정 상품'을 클릭하면 해당 상표의 상품류, 유사군 코드, 지정상품 정보를 확인할 수 있습니다. 이 중에서 가장 중요한 것은 지정상품입니다. 지정상품이 동일하거나 유사한 경우, 상표가 동일하거나 유사하다고 판단되어 등록이 거절될 수 있습니다. 반면, 동일하거나 유사한 상표라도 지정상품이 다르면 등록될 가능성이 있습니다.

지정상품의 유사성은 '소비자 혼동 가능성'과 관련이 있습니다. 만약 두 상품의 분야가 전혀 다르다면, 소비자가 혼동할 가능성은 낮아집니다. 따라서 상표 보호를 위해 다양한 지정상품을 포함해 출원할 수 있지만, 이 경우 추가 비용과 특정 지정상품에서의 거절 가능성을 고려해야 합니다. 일반적으로는 사업과 밀접한 지정상품만 선택해, 몇 개 상품류에 걸쳐 출원하는 것이 바람직합니다.

지정상품의 동일성 또는 유사성을 판단할 때는 '유사군 코드'가 사용됩니다. 유사군 코드는 G로 시작하는 것은 상품을, S로 시작하는 것은 서비스를 나타냅니다.

유사군 코드가 같으면 기본적으로 유사한 상품으로 간주되지만, 특허청은 유사군 코드를 참고할 뿐, 실제 거래 관행 등을 고려해 유사성을 판단합니다. 따라서 유사군 코드는 절대적인 기준이 아닙니다.

예를 들어, 한식점업은 제43류(식음료제공서비스업; 임시숙박시설업)에 속하며, 유사군 코드는 S120602, G0301, G0502입니다. 일본음식점업도 제43류에 속하며, 동일한 유사군 코드를 가지고 있습니다. 반면, 같은 제43류 내의 호텔, 모텔, 리조트업은 유사군 코드가 S1207로 다릅니다. 따라서 한식점업을 지정상품으로 출원할 때, 일본음식점업에 동일하거나 유사한 상표가 이미 등록되어 있으면 등록이 거절될 가능성이 높지만, 호텔, 모텔, 리조트업에는 동일·유사한 상표가 등록되어 있다고 하더라도 등록 가능성이 높습니다.

다만, 숙박업을 출원할 때 호텔, 모텔, 리조트업만을 지정하는 것이 아니라, G0301(과자, 빵 등), G0502(커피, 음료 등), S120602(식당업), S120603(주점업) 등의 다양한 지정상품을 포함할 수 있습니다. 따라서 상표 출원 시에는 모든 지정상품을 면밀하게 검토하는 것이 중요합니다. 특히, 상표 출원 시 1개 상품류 내에서 지정상품 10개까지는 추가 비용이 발생하지 않으므로, 이를 고려해 전략적으로 출원하는 것이 좋습니다.

만약 선등록 상표와 지정상품이 겹치는 경우, 해당 지정상품을 제외하고 출원해야 합니다. 그러나 그 상품이 부수적인 것이 아니라 주요 사업과 관련된 경우라면, 상표 출원을 처음부터 재검토해야 합니다. 따라서 브랜드 네임을 확정하기 전에, 네이밍 단계에서 상표 검토를 병행하는 것이 훨씬 효율적입니다.

3. 상표 검색하기

상표를 출원하기 전에 동일하거나 유사한 상표가 이미 등록되어 있는지 확인하는 것은 매우 중요합니다. 상표 검색은 특허청의 키프리스(KIPRIS, kipris.or.kr) 사이트에서 가능합니다.

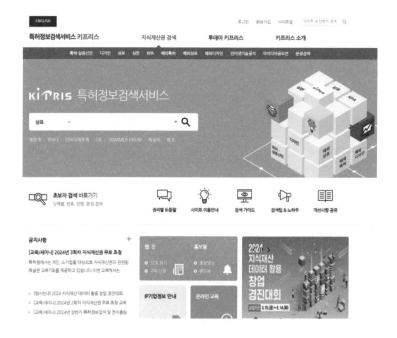

[그림] 특허청 특허정보검색서비스 키프리스(KIPRIS)

검색 창에서 "전체"를 선택한 후, 상표를 선택하여 검색할 수 있습니다. 원하는 문자상표를 입력하면, 검색 키워드와 정확히 일치하는 상표뿐만 아니라, 키워드가 포함된 상표, 출원인의 이름과 유사한 상표 등 다양한 결과가 나타납니다. 검색 결과에서는 키워드와 일치하는 상표가 빨간색으로 표시되어 쉽게 확인할 수 있습니다.

예를 들어, 이 책에서 소개된 '투명한', '맑은'을 의미하는 핀란드어 'KUULAS(쿨라스)'를 검색해 보겠습니다. 출원하고자 하는 문자상표인 KUULAS, 쿨라스, 꿀라스와 정확히 일치하는 등록상표는 지정상품이나 등록/거절 여부와 관계없이 검색되지 않습니다.

'KW=[KUULAS]'에 대한 검색결과가 없습니다.

[그림] 키프리스(KIPRIS) 키워드 검색 예시

그러나 여기에서 검토를 마치면 상표 검토를 하지 않은 것과 큰 차이가 없습니다. 많은 상표가 거절되는 주된 이유는 동일하거나 유사한 지정상품에서 유사성이 인정되기 때문입니다. 따라서, 검색 키워드를 확장하여 KULAS, KUULA, KULA, KOOLAS, CUULAS, CULAS, CUULA, CULA, COOLAS 등 다양한 조합으로 검색해 보는 것이 중요합니다. 또한, 보다 효율적인 검색을 위해 검색창 아래의 "스마트 검색" 기능을 활용하는 것도 유용합니다.

[그림] 키프리스(KIPRIS) 스마트 검색

스마트 검색 기능을 이용하면 검색 범위를 좁히거나 키워드를 확장하여 보다 정확한 결과를 얻을 수 있습니다. 기호를 사용한 절단 검색(키워드 포함), 구문 검색(문구 일치), 논리 연산자(*, +, !)를 활용한 검색도 가능합니다. 그러나 검색 결과가 많지 않은 경우에는 기본적인 키워드 검색만으로도 충분할 수 있습니다. 연산자 사용법 등 상세한 검색 방법은 KIPRIS 사이트에서 확인할 수 있습니다.

상표 검토 과정에서 검색 결과가 너무 많아 복잡할 경우, '상표 명칭'과 '분류 정보'를 활용하는 것이 좋습니다. '자유 검색'은 KUULAS와 같이 동일한 상표뿐만 아니라 부분 일치나 출원인 이름과 부분 일치하는 결과까지 보여주므로, 검색 정확도가 낮아질 수 있습니다.

특히 '분류 정보'에서 '상품 분류', '지정 상품', '유사군 코드'를 활용하면 검색 결과를 필터링하여 필요한 정보만 추출할 수 있습니다. 다만, 지정 상품이나 유사군 코드를 너무 좁게 설정하면 일부 등록 상표가 누락될 수 있으므로, 지정 상품이 포함된 상품 분류를 기준으로 검토하는 것이 좋습니다. (한 번에 여러 상품류 검색 가능) 초기에는 지정 상품이나 상품 분류가 다르더라도, 완전히 동일한 상표가 있는지 기본적으로 확인하는 것이 중요합니다.

상표를 검색하는 목적은 등록하려는 상표와 유사한 지정 상품에 동일하거나 유사한 상표가 이미 등록되어 있는지를 확인하기 위함입니다. 이러한 검색 결과를 바탕으로 상표 출원 전략을 수립할 수 있습니다.

만약 동일한 지정 상품에 동일한 상표가 이미 등록되어 있다면, 출원을 포기하는 것이 일반적입니다. 지정 상품에 대해서는 거의 정확하게 동일성 또는 유사성을 판단할 수 있지만, 상표의 유사성, 특히 문자의 유사성에 대한 판단은 전문가에게도 어려운 경우가 많습니다. 예를 들어, 'KUULAS'의 경우 정확히 일치하는 영문 또는 국문 상표는 없더라도, 'KUULA'나 'KUULAZ'와 같은 유사한 상표가 동일한 지정 상품에 이미 등록되어 있을 수 있습니다. 이 경우, 상표 출원 전략은 다음과 같이 다양한 방안을 고려할 수 있습니다.

1. 문자상표와 도형복합 상표 출원: 원안 'KUULAS'를 문자상표로 출원하면서 동시에 도형복합(문자가 포함된 로고)의 상표도 함께 출원하는 방법.

2. 도형복합 상표만 출원: 문자상표는 포기하고 도형복합 상표로만 출원하는 방법.

3. 부분 수정 후 문자상표 출원: 유사군 코드를 참고하여 겹치는 지정상품을 제외하고 원안 문자를 그대로 출원하는 방법.

정확한 상표 검색을 통해 전략적인 의사결정을 내리는 것은 상표 등록 과정에서 시행착오를 줄이는 가장 효율적인 방법입니다.

이번에는 도형상표의 검색 방법에 대해 알아보겠습니다. 도형상표는 문자 없이 도형만으로 구성된 상표를 의미하며, 로고 중에서도 문자가 포함되지 않은 심벌 형태의 상표가 이에 해당합니다. 문자가 없기 때문에 '(상표명 정보 없음)'으로 표시되며, 문자상표와 달리 문자 검색으로 찾을 수 없습니다. 이 경우, 도형분류 (비엔나) 코드를 사용하여 검색합니다. 도형복합상표의 경우에도 문자 외에 도형에 대한 정보가 저장되어 있어, 도형분류 코드를 통해 검색할 수 있습니다.

[그림] 키프리스(KIPRIS) 도형 검색

예를 들어, 개와 고양이가 포함된 도형을 찾고자 할 때는, KIPRIS에서 상세 검색의 '분류정보'에서 '도형코드(DR)'에 '030108 030106'을 입력하여 검색할 수 있습니다. 또는 검색 창에 'DR=[030108*030106]'을 입력하여 검색할 수도 있습니다. 검색 시 '유형'에서 도형상표만 선택하면 도형상표만 검색되며, '도형복합'을 선택하면 심벌뿐만 아니라 심벌과 문자가 결합된 형태의 로고도 함께 검색됩니다.

참고로, 비엔나 코드에서 030108은 '개'를 의미합니다. 이 코드의 구성은 다음과 같습니다: 03은 '동물', 01은 '네발짐승', 08은 '개, 늑대, 여우'를 나타냅니다. 반면, 030106은 '고양이'를 의미하며, 03은 '동물', 01은 '네발짐승', 06은 '고양이 또는 기타 작은 고양이 과'를 나타냅니다.

자세한 도형분류 코드는 KIPRIS 도형분류 코드 페이지에서 확인하실 수 있습니다. www.kipris.or.kr/kdtj/code1000a.do?method=search&recvField

해외 상표 검색

수출이나 해외 진출을 계획하고 있다면, 국내뿐만 아니라 해외 상표도 미리 검색하고 검토하는 것이 중요합니다. 우리나라에서 쉽게 등록될 수 있는 상표라도 해외에서는 등록이 어려울 수 있으며, 그 반대의 경우도 발생할 수 있습니다. 모든 국가에서 동시에 등록이 가능한 상표를 찾는 것은 매우 어렵습니다. 특히, 영어 기반의 단어나 합성어는 유사한 상표가 이미 존재할 가능성이 높기 때문에, 독특한 한국어 브랜드 네임을 사용하는 것이 해외에서의 등록 가능성을 높이는 방법

중 하나입니다.

특허청의 KIPRIS에서 제공하는 해외 상표 검색 서비스(abtm.kipris.or.kr)를 통해 미국, 일본, 호주, 캐나다, 유럽 등의 상표를 검색할 수 있습니다. 그러나 보다 정확한 결과를 얻기 위해서는 각 국가의 상표 검색 사이트를 직접 이용하는 것이 좋습니다. 예를 들어, 미국의 경우, 미국특허상표청(USPTO)의 상표 검색 사이트(tmsearch.uspto.gov)를 통해 상표와 상품류 등을 조합하여 검색할 수 있으며, 상표의 형태와 현재 상태를 한눈에 확인할 수 있습니다.

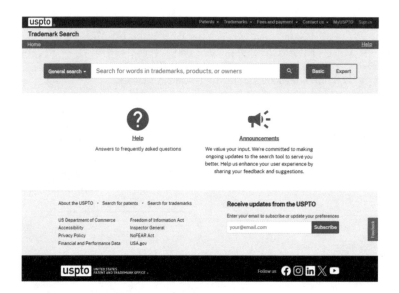

[그림] 미국특허상표청 상표 검색 사이트

일본 상표 검색은 일본특허청(JPO; Japan Patent Office)이 운영하는 J-PlatPat 사이트(j-platpat.inpit.go.jp/t0100)에서 가능합니다. 일본어에 익숙하지 않은 경우, 사이트의 언어를 영어로 변경하여 이용할 수 있습니다. 상표명, 발음, 도형 분류

코드, 지정상품, 상품류 등을 조합하여 검색할 수 있어, 필요한 정보를 효과적으로 찾을 수 있습니다.

[그림] 일본특허청 상표 검색 사이트

중국에서는 국가지식산권국(China National Intellectual Property Administration, CNIPA)에서 운영하는 상표 검색 사이트(wcjs.sbj.cnipa.gov.cn)를 통해 상표 검색이 가능합니다. 과거에는 로그인 없이 이용할 수 있었으나, 2024년부터는 사용자 등록 후 로그인을 해야 이용할 수 있습니다.

[그림] 중국 국가지식산권국 상표 검색 사이트

회원가입 페이지로 이동해 외국인 사용자로 등록하면 사이트를 이용할 수 있습니다. 회원가입이 완료된 후에도 로그인을 할 때마다 이메일 인증을 거쳐야 검색 기능을 사용할 수 있습니다.

이 사이트에는 6개의 아이콘 메뉴가 있으며, 주로 사용하는 메뉴는 상단의 '유사상표 검색(SISTM)'과 '일반상표 검색(SGTMI)'입니다. 특히, 유사하거나 동일한 등록 상표가 있는지 확인하려면 '유사상표 검색(SISTM)'을 사용하는 것이 효과적입니다. 상품류와 언어(상표)를 선택한 후, 키워드를 입력해 검색하면 지정한 상품류 내에서 동일하거나 유사한 상표를 확인할 수 있습니다.

[그림] 중국 국가지식산권국 상표 검색 사이트 이용 화면

그 밖에 유럽 상표 검색은 EUIPO(유럽연합 지식재산권 사무소)에서 운영하는 상표 검색 사이트(euipo.europa.eu/eSearch)에서 검색이 가능합니다.

4. 상표등록 거절에는 이유가 있다

상표를 출원하면, 특허청 심사관이 심사를 진행하며, 거절 사유가 없을 경우 출원 공고가 나고, 2개월 동안 이의신청이 없으면 상표 등록이 확정됩니다. 그러나 거절 사유가 발견되면 의견제출통지서를 받게 되며, 보정이나 의견서 제출로 문제가 해결되지 않으면 상표 등록이 거절됩니다. 상표 등록 가능성을 높이기 위해서는 거절 사유를 파악하고, 동일한 실수를 반복하지 않는 것이 중요합니다.

최근 외식업 프랜차이즈 업체들의 상표 출원 실태를 조사한 결과, 거절 사유는 약 17가지로 다양했습니다. 가장 흔한 사례는 한 가지 이유로 거절된 경우로, 전체의 47%를 차지했습니다. 두 가지 이유로 거절된 경우는 35%, 세 가지 이유는 14%, 드물게 5가지 이상의 사유로 거절된 경우도 4% 있었습니다. 한 출원당 평균적으로 2개의 거절 사유가 발생하며, 이는 일부 사유가 해결되더라도 다른 이유로 인해 등록이 여전히 어려울 수 있음을 보여줍니다.

부정한 목적이나 실수, 무지로 인한 출원 등의 특수한 경우를 제외하면, 상표 출원 거절의 주요 원인은 크게 네 가지로 나눌 수 있습니다.

1. 선등록 상표와의 동일성 또는 유사성: 가장 흔한 거절 사유로, 전체의 31%를 차지합니다.
2. 식별력 부족: 소비자가 상표를 보고 상품의 출처를 식별할 수 없는 경우로, 전체의 19%에 해당합니다.
3. 기술적 표장 사용: 산지, 품질, 원재료, 효능, 용도, 수량, 형상, 가격, 생산 및 가공 방법, 사용 방법이나 시기를 일반적으로 표시한 표장으로 구성된 상표로, 이 역시 19%를 차지합니다.

4. 선출원 상표와의 유사성: 먼저 출원되어 심사 중인 상표와 동일하거나 유사한 경우로, 전체의 8%를 차지합니다.

종합적으로 보면, 선등록 상표나 선출원 상표와의 유사성으로 인한 거절이 전체의 39%로 가장 많으며, 식별력 부족이나 부적합한 단어 사용으로 인한 거절이 38%에 달합니다. 따라서 전체 거절 사유의 77%는 이 두 가지 주요 원인에서 비롯된다고 할 수 있습니다.

[표] 상표등록 거절 사유

No.	상표법 거절 근거	비중
1	선등록 상표와 동일 및 유사 (34조 1항 7호) 타인의 등록상표와 동일 · 유사한 상표로, 지정상품이 동일 · 유사한 상표는 등록을 받을 수 없음	31.3%
2	일반적 사항 표시 (33조 1항 3호) 상품의 산지 · 품질 · 원재료 · 효능 · 용도 · 수량 · 형상 · 가격 · 생산방법 · 가공방법 · 사용방법 또는 시기를 보통으로 사용하는 방법으로 표시한 표장만으로 된 상표는 등록을 받을 수 없음	19.3%
3	식별력 부족 (33조 1항 7호) 수요자가 누구의 업무에 관련된 상품을 표시하는 것인가를 식별할 수 없는 상표는 등록을 받을 수 없음	19.3%
4	선출원 상표와 동일 및 유사 (35조 1항) 동일 · 유사한 상품에 사용할 동일 · 유사한 상표에 대하여 다른 날에 둘 이상의 상표등록출원이 있는 경우에는 먼저 출원한 자만이 그 상표를 등록받을 수 있음	7.6%
5	1상표 1출원 위배 (38조 1항) 상품류의 구분에 따라 1류 이상의 상품을 지정하여 1상표마다 1출원을 해야함	7.2%
6	품질 오인 및 소비자 기만 (34조 1항 12호) 상품의 품질을 오인하게 하거나 수요자를 기만할 염려가 있는 상표는 등록을 받을 수 없음	4.0%
7	본인이 사용할 상표가 아닌 경우 (3조 1항) 국내에서 상표를 사용하는 자 또는 사용하려는 자는 자기의 상표를 등록받을 수 있음	3.9%

8	현저한 지리적 명칭 및 지도 상표 (33조 1항 4호) 현저한 지리적 명칭이나 그 약어 또는 지도만으로 된 상표는 등록을 받을 수 없음	2.6%
9	부정한 목적으로 알려진 상표와 동일 · 유사한 상표 출원 (34조 1항 13호) 특정인의 상품을 표시하는 것이라고 인식되어 있는 상표와 동일 · 유사한 상표로서 부당한 이익을 얻으려 하거나 그 특정인에게 손해를 입히려고 하는 등 부정한 목적으로 사용하는 상표는 등록을 받을 수 없음	2.3%
10	간단하고 흔한 표장 (33조 1항 6호) 간단하고 흔히 있는 표장만으로 된 상표는 등록을 받을 수 없음	0.8%
11	성씨 또는 명칭 사용 (33조 1항 5호) 흔히 있는 성(姓) 또는 명칭을 보통으로 사용하는 방법으로 표시한 표장만으로 된 상표는 등록을 받을 수 없음	0.6%
12	유명인 이름 및 별명 사용 (34조 1항 6호) 저명한 타인의 성명 · 명칭 또는 상호 · 초상 · 서명 · 인장 · 아호 · 예명 · 필명 또는 이들의 약칭을 포함하는 상표는 등록을 받을 수 없음	0.4%
13	선량한 풍속, 공공질서에 반하는 상표 (34조 1항 4호) 상표 그 자체 또는 상표가 상품에 사용되는 경우 수요자에게 주는 의미와 내용 등이 일반인의 통상적인 도덕관념인 선량한 풍속에 어긋나는 등 공공의 질서를 해칠 우려가 있는 상표는 등록을 받을 수 없음	0.3%
14	유명 상표의 식별력 및 명성 손상 (34조 1항 11호) 수요자들에게 현저하게 인식되어 있는 타인의 상품이나 영업과 혼동을 일으키게 하거나 그 식별력 또는 명성을 손상시킬 염려가 있는 상표는 등록을 받을 수 없음	0.2%
15	국기 및 국제기구 기장 포함 (34조 1항 1호) 국가의 국기(國旗) 및 국제기구의 기장(記章) 등과 동일 · 유사한 상표는 등록을 받을 수 없음	0.1%
16	불신의에 의한 상표 출원 (34조 1항 20호) 동업 · 고용 등 계약관계나 업무상 거래관계 또는 그 밖의 관계를 통하여 타인이 사용하거나 사용을 준비 중인 상표임을 알면서 그 상표와 동일 · 유사한 상표를 동일 · 유사한 상품에 등록출원한 상표는 등록을 받을 수 없음	0.1%

■ 선등록 상표와 동일 및 유사 (34조 1항 7호)

각 거절 사유를 표와 비교하여 자세히 살펴보겠습니다. 가장 흔한 거절 사유는 기존에 이미 등록된 상표와 동일하거나 유사하다는 요인입니다. 앞서 언급한 조사에 따르면, 전체 거절 사유 중 약 31%가 이에 해당합니다. 상표법 제34조 제1

항 제7호는 "선출원된 타인의 등록상표와 동일하거나 유사한 상표로서, 그 지정 상품과 동일하거나 유사한 상품에 사용하는 상표는 등록될 수 없다"고 명시하고 있습니다. 따라서 상표를 검색할 때는, 국문과 영문으로 동일하거나 유사한 명칭이 있는지, 그리고 동일하거나 유사한 지정상품이 있는지를 철저히 확인하는 것이 중요합니다.

유사한 거절 사례와 그 사유를 참고하는 것은 상표 출원 전략에 도움이 됩니다. 만약 문자 유사성으로 인해 등록 가능성이 낮다면, 슬로건이나 문자를 추가하거나 도형을 결합한 상표(로고 포함)로 출원하는 것이 유리할 수 있습니다. 또한, 등록된 유사 상표와 일부 지정상품이 겹치는 경우 해당 지정상품을 제외하고 출원하는 방법도 고려할 수 있습니다. 그러나, 만약 그 지정상품이 상표의 핵심이라면 출원을 포기하는 것도 하나의 선택지입니다.

상표 유사성 판단의 기준은 소비자가 혼동할 가능성에 있습니다. 판단 기준은 존재하지만, 심사관의 주관이 개입될 수 있어, 유사한 출원에 대해 심사 의견이 다를 수 있습니다.

■ 일반적 사항 표시 (33조 1항 3호)

기술적 표장이나 일반적인 사항의 표시로 인해 상표 등록이 거절되는 경우가 있습니다. 상표법 제33조 제1항 제3호에 따르면, "상품의 산지, 품질, 원재료, 효능, 용도, 수량, 형상, 가격, 생산 방법, 가공 방법, 사용 방법 또는 시기를 일반적으로 표시한 표장만으로 된 상표는 등록될 수 없다"고 명시되어 있습니다.

상표의 외관, 발음, 의미를 통해 상품의 특성을 직관적으로 알 수 있는 상표는 등록이 불가능합니다. 예를 들어, 특산품의 지명, '좋다', '최고다', '효과가 있다', '무엇으로 만들었다', '어떻게 만든다', '얼마다', '언제 어떻게 사용한다' 등의 내용만으로 구성된 문자 상표는 등록이 거절될 가능성이 높습니다. '~만으로 된 상표'라고 한정하고 있기 때문에, 식별력이 있는 표장과 결합된 경우는 등록될 수 있습니다. 예를 들면 문자만으로 된 'ㅇㅇ살롱'은 이러한 이유로 거절될 수 있지만, 도형과 결합한 'ㅇㅇ살롱'은 등록될 수 있습니다.

■ 식별력 부족 (33조 1항 7호)

외관상 식별이 어렵거나, 자주 사용되어 식별력이 없는 경우(예: 슬로건, 구호, 유행어 등), 방송 프로그램 제목, 또는 공익을 위해 특정인이 독점하기에 부적절한 상표는 등록이 거절될 가능성이 높습니다. 특히, 음식 이름을 나열하거나 흔히 사용하는 문구가 상표의 주요 부분일 경우, 등록이 거절될 확률이 큽니다. 음식 이름은 상표의 주요 부분으로 인정되지 않기 때문에, 나머지 문구가 상표의 식별력에서 중요한 역할을 하게 됩니다. 그러나 그 문구조차 흔하고 구별이 어려우면 식별력이 부족하다고 판단됩니다.

예를 들어, 'ㅇㅇ커피'와 같은 문구는 이러한 이유로 거절될 수 있지만, 추가적인 문구를 더하고 도형을 결합하여 출원한 'ㅇㅇ커피'는 등록될 수 있습니다. 이는 문구 자체는 식별력이 부족하지만, 로고 등의 도형이 추가되어 식별력을 확보했기 때문입니다.

상표에 음식 이름, 사업 아이템, 또는 업종 명칭이 포함될 경우, 나머지 부분에 흔하고 단순한 문구를 사용하는 것은 피하는 것이 좋습니다(예: 관, 장, 당, 집, 이야기, 나라, 동네, 바른, 팩토리, 연구소 등). 대신, 다른 문구를 추가하거나 도형을 결합하여 식별력을 강화하면 등록 가능성을 높일 수 있습니다.

또한, '기타 식별력 없는 상표'로 판단되어 거절된 경우, 동일한 사유로 다른 사람의 출원도 거절될 가능성이 높습니다. 이 경우, 제3자가 상표권 침해를 주장할 가능성은 적으며, 상표를 계속 사용하는 데 큰 문제가 없을 수 있습니다. 이러한 상황에서 거절되더라도, 문구 추가나 도형을 결합하여 식별력을 강화한 후 다시 출원하는 것이 좋은 대안이 될 수 있습니다.

■ 선출원 상표와 동일 및 유사 (35조 1항)

선출원 상표와 동일하거나 유사하여 거절되는 경우도 있습니다. 상표법 제35조 제1항에 따르면, "동일 또는 유사한 상품에 사용할 동일 또는 유사한 상표에 대해 두 개 이상의 상표 등록 출원이 있을 경우, 먼저 출원한 상표가 등록되면 후출원 상표는 등록될 수 없다"고 규정되어 있습니다. 다만, 선출원 상표가 거절되거나 출원 취하, 포기, 무효가 확정된 경우에는 등록 가능성이 생길 수 있습니다.

그러나 이 경우에도 상표법 제34조 제1항 제7호에 따른 다른 거절 사유가 제기될 가능성이 높아, 최종적으로 등록될 가능성은 낮을 수 있습니다. 따라서 상표 검색 시, 동일 및 유사한 지정상품에서 동일한 명칭뿐만 아니라 유사한 출원 상표가 있는지 국문과 영문 등 여러 언어로 확인하는 것이 필요합니다. 의견제출통지서에서 제기된 선출원 상표의 유사성에 대해 명확히 소명할 수 있다면, 등록 가능성은 여전히 존재합니다.

■ 1상표 1출원 위배 (38조 1항)

1상표 1출원 원칙을 위반하여 거절되는 경우도 있습니다. 상표법 제38조 제1항에 따르면, "상표 등록 출원을 하려는 자는 상품류의 구분에 따라 1류 이상의 상품을 지정하여 1상표마다 1출원을 해야 한다"고 규정되어 있습니다. 그러나 동일인이 동일한 지정상품에 대해 동일한 상표를 여러 번 출원하는 경우가 발생할 수 있습니다. 다른 거절 사유가 없더라도 중복된 출원 중 한 건은 거절될 수 있습니다.

지정상품 명칭의 부적합성이나 상품분류 오류로 인해 거절되는 사례도 흔히 발생합니다. 현재 존재하지 않는 상품을 지정하거나 잘못된 내용을 입력한 경우가 이에 해당합니다. 하나의 상표에 대해 지정상품을 분리하여 여러 출원을 할 수 있지만, 동일한 지정상품에 대해 중복 출원하는 것은 주의해야 합니다. 지정상품은 최신 기준의 상품 명칭을 참고하여 정확하게 입력해야 하며, 만약 문제가 발생하면 의견제출통지서에 따라 보정을 통해 수정할 수 있습니다.

■ 품질 오인 및 소비자 기만 (34조 1항 12호)

상표는 품질에 대한 오인이나 소비자 기만의 우려가 있을 경우 등록이 거절될 수 있습니다. 상표법 제34조 제1항 제12호에 따르면, '상품의 품질을 오인하게 하거나 소비자를 기만할 염려가 있는 상표는 등록될 수 없다'고 규정하고 있습니다. 이 조항은 상표의 출처 표시와 품질 보증 기능을 보호하여 소비자 피해를 방지하고, 공정한 상거래 질서를 유지하기 위한 취지를 담고 있습니다.

예를 들어, 특정 음식 이름이나 사업 아이템과 관련이 없는 지정상품을 선택하여 소비자가 상표와의 관련성을 오인하거나 혼동할 가능성이 있을 경우, 상표 등록이 거절될 수 있습니다. 또한, 이미 알려진 상표와 동일하거나 유사한 상표를 지정상품에 사용하여 소비자가 상품의 품질을 오인할 가능성이 있다면, 해당 상표가 아직 등록되지 않았더라도 거절될 수 있습니다.

또한 상표에 구체적인 음식 이름이나 사업 아이템이 명시되었거나, 로고에 해당 아이템의 이미지가 포함된 경우에는 관련된 지정상품을 신중하게 선택해야 합니다. 심사 과정에서 인터넷 검색 등을 통한 확인 절차가 이루어지므로, 타인의 상표를 선출원하려는 경우 거절될 가능성이 높습니다.

■ 본인이 사용할 상표가 아닌 경우 (3조 1항)

본인이 실제 사용할 상표가 아닌 경우에도 등록이 거절될 수 있습니다. 상표법 제3조 제1항에 따르면, '국내에서 상표를 사용하는 자 또는 사용하려는 자는 자기의 상표를 등록받을 수 있다'고 명시되어 있습니다. 따라서 출원인이 상표를 실제로 사용할 의사가 없다고 판단될 경우, 상표 등록이 거절될 수 있습니다. 예를 들어, 프랜차이즈 가맹본부가 사용할 상표를 가맹본부의 대표자 등 특수관계인이 출원하는 경우가 있습니다. 프랜차이즈 사업을 시작하기 전에는 개인이 상표를 출원하고 등록할 수 있지만, 사업이 개시된 이후에는 가맹본부 법인이 상표를 출원해야 합니다. 만약 의견제출통지 이후 출원인을 가맹본부 법인으로 변경한다면, 다른 거절 사유가 없는 한 상표 등록이 가능합니다.

■ 현저한 지리적 명칭 및 지도 상표 (33조 1항 4호)

두드러진 지리적 명칭이나 지도만으로 구성된 상표도 등록이 거절될 수 있습니다. 상표법 제33조 제1항 제4호에 따르면, '현저한 지리적 명칭이나 그 약어, 또는 지도만으로 된 상표는 등록될 수 없다'고 규정하고 있습니다. 이는 해당 상표가 상품을 식별하는 데 부족하며, 특정 개인이나 기업에게 독점 권한을 부여해서는 안 된다는 이유에서 입니다.

'현저한'의 의미는 다소 모호할 수 있지만, 언론 보도, 교과서, 설문조사 등에서 사람들에게 널리 알려진 정도를 종합적으로 고려해 결정됩니다. 이때, 해당 명칭과 지정상품 간의 직접적인 관계는 고려되지 않습니다. 예를 들어, 국가나 도시명, 랜드마크 등의 단어 또는 이러한 단어와 식별력이 없는 단어의 결합 형태는 상표법 제33조 제1항 제3호 및 제7호에 따라 거절될 수 있습니다(예: 북경반점). 그러나 지명이나 국가명이 포함되었다고 해서 반드시 거절되는 것은 아니며, 식별력이 있는 다른 요소와 결합된 경우 등록이 가능합니다.

■ 부정한 목적으로 알려진 상표와 동일 · 유사한 상표 출원 (34조 1항 13호)

부정한 목적으로 이미 잘 알려진 상표와 동일하거나 유사한 상표를 출원하는 경우에도 거절될 수 있습니다. 상표법 제34조 제1항 제13호에 따르면, '특정인의 상품을 표시하는 것으로 인식된 상표와 동일하거나 유사한 상표로서 부당한 이익을 얻거나 특정인에게 손해를 입히려는 부정한 목적을 가진 상표는 등록될 수 없다'고 규정하고 있습니다. 이는 제34조 제1항 제12호와 유사하지만, 부정한 목적이 중요한 판단 기준입니다. 명칭이 다르더라도 유사한 표장만으로 거절될 수 있으며, 상표 심사 시 이미 알려진 동일하거나 유사한 상표가 있는지 확인되기 때문에 부정한 목적의 출원은 피하는 것이 좋습니다. 피해를 예방하기 위해서는 상표 출원을 가능한 한 신속하게 진행하는 것이 바람직합니다.

■ 간단하고 흔한 표장 (33조 1항 6호)

간단하고 흔한 표장도 거절될 수 있습니다. 상표법 제33조 1항 6호에 따르면, '간단하고 흔히 있는 표장만으로 된 상표는 상표등록을 받을 수 없다'고 명시되어 있습니다. 이는 상품 식별력이 부족하거나 특정인에게 독점을 부여하는 것을 방지하기 위한 규정입니다. 숫자(또는 숫자의 한글 표기), 단순한 알파벳(A, K, X 등), 기본적인 단어만 사용하거나 식별력이 없는 음식 이름이나 사업 아이템과 결합한 경우가 이에 해당합니다. 도형의 경우, 원형, 사각형, 삼각형 등 단순한 형태도 포함됩니다. 이러한 경우 상표법 제33조 제1항 제3호 또는 제7호와 함께 적용되어 거절될 수 있습니다.

다만, '~만으로 된 상표'라는 제한이 있기 때문에, 식별력이 있는 표장과 결합된 경우에는 등록이 가능합니다. 예를 들어, 숫자에 특별한 의미가 있는 경우, 독창적인 요소와 결합하여 사용하는 것이 좋습니다(예: ㅁㅁㅁ48). 또한, 단순하고 흔한 표장이라도 디자인화되어 도형이 문자보다 더 강조된 경우에는 등록 가능성이 높아집니다.

■ 성씨 또는 명칭 사용 (33조 1항 5호)

성씨 또는 명칭의 사용도 거절 사유가 될 수 있습니다. 상표법 제33조 1항 5호에 따르면, '흔히 있는 성(姓) 또는 명칭을 보통으로 사용하는 방법으로 표시한 상표는 상표등록을 받을 수 없다'고 규정되어 있습니다. 이는 상품의 식별력 부족과 특정인에게 독점권을 부여하지 않기 위한 조항입니다. 흔한 성(姓)과 음식 이름이나 특정 사업 아이템을 결합한 상표는 거절될 가능성이 높습니다(예: 김ㅁㅁㅁ, 이씨ㅁㅁㅁ, 박가네ㅁㅁㅁ 등).

다만, '~만으로 된 상표'라고 한정되어 있기 때문에, 식별력이 있는 다른 표장과 결합된 경우에는 등록이 가능합니다. 예를 들어, 성이 포함된 단순한 명칭에 독창적인 문자를 추가하거나 도형 요소를 강조하여 식별력을 높이면 등록이 가능할 수 있습니다. 실제로, 간단한 명칭으로 거절된 이후, 로고의 크기를 조정하여 문자보다 도형을 강조한 후 재출원하여 등록된 사례도 있습니다.

■ 유명인 이름 및 별명 사용 (34조 1항 6호)

유명인의 이름이나 별명을 사용하는 경우에도 상표 등록이 거절될 수 있습니다. 상표법 제34조 제1항 제6호에 따르면, '저명한 타인의 성명, 명칭, 상호, 초상, 서명, 인장, 아호, 예명, 필명 또는 이들의 약칭을 포함하는 상표는 등록될 수 없다'고 명시되어 있습니다. 이는 유명인의 인격권을 보호하기 위한 규정입니다. 따라서 연예인 등 유명인의 이름이나 별명을 사용할 경우, 해당 유명인 본인이 출원하거나 그의 승낙을 받은 경우에만 등록이 가능합니다. 계약 없이 유명인의 이름이나 별명을 사용하는 것은 주의가 필요하며, 출원인이 동명이인일 경우에도 거절될 수 있으므로 주의해야 합니다.

■ 선량한 풍속, 공공질서에 반하는 상표 (34조 1항 4호)

선량한 풍속이나 공공질서에 반하는 상표도 거절될 수 있습니다. 상표법 제34

조 제1항 제4호에 따르면, '상표 그 자체 또는 상표가 상품에 사용될 때, 수요자에게 주는 의미와 내용 등이 일반인의 통상적인 도덕관념에 어긋나거나 공공의 질서를 해칠 우려가 있는 상표는 등록될 수 없다'고 규정되어 있습니다. 예를 들어, 마약과 관련된 개념이 포함된 상표는 거절될 수 있습니다. 역사적 인물의 이름(예: 이순신)을 포함한 상표도 이 조항에 따라 거절될 수 있습니다. '마약○○○'와 같은 상표는 실제로 마약을 포함하지 않더라도 부정적인 관념을 불러일으킬 수 있어 거절될 수 있습니다. 따라서 역사적 인물이나 위인의 이름을 사용할 때에도 주의가 필요하며, 출원인이 동명이인일 경우에도 거절될 수 있습니다.

■ 유명 상표의 식별력 및 명성 손상 (34조 1항 11호)

유명 상표의 식별력이나 명성이 손상될 우려가 있는 경우에도 상표 등록이 거절될 수 있습니다. 상표법 제34조 제1항 제11호에 따르면, '소비자에게 널리 인식된 타인의 상품이나 서비스와 혼동을 일으키거나, 그 식별력 또는 명성을 손상시킬 우려가 있는 상표는 등록될 수 없다'고 명시되어 있습니다. 예를 들어, 루이비통이나 프라다와 유사한 상표는 문자나 도형의 유사성으로 인해 거절될 수 있으며, 설령 등록되더라도 소송에 휘말릴 수 있으므로 신중하게 접근해야 합니다.

■ 국기 및 국제기구 기장 포함 (34조 1항 1호)

도형과 결합된 상표가 국가의 국기나 국제기구의 기장 등을 포함할 경우 등록이 거절될 수 있습니다. 상표법 제34조 제1항 제1호에 따르면, '국가의 국기 또는 국제기구의 기장과 동일하거나 유사한 상표는 등록될 수 없다'고 규정되어 있습니다. 따라서 태극기, 성조기, UN기 등과 같은 도안이 포함된 상표는 거절될 수 있으므로, 로고에 국가나 국제기구의 깃발 또는 유사한 도안을 포함하지 않도록 주의해야 합니다.

■ 불신의에 의한 상표 출원 (34조 1항 20호)

불신의에 의한 상표 출원도 거절 사유가 될 수 있습니다. 상표법 제34조 제1항 제20호에 따르면, '동업, 고용 등 계약 관계나 업무상 거래 관계를 통해 타인이 사용하거나 사용을 준비 중인 상표를 알고 있으면서 동일하거나 유사한 상표를 동일한 상품에 등록출원하는 경우에는 상표등록을 받을 수 없다'고 규정되어 있습니다. 예를 들어, 동업 관계에서 타인이 사용 중인 상표를 허락 없이 먼저 출원할 경우, 등록이 거절될 수 있습니다. 이를 피하기 위해서는 상표 출원을 가능한 한 신속하게 진행하고, 제3자가 동일한 상표를 출원했는지 여부를 미리 확인하는 것이 중요합니다.

과거에는 상표권이 소멸된 후 1년 이내에 동일하거나 유사한 상표를 등록할 수 없다는 규정(구 상표법 제7조 제1항 제8호)이 존재하여 거절되는 사례가 있었으나, 2016년 9월부터 시행된 개정 상표법에서는 이 조항이 삭제되었습니다. 따라서 현재는 이러한 제한이 적용되지 않습니다.

5. 결국 핵심은 상표의 유사성

지금까지 상표 등록이 거절되는 다양한 이유를 살펴보았습니다. 여러 이유가 있지만, 상표 등록 거절의 주된 이유는 '동일성 및 유사성'입니다. 상표의 유사성 판단은 두 상표의 외관, 발음, 의미를 종합적이고 객관적으로 고려하여, 소비자가 상품의 출처를 오인하거나 혼동할 가능성이 있는지를 평가하는 과정입니다. 이러한 판단은 주로 지정 상품이 동일하거나 유사할 때 적용됩니다.

– 외관 유사: 시각적으로 상표의 구성이 비슷하여 소비자가 상품의 출처를 오인하거나 혼동할 가능성이 있는 경우를 말합니다. 이는 주로 도형이나 도형 복합 상표에서 중요한 요소이며, 문자 상표에서도 외관상의 유사성을 고려합니다.

– 칭호 유사: 발음이 유사한 경우를 의미합니다. 한글 상표에서는 첫 음절이나 어두 부분이 중요한 역할을 하며, 두음법칙, 연음법칙, 자음 접변, 구개음화, 경음화/격음화 등의 발음 규칙도 고려됩니다. 외국어 상표의 경우, 로마자 알파벳으로 표기된 상표는 영어식 발음을 기준으로 판단하는 것이 일반적입니다.

– 관념 유사: 상표가 가지는 의미가 비슷한 경우를 말합니다. 같은 의미를 다르게 표현하거나 수식어가 추가되더라도 관념이 유사하다면 상표는 유사하다고 판단될 수 있습니다. 다만, 새롭게 조어한 단어, 특히 의미가 없는 신조어의 경우에는 관념 유사성으로 판단될 가능성이 낮습니다.

상표의 유사성 판단에는 전체관찰, 분리관찰, 요부관찰의 세 가지 방법이 있습니다. 국내에서는 전체관찰을 원칙으로 하며, 필요에 따라 분리관찰과 요부관찰을 적용합니다. 이는 상표의 전체적인 인상을 통해 먼저 유사성을 판단한 후, 중요한 부분(요부)에 대해서도 유사성을 확인하는 방식입니다.

'요부(要部)'란, 상표의 다른 구성 요소와 관계없이 소비자의 주목을 끌어 독립적으로 상품의 출처를 표시하는 핵심 부분을 의미합니다. 예를 들어, 'MAHABA COFFEE'라는 상표에서는 'MAHABA'가 요부가 될 수 있습니다. 반면, '커피카페'와 같은 상표에는 요부로 간주할 수 있는 부분이 없습니다.

도형이나 도형 복합 상표의 경우, 심볼이나 로고가 유사하다는 이유만으로 거절되는 사례는 드뭅니다. 로고가 완전히 표절되었거나 매우 유사하게 복제되거나 패러디된 경우가 아니라면, 거절되지 않습니다. 문자 상표의 유사성 판단에서도 동일성이 완전히 인정되어 거절되는 사례는 많지 않습니다. 이는 동일한 지정상품에 이미 동일한 상표가 등록된 경우 출원을 포기하기 때문입니다.

그렇다면 유사성으로 인해 거절되는 사례가 많은 이유는 무엇일까요? 주요 원인은 두 가지입니다.

첫째, 출원 전에 유사한 상표를 충분히 검색하지 못한 경우입니다. 유사성 문제는 지정상품의 유사성과 상표 자체의 유사성으로 나눌 수 있습니다. 지정상품의 유사성 판단 기준은 이전에 설명한 '지정상품 유사성 판단 기준'을 참고하면 됩니다. 상표 자체의 유사성 판단에는 명확한 정답은 없지만, 유사성 판단 기준을 바탕으로 등록 가능성이 낮은 상표는 출원에서 배제하는 것이 좋습니다.

둘째, 유사성 판단에 대한 가이드라인은 존재하지만, 절대적인 기준은 없다는 점입니다. 유사성의 가능성을 '높다' 또는 '낮다'고 예측할 수는 있지만, '된다' 또는 '안 된다'고 단정하기는 어렵습니다.

예를 들어, '비커커피'라는 상표를 43류 유사군코드 S120602, G0301, G0502의 커피 전문점업에 문자로 출원한다고 가정해 봅시다. '비커'는 영어 'beaker'의 한글 표기로, '비이커'라고도 불립니다. 이 상표에서 '커피'는 제공되는 상품 또는 업종을 나타내는 단어이므로, 상표의 요부는 '비커'입니다. 참고로, '비커'는 '액체를 붓는 입이 달린 원통형의 화학 실험용 유리 용기'를 의미하며, 일반적으로 눈금이 표시된 것이 특징입니다.

이때 자주 발생하는 실수 중 하나는, 출원하려는 '비커커피'만 검색하고 동일한 상표가 없다는 이유로 등록 가능성이 높다고 판단하는 것입니다. 기본적으로 검색해야 할 키워드는 '비커 커피', '비커커피', '비커', '비이커', 'beaker coffee', 'beakercoffee', 'beaker' 등이 있으며, 발음이 유사한 '비카', '비켜', 'BIKA', 'BEEKER' 등도 함께 검색해 보는 것이 좋습니다. 특히, 요부인 '비커'와 동일하거나 유사한 상표가 동일한 지정상품에 등록되어 있는지 확인하는 것이 중요합니다. 경우에 따라 띄어쓰기가 없는 상표에서도 유사성이 발생할 수 있습니다. 예를 들어, '입이커'를 소리 나는 대로 표기한 '이비커커피'가 있다면, '비커커피'와 유사성이 생길 수 있습니다.

'비커커피'에 대한 검색 결과, 국문 문자 상표 '비이커'가 43류 G0301, G0502, S120602의 카페업에 등록되어 있으며, 영문 문자 상표 'BEAKER'도 동일한 지정 상품으로 등록되어 있습니다. 따라서 문자를 그대로 출원할 경우 거절될 가능성이 매우 높습니다. 심사관은 '비커'를 'beaker'로 인식해 심사를 진행할 것이며, 요부인 '비커'는 이미 등록된 '비이커'나 'BEAKER'와 칭호, 외관, 관념이 매우 유사하므로 거절 의견이 나올 수 있습니다. 비커를 "비 오는 날엔 커피"의 줄임말로 주장하더라도, 관념은 다를 수 있지만 칭호와 외관이 유사해 거절될 가능성이 큽니다.

유사성으로 인해 거절된 경우, 이미 등록된 상표가 실제로 사용되고 있는지 신중히 검토해야 합니다. 이는 상표권 침해의 위험이 있을 수 있기 때문입니다. 유사한 상표로 거절된 상표를 계속 사용하더라도, 등록된 상표의 소유자가 문제를 제기하지 않을 수도 있습니다. 그러나 유사성으로 인한 거절은 불확실성을 내포하고 있으므로, 가능한 한 이를 해결하는 것이 바람직합니다.

경우에 따라, 유사성 문제로 제기된 상표가 실제로 사용되지 않는 경우, 불사용 등록 취소 심판을 청구할 수 있습니다. 해당 상표가 취소되면 거절 사유가 해소되어 등록될 가능성이 생깁니다. 이 심판은 최근 3년간 계속 사용되지 않은 상표에 대해 적용됩니다.

6. 상표등록 가능성을 높이려면

앞서 상표 등록이 거절되는 이유를 자세히 살펴보았습니다. 이제는 상표 등록 가능성을 높이는 방법에 대해 알아보겠습니다.

■ 상표에 대한 기본 지식을 갖추자!

상표 등록을 위해 상표 전문가가 될 필요는 없지만, 기본적인 상표 지식은 필수적입니다. 이러한 지식을 바탕으로 올바르게 네이밍을 하고, 등록 가능성이 높은 이름을 선택할 수 있습니다. 상표에 대한 지식 없이 네이밍을 진행하고 검토를 소홀히 하면, 문제가 발생할 가능성이 큽니다. 예를 들어, 브랜드 네이밍 과정에서 10개의 후보를 선정했더라도, 상표 출원이 가능한 후보가 하나도 없을 수 있습니다.

네이밍 과정에서 필요한 상표 지식은 주요 거절 사유에 대한 이해로 충분합니다.

또한, 상표 검토 시 동일 및 유사 상품의 기준에 대해 이해하고 있으면 더욱 유리합니다. 상표에 대한 더 자세한 내용은 상표법을 참고하는 것이 좋습니다. 상표법은 국가법령정보센터 웹사이트(www.law.go.kr/법령/상표법)에서 확인할 수 있습니다.

■ 상표 검토는 최대한 철저하게!

상표를 출원하기 전에, 특허청의 키프리스를 통해 출원하려는 상표와 지정상품을 기준으로 검색하여 등록 가능성을 평가하는 것이 중요합니다. 지정상품의 유사성은 앞서 설명한 바와 같이, 출원하려는 상표가 기존 등록된 상표와 유사한지 여부에 따라 결정됩니다.

상표의 유사성 판단이 가장 중요하며, 이를 위해 출원하려는 상표의 국문 및 로마자 표기, 발음 등을 기준으로 검색하는 것이 기본입니다. 철자의 일부 변형, 유사한 발음, 유사한 의미도 함께 검토해야 합니다. 예를 들어, 영문 상표의 발음이나 한글 표기가 의도치 않게 이미 등록된 한글 또는 한자 상표와 유사한 경우, 거절 사유가 될 수 있습니다. 검토는 최대한 보수적으로 진행해야 최종 결정 시 선택의 폭이 넓어지고, 적절한 결정을 내릴 수 있습니다.

■ 상표 출원은 전략적으로!

상표에 대한 기본적인 지식을 갖추고 철저히 검토했다면, 등록 가능성을 대략적으로 판단할 수 있습니다. 이를 바탕으로 여러 의사결정을 내릴 수 있습니다. 예를 들어, 상표 출원을 진행할지 포기할지, 문자 상표로 출원할지 도형 복합 상표로 출원할지, 영문으로 출원할지 국문으로 출원할지, 지정상품을 어떻게 설정할지, 우선심사(심사 기간 단축)를 이용할지 일반심사로 진행할지, 출원인을 누구로 할지, 직접 출원할지 대리인을 통해 진행할지를 결정할 수 있습니다. 이러한 결정은 상표 론칭 시기에 따라 영향을 받을 수 있습니다.

예를 들어, 핀란드어로 '극야(polar night)'를 의미하는 KAAMOS(까모스)를 침구 브랜드 이름으로 결정했다고 가정해 보겠습니다. 검색 결과, 지정상품과 상관없이 완전히 동일한 등록 상표는 없고, 관련 상품군(베개 등 20류, 이불 등 24류, 매트 등 27류, 이불 도매업 등 35류)에서도 유사한 상표가 거의 없어 문자 상표 등록 가능성을 70%로 판단했다고 가정합시다. 영문 표기는 KAAMOS로 유지하고, 한글 표기는 '카모스' 대신 '까모스'로 결정하며, 심벌과 영문 문자를 결합한 로고도 제작했다고 해봅시다.

지정상품은 위의 4가지 상품류에서 각각 관련된 상품을 10개 정도 지정하면 큰 문제가 없을 것입니다(침구류 특성상 상품군이 많아 출원 비용이 증가할 수 있음). 이때 상표 전략이 중요합니다. 예를 들어, 제작한 영문 로고를 도형 복합 상표로 출원하고, '까모스'를 국문 문자 상표로 별도로 출원하는 방법을 고려할 수 있습니다.

7. 상표 직접 출원하기

1) 특허고객등록

상표 출원은 국가가 공인한 상표 전문가인 변리사나 특허법인 등의 대리인을 통해 진행하는 것이 일반적입니다. 변리사나 특허법인을 이용하면 특허청에 납부하는 관납료 외에 추가 비용이 발생할 수 있지만, 전문가의 도움을 받아 보다 확실하고 안전하게 출원할 수 있습니다.

또한, 대리인을 통해 출원하지 않고, 직접 상표를 출원하는 방법도 있습니다. 변리사가 아닌 사람이 다른 사람의 상표 출원을 대리할 수는 없지만, 본인이 사용할 상표는 특허청에 직접 출원할 수 있습니다. 직접 출원하지 않고 대리인에 의뢰를 하더라도 출원 과정을 이해하고 있으면 도움이 될 수 있습니다.

직접 출원을 하려면 먼저 특허청의 '특허로' 웹사이트(www.patent.go.kr)에 접속해야 합니다. 상표 출원이 처음이라면 '특허고객등록'을 먼저 해야 합니다. 사이트 상단 오른쪽에 위치한 '특허고객등록' 메뉴를 클릭하여 등록 절차를 진행하면 됩니다.

[그림] 특허청 특허로 사이트

'특허고객등록' 메뉴를 클릭하면 다음과 같은 화면이 나타납니다. 여기에서 '특허고객번호 부여 신청'을 선택하면, '특허고객번호 부여 신청' 페이지로 이동합니다.

[그림] 특허로 특허고객등록 페이지

소프트웨어 설치 여부를 확인한 후, 아래로 스크롤하여 '1단계 특허고객 구분' 항목을 찾으세요. 개인이나 개인사업자는 '국내자연인'을, 법인 사업자는 '국내법인'을 선택합니다. 이 선택은 출원할 상표의 출원인과 관련되므로, 정확히 선택하여 나중에 문제가 발생하지 않도록 해야 합니다. 자연인과 법인에 따라 입력해야 할 정보와 제출해야 할 서류가 다르므로 주의가 필요합니다.

2단계 특허고객 실명확인'에서는 개인일 경우 주민등록번호와 이름(국문, 영문)을, 법인일 경우 법인 등록번호, 사업자 등록번호, 법인명(국문, 영문)을 입력해야 합니다.

[그림] 특허로 특허고객번호부여신청 페이지

자연인은 주민등록번호로, 법인은 법인 등록번호나 사업자 등록번호로 기존에 발급된 번호가 있는지 '발급확인' 버튼을 눌러 조회할 수 있습니다. 처음 사용하는 경우, 계속 신청이 가능하다는 팝업이 아래와 같이 표시됩니다. 모든 필수 입력 사항을 입력한 후, '다음' 버튼을 클릭하면 됩니다.

[그림] 특허로 특허고객번호 발급여부 확인 팝업

주소, 시도/국적, 전화번호, 이메일, 수취 방법(온라인 수령), 전자 등록증 신청 등을 입력하거나 선택한 후, 인감 또는 서명 이미지를 등록합니다. 행정정보 사용에 동의하면 추가 서류 제출이 필요 없습니다. 직접 출원하는 경우, 대리인 정보를 입력하지 않고 신청을 완료하면 됩니다.

접수 서류에 문제가 없으면, 특허고객번호는 신청 후 1~2일 내에 발급됩니다. 12자리 숫자로 구성된 특허고객번호가 발급되면, 특허고객등록 화면에서 인증서 사용 등록을 통해 전자서명을 위한 인증서를 등록하세요. 이제 상표 출원을 위한 준비가 완료되었습니다.

2) 상표 출원하기

인증서를 등록하고 로그인하면, 나의 출원 현황을 한눈에 확인할 수 있는 개인화 화면이 나타납니다. 상단 웹 메뉴에서 '서류 제출하기' 아래의 '상표'를 클릭하면 상표 출원 화면으로 이동할 수 있습니다.

[그림] 특허로 로그인 화면(개인화 페이지)

또는 우측 상단의 X를 눌러 팝업 창을 닫은 후, 우측 아래의 '웹작성/제출' 메뉴에서 '상표'를 클릭해도 동일한 화면으로 이동할 수 있습니다.

[그림] 특허로 메인 페이지의 웹작성/제출 메뉴

'상표'를 클릭하면 'Web 작성/제출'이라는 제목의 새 창이 열립니다. 이 창에서는 특허, 실용, 디자인, 상표 중 상표가 기본으로 선택되어 있으며, 그 아래에는 출원절차서류, 중간절차서류, 등록절차서류가 표시됩니다. 처음으로 상표를 출원하는 경우, '출원절차서류'를 클릭합니다.

[그림] 상표 웹작성/제출 화면

새로 나타난 메뉴에서 '상표등록출원서' 오른쪽에 있는 '상표등록출원서'를 클릭하면, 같은 창에서 화면이 전환되어 상표 출원 내용을 입력하는 페이지로 이동합니다. 출원인 정보에는 본인의 성명과 특허고객번호가 기본으로 표시되며, 필요시 공동 출원인을 추가할 수 있습니다.

[그림] 상표등록출원서

그 아래의 법정 대리인(미성년자 등), 대리인(변리사 등), 참조번호(동시 복수 출원) 항목은 해당 사항이 없으면 체크하지 않습니다. 등록 대상 입력 방법은 기본값인 '고시 명칭만 입력'을 그대로 유지합니다. 등록 대상 오른쪽 끝에 있는 '추가'를 클릭하면 지정 상품을 선택하는 화면으로 이동합니다.

[그림] 등록대상 정보 화면

이 페이지에서는 지정상품을 입력하게 됩니다. 이미 지정상품을 정해두었다면 상품 검색을 통해 바로 입력할 수 있으며, 아직 결정하지 않았다면 '특허청 홈페이지에서 상품분류 확인하기'를 클릭하여 특허청의 상품조회 사이트에서 확인할 수 있습니다. 지정상품을 결정할 때 유용한 팁은 경쟁 업체의 등록된 상표를 참고하는 것입니다. 키프리스(kipris.or.kr)에서 해당 상표를 검색한 후, 팝업으로 표시되는 세부 정보를 확인할 수 있습니다. 상단의 두 번째 줄에 있는 '상표설명/지정상품'을 클릭하면 상품 분류, 유사군 코드, 지정상품 목록을 확인할 수 있습니다.

예를 들어, 침구 브랜드 KAAMOS(까모스)로 상표 출원을 진행한다고 가정해 보겠습니다. 베개, 방석, 쿠션(20류), 이불, 요, 커버, 커튼, 수건(24류), 매트, 러그(27류), 침구류 도소매업(35류)을 중심으로 지정상품을 선택할 수 있습니다. 이들 침구류는 모두 유사군 코드 G2606에 해당하며, 매트, 러그, 양탄자, 커튼은 G2602, 직물제 수건은 G4511에 속합니다.

상품류나 유사군 코드를 선택하지 않고 키워드로만 상품을 검색하면 전체 상품류와 지정상품 중 키워드가 포함된 모든 결과가 표시됩니다. 그러나 지정상품의 명칭이 예상과 다르게 표현될 수 있고, 관련 없는 다른 상품까지 표시될 수 있으므로, 단순 키워드 검색보다는 유사군 코드를 활용하는 것이 더 효과적입니다.

예를 들어 '이불'을 검색하면 11류의 전기 제품인 '가정용 온수전기이불(유사군 코드 G390601)'까지 표시됩니다.

[그림] 등록대상 정보 상품 검색

이번에는 상품류를 20류로 선택하고 유사군 코드를 G2606으로 설정해 보겠습니다. 그러면 리스트에 구급용 요, 가구용 쿠션, 간호용 베개 등 관련된 상품이 표시됩니다.

[그림] 등록대상 정보 유사군코드 검색

간호용 베개나 경기장용 쿠션처럼 너무 구체적인 상품보다는, 베개, 쿠션 등 세부 항목을 포함할 수 있는 상품을 우선적으로 선택합니다. 선택 후 '선택 추가'를 클릭하면 지정상품 목록에 추가됩니다. 예를 들어, 20류의 G2606에서 등받이, 매트리스, 방석, 베개, 베개폼, 침구(린넨 제외), 쿠션 등 7개 항목을 선택했습니다. 1개 상품류에 최대 10개까지는 추가 비용이 없으므로, 20류에 포함된 G2601의 가구, 병풍, 침대 등 3가지 상품도 추가해 보겠습니다. '지정상품 추가'를 클릭하면 20류에서 10개의 지정상품이 선택되었다고 표시됩니다. 상품 선택 시 Ctrl 키를 누르면 다중 선택이 가능하며, 실수로 추가된 항목이 있을 경우 해당 항목을 선택한 후 '선택삭제'를 클릭하여 목록에서 제외할 수 있습니다.

☑	상품류	지정상품
☐	제20류	능방이, 매트리스, 방석, 베개, 베개폼, 침구(린넨은 제외), 쿠션, 기구, 병풍, 침대

선택삭제

취소   적용

[그림] 등록대상 정보 지정상품 추가

24류에서는 G2606의 베개커버, 요, 요홑이불, 이불, 이불커버, 침대커버, 쿠션 커버 등 7가지를 선택하고, 실내외 커튼(G2602), 샤워커튼(G1825), 직물제 수건 (G4511)을 추가하여 총 10개를 선택했습니다.

27류에서는 G2602의 러그, 마루깔개, 매트, 야외용 매트, 카펫 등 5가지를 선택 한 후, 욕실용 매트(G1825), 자리(G1902), 벽지(G210102), 애완동물용 급식매트 (G1817), 운동용 매트(G430301)를 추가하여 10개를 선택했습니다.

35류에서는 인터넷 종합쇼핑몰업(S2090)을 선택하고, S2026의 침구 도매업, 침구 소매업, 가구 도매업, 매트리스 도매업, 베개 도매업, 실내외 커튼 도매업, 이불 도매업, 쿠션 도매업, 그리고 S2045의 직물제 수건 도매업을 선택하여 총 10개의 항목을 지정했습니다.

☑	상품류	지정상품
☐	제20류	등받이, 매트리스, 방석, 베개, 베개품, 침구(린넨은 제외), 쿠션, 가구, 병풍, 침대
☐	제24류	베개커버, 요, 요흡이불, 이불, 이불커버, 침대커버, 쿠션커버, 실내외 커튼, 샤워커튼, 직물제 수건
☐	제27류	러그(깔개), 마루깔개, 매트, 야외용 매트, 카펫, 욕실용 매트, 자리, 벽지, 애완농물용 급식매트, 운동용 매트
☐	제35류	인터넷 종합쇼핑업, 침구(린넨은 제외) 도매업, 침구(린넨은 제외) 소매업, 가구 도매업, 매트리스 도매업, 베개 도매업, 실내외 커튼 도매업, 이불 도매업, 쿠션 도매업, 직물제 수건 도매업

선택삭제

취소　　　적용

[그림] 등록대상 정보 상품류 추가

선택 화면 하단에는 지금까지 선택한 4개 상품류에 대한 지정상품 리스트가 모두 표시됩니다. '적용'을 클릭하면 Web 작성 제출 화면의 '등록대상'에 지정상품이 반영됩니다.

요율표		✕
요금명	기본료	부가(가산)료
상표등록출원료(ON-LINE)	52,000	2,000
상표등록출원료(1상품류초과-ONLINE)	52,000	52,000
상표우선권주장료	20,000	20,000
우선권주장료(ON-LINE)	18,000	18,000
상품고시흥원료(ON-LINE)	46,000	2,000

[그림] 수수료 요율표

등록대상 아래로 스크롤하면, 4개 상품류에 대해 총 184,000원의 수수료가 부과된다는 것을 확인할 수 있습니다.

수수료 * ?				요율표
출원료	4	상품류 수 184,000		건
지정상품 가산금		개 상품		원
우선권주장료	0	상품류 수 0		건
합계	184,000			건

[그림] 수수료 화면

온라인 상품고시 기준으로, 1개 상품류(최대 10개의 지정상품까지)의 출원료는 46,000원입니다. 기본 지정상품 10개를 초과할 경우, 초과된 지정상품당 1건에 2,000원의 추가 비용이 발생하지만, 이는 비교적 적은 금액입니다. 다만, 상품류가 추가될 때마다 46,000원이 추가됩니다. 따라서 4개 상품류를 선택하고 지정상품이 초과되지 않은 경우, 출원료는 46,000원 × 4 = 184,000원이 됩니다. 상품류가 4개로 비용이 다소 높아졌지만, 만약 상품류를 1개만 선택하면 출원료는 46,000원으로 줄어듭니다.

등록대상 * ?		추가
상품류	지정상품	
제20류	돗방이, 매트리스, 방석, 베개, 베개폼, 침구(린넨은 제외), 쿠션, 가구, 병풍, 침대	
제24류	베개커버, 요, 요흡이불, 이불, 이불커버, 침대커버, 쿠션커버, 실내외 커튼, 사워커튼, 직물제 수건	
제27류	러그(양탄), 마루깔개, 매트, 이외용 매트, 카펫, 목실용 매트, 자리, 벽지, 애완동물용 급식매트, 문도용 매트	
제35류	인터넷 종합쇼핑업업, 침구(린넨은 제외) 소매업, 침구(린넨은 제외) 소매업, 가구 도매업, 매트리스 도매업, 베개 도매업, 침대용 커튼 도매업, 이불 도매업, 쿠션 도매업, 직물제 수건 도매업	

[그림] 등록대상 리스트 화면

이 금액은 출원료이며, 최종 등록 결정이 나면 4개 상품류에 대해 10년 치 등록료로 804,000원을 납부해야 합니다. 만약 1개 상품류로 출원했다면 등록료는 201,000원이 됩니다. 출원료나 등록료가 부담된다면, 상품류를 신중하게 선택할 필요가 있습니다. 예를 들어, 20류, 27류, 35류를 포기하고 24류 1개 상품류만 선택하여 G2606의 베개커버, 요, 요홑이불, 이불, 이불커버, 침대커버, 쿠션커버와 G2602의 실내외 커튼, G1825의 샤워커튼, G4511의 직물제 수건을 지정상품으로 설정할 수 있습니다. 이 경우, 출원료 46,000원과 등록료 201,000원을 합쳐 총 247,000원이 됩니다. 등록료는 출원 후 약 1년 수개월 후 등록 결정 시 납부하며, 출원인이 상표가 필요 없다고 판단하면 등록료를 납부하지 않고 포기할 수 있습니다.

'우선권 주장'은 상표법 제46조에 따른 제도로, 해외에서 상표를 출원한 후 한국에 출원할 때 해외 출원일을 인정받는 제도입니다. 해당되지 않는 경우에는 체크하지 않습니다. '출원 시의 특례 주장'은 상표법 제47조에 따라 주요 박람회에 출품한 경우 해당 시점을 출원일로 인정받는 제도입니다. 이 역시 해당 사항이 없으면 체크하지 않습니다.

'상표유형' 오른쪽에 있는 선택 버튼을 클릭하면 팝업이 나타나며, 기본적으로 일반상표에 체크되어 있습니다. 특수상표가 아닌 경우에는 변경하지 않고 '적용' 버튼을 클릭하면 됩니다. 이후 상표 설명을 기재할 것인지 묻는 팝업이 뜨면 '취소'를 눌러주면 됩니다. 일반상표의 경우 보통 상표 설명을 입력하지 않으며, 만약 '확인'을 선택하면 설명을 입력할 수 있는 텍스트 박스가 나타납니다. 이 상태에서 설명을 입력하지 않으면 제출 단계에서 오류가 발생할 수 있습니다. 따라서 설명이 필요 없는 경우, 팝업에서 '취소'를 선택해야 합니다.

'제3자의 허가 등이 필요한 이유' 항목은 특별히 제3자의 허가, 인가, 동의, 승낙이 필요한 경우가 아니라면 체크하지 않습니다. '수수료 자동납부번호' 항목도 해당 사항이 없으면 체크하지 않습니다.

'상표견본'은 상표 이미지를 첨부하는 메뉴입니다. 국문이나 영문 등 문자로 된 상표도 텍스트가 아닌 이미지 파일로 첨부해야 합니다. 일반적으로 RGB 포맷의 JPG 파일이나 PNG 파일(투명 처리하지 않음)을 사용하며, 규정된 사이즈는 없지만 800x800 픽셀 정도가 적당합니다. 해상도는 300dpi를 권장합니다.

[그림] 상표견본 예시

문자 상표의 이미지 작업이 어려운 출원인을 위해 이미지 자동 변환 기능이 제공됩니다. 상표견본 항목 오른쪽의 체크박스를 클릭한 후 문자를 입력하면 자동으로 이미지로 변환됩니다.

✎ 상표견본 *	✓ 문자를 입력하여 견본이미지로 변환 ※ 제출 전 미리보기 이미지를 반드시 확인하시기 바랍니다.	
직접작성	KAAMOS	변환 텍스트를 입력하면 이미지로 변환됩니다.
미리보기	KAAMOS	

그림] 상표견본 문자상표 이미지 변환

제작한 이미지를 첨부하려면 '추가' 버튼을 클릭하여 이미지를 업로드하면 됩니다. 첨부한 이미지는 아래 미리보기에서 확인할 수 있습니다. 일반상표 출원의 경우, 하나의 이미지 파일만 필요하므로 최종 결정된 이미지 파일 하나만 첨부하면 됩니다.

✔ 상표견본 * 문자를 입력하여 견본이미지로 변환 ※ 제출 전 미리보기 이미지를 반드시 확인하시기 바랍니다.

까모스.jpg

파일첨부

CMYK 모드 및 Progressive 형태로 저장된 이미지는 첨부하시면 안됩니다.
※ '투명도 설정이 포함된 이미지'의 경우, 추후 공보 등에서 식별이 어려우니, 투명도 설정을 해제하고 첨부하여 주시기 바랍니다.

추가   삭제

미리보기

까모스

[그림] 상표견본 미리보기

'첨부서류' 항목은 일반적으로 작성하지 않습니다. 작성이 필요한 경우는 특수상 표, 단체표장, 지리적 표시 단체표장, 증명표장, 지리적 표시 증명표장, 업무표 장, 분할이전등록 등의 경우에 해당됩니다.
이제 모든 입력이 완료되었습니다. 상단의 '미리보기' 버튼을 클릭합니다.

[그림] 제출 서류 미리보기

서지사항 팝업이 나타나면, 입력한 상품류와 지정상품 등의 내용이 정확한지 확 인합니다.

【서류명】	상표등록출원서
【출원구분】	상표등록출원
【권리구분】	상표

【출원인】

【성명】	
【특허고객번호】	

【등록대상】

【상품류】	제20류
【지정상품】	등받이,매트리스,방석,베개,베개폼,침구(린넨은 제외),쿠션,가구,병풍,침대

【등록대상】

【상품류】	제24류
【지정상품】	베개커버,요,요홑이불,이불,이불커버,침대커버,쿠션커버,실내외 키트,샤워키트,직물제 수건

【등록대상】

【상품류】	제27류
【지정상품】	러그(깔개),마루깔개,매트,야외용 매트,카펫,욕실용 매트,자리,벽지,애완동물용 급식매트,운동용 매트

【등록대상】

【상품류】	제35류
【지정상품】	인터넷 종합쇼핑몰업,침구(린넨은 제외) 도매업,침구(린넨은 제외) 소매업,가구 도매업,매트리스 도매업,베개 도매업,실내외 키트 도매업,이불 도매업,쿠션 도매업,직물제 수건 도매업
【상표유형】	일반상표

위와 같이 특허청장에게 제출합니다.
출원인   (서명 또는 인)

【수수료】

【출원료】	4 개류 184,000 원
【우선권주장료】	0 건 0원
【합계】	184,000 원
【상표견본】	sample_01.jpg

[그림] 제출 서류 미리보기 팝업

모든 사항이 올바르게 입력되었는지 확인한 후, 상단의 '작성완료 및 서명' 버튼을 클릭합니다. 최종 입력 사항이 표시되면, '중복제출여부 확인'과 '온라인 제출' 옵션이 나타납니다. '온라인 제출'을 클릭한 후 본인 인증을 거쳐 최종 제출을 완료합니다.

제출 후에는 수수료를 납부해야 합니다. 상단 메뉴에서 '수수료 관리 〉 수수료 납부 〉 온라인 납부'를 선택하여 수수료를 납부합니다.

납부가 완료되고 서류에 문제가 없으면 정상적으로 접수됩니다. 약 일주일 후, 특허청 키프리스(kipris.or.kr) 사이트에서 상표 검색이 가능하며, 상표 제목 앞에 '출원'이라고 표시됩니다.

상표 심사는 보통 1년 이상 소요될 수 있습니다. 빠른 심사가 필요할 경우, 우선 심사 제도를 활용할 수 있습니다(우선권 주장과는 다름). 우선심사 제도는 심사 기간을 1~3개월로 단축하여 신속한 상표 등록을 돕는 제도입니다. 이미 상표를 사용 중이거나 곧 론칭할 예정이라면, 상표가 인쇄된 제품 사진, 광고, 카탈로그, 동영상, 상표 사용을 입증하는 서류 등을 첨부하여 신청할 수 있습니다. 출원과 동시에 또는 출원 후 심사 전까지 신청할 수 있으며, 우선심사 비용은 1개 상품류 기준 16만 원, 2개 상품류 기준 32만 원입니다(출원료는 별도).

출원 후 문제가 없으면 정상적인 상표 심사가 진행되며, 보통 출원일로부터 1년에서 1년 반 정도 소요됩니다. 거절 사유가 없다면 출원공고가 나오고, 2개월간의 이의신청 기간을 거쳐 등록 결정이 이루어집니다. 심사 중 거절 사유가 발생하면 거절 사유 통지서를 받게 되며, 보정서나 의견서를 제출하여 문제를 해결하면 출원공고 단계로 넘어갈 수 있습니다. 그러나 의견서나 보정서를 제출하지 않거나, 거절 사유를 해결하지 못하면 상표 등록이 거절됩니다.

출원공고 후의 2개월간 공중심사 기간은, 심사에서 발견되지 않은 거절 사유를 보완하고 상표 분쟁을 예방하기 위한 절차입니다. 이 기간 동안, 이미 등록된 상표의 이해관계자는 유사한 상표에 대해 이의신청을 하거나, 업계에서 일반적으로 통용되는 관용 표장이 출원된 경우 이의를 제기할 수 있습니다. 이의신청은 누구나 할 수 있지만, 실제로 제기되는 사례는 많지 않습니다.

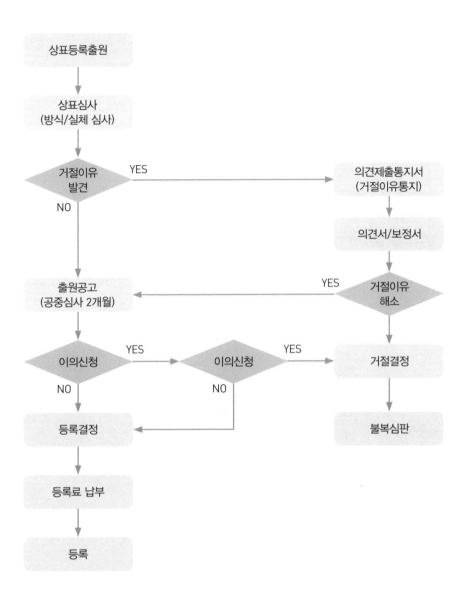

[그림] 상표등록 절차

앞서 언급된 보정, 우선심사 신청, 거절 사유 통지에 대한 보정서 및 의견서 제출
등 상표 출원 후의 후속 절차는 'Web 작성/제출' 메뉴의 중간절차서류에서 처리합
니다.

보정은 최초 상표 출원의 요지를 변경하지 않는 범위 내에서 일부 내용을 수정할 수 있습니다. 주로 지정상품의 일부 삭제나 오기 정정 등이 해당되며, 문자 상표의 문자 변경이나 로고 변경은 허용되지 않습니다.

	특허	실용	디자인	상표
출원절차서류 (4대 권리를 출원할 때 사용하는 서식)				
중간절차서류 (출원절차 이후 보정서, 의견서등 출원의 후속절차를 진행할 때 사용하는 서식)				
기간 연장신청서·기간 단축신청서·기간 경과 구제신청서·절차 계속신청서	지정기간 연장신청서 / 기간경과구제신청서	법정기간 연장신청서	지정기간 단축신청서	(상표)절차 계속신청서
보정(보완)서	출원서 등 보정서 / 시각적 표현의 보정	상표건보 보정서	절차보완서	수정정관세출서
의견(답변, 소명)서	거절이유 등 통지에 따른 의견서		반려이유통지에 대한 소명서	직권보정 사항에 대한 의견
서류제출서	우선권 증명서류 제출서	출원시의 특례 증명서류 제출서		우선권증명서류 번역문
대리인(대표자)에 관한 신고서	대리인 선임 신고서 / 복대리인(특허법인) 선임 신고서 / 서류송달 대표자 선임 신고서(출원) / 대리인 위임사항변경 신고서	대리인 사임 신고서 / 대표자 해임 신고서	복대리인 선임 신고서 / 대리인 해임 신고서 / 대표자 선임 신고서	복대리인 사임 신고서 / 복대리인 해임 신고서
취하(포기)서	출원 취하서 / 상표출원 등에 의한 우선권주장의 취하서	출원 무기서	우선심사신청취하서 / 상표 출원등의 특례 취하서	
권리관계 변경신고서	출원인 변경 신고서	출원인 지분변경 신고서	권리자 선임 신고서	
심사청구서·우선심사신청서	우선심사신청서			
정보제출서	참고자료 제출서	상표출원에 대한 정보제출서		
서류반려요청(반환신청)서	반려요청서	서류반환신청서		
우선심사신청관련 서류제출서	우선심사신청관련 서류제출서			
절차 수계신청서·절차 수계신청명령신청서·절차 무효처분신청서	절차수계신청서			
단체표장등록출원(단체표장권) 및 증명표장등록출원(증명표장권) 이전허가신청서	단체표장등록출원 이전허가 신청서		단체표장권 이전허가신청서	

[그림] 중간절차서류 메뉴

과거에는 상표 출원부터 등록까지 약 1년이 걸린다고 알려졌으나, 현재는 등록까지 거의 2년 가까이 소요될 수 있습니다. 상표 출원 건수가 급증하면서 처리 가능한 양이 제한되어 대기 기간이 길어졌기 때문입니다. 따라서 신속한 상표 등록이 필요하다면, 추가 비용이 들더라도 우선심사 제도를 고려하는 것이 좋습니다.

이상으로 직접 상표 출원하는 방법에 대해 설명드렸습니다. 심사에서 거절 사유가 없으면 출원공고로 넘어가며, 특별한 문제가 없으면 최종 등록이 이루어집니다. 그러나 심사 과정에서 거절 사유가 발생할 경우, 보정서나 의견서를 제출하는 등의 후속 작업이 필요합니다. 다만, 제출하더라도 받아들여지지 않을 가능성도 있습니다. 따라서 상표 출원 전에 최대한 신중하게 검토하고, 전략적인 의사결정을 내리는 것이 매우 중요합니다.